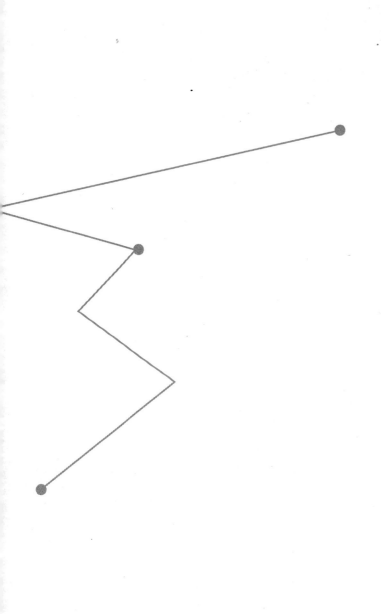

中国资产证券化
热点实务探析

沈炳熙 李哲平 / 主编

Asset Securitization in China:

Analysis of Hotspot Practices

北京大学出版社
PEKING UNIVERSITY PRESS

图书在版编目(CIP)数据

中国资产证券化热点实务探析/沈炳熙,李哲平主编.—北京:北京大学出版社,2017.1
 ISBN 978-7-301-27913-7

Ⅰ.①中… Ⅱ.①沈…②李… Ⅲ.①资产证券化—研究—中国 Ⅳ.①F832.51

中国版本图书馆 CIP 数据核字(2017)第 001045 号

书　　　名	中国资产证券化热点实务探析 ZHONGGUO ZICHAN ZHENGQUANHUA REDIAN SHIWU TANXI
著作责任者	沈炳熙　李哲平　主编
责 任 编 辑	李　铎
标 准 书 号	ISBN 978-7-301-27913-7
出 版 发 行	北京大学出版社
地　　　址	北京市海淀区成府路 205 号　100871
网　　　址	http://www.pup.cn
电 子 信 箱	law@pup.pku.edu.cn
新 浪 微 博	@北京大学出版社　@北大出版社法律图书
电　　　话	邮购部 62752015　发行部 62750672　编辑部 62752027
印 刷 者	北京中科印刷有限公司
经 销 者	新华书店
	730 毫米×1020 毫米　16 开本　22 印张　337 千字 2017 年 1 月第 1 版　2017 年 1 月第 1 次印刷
定　　　价	68.00 元

未经许可,不得以任何方式复制或抄袭本书之部分或全部内容。
版权所有,侵权必究
举报电话:010-62752024　电子信箱:fd@pup.pku.edu.cn
图书如有印装质量问题,请与出版部联系,电话:010-62756370

目 录

第一部分 信贷资产证券化热点问题

第一章 银行信贷资产证券化热点问题　　003
一、信贷资产证券化应选怎样的基础资产　　003
二、如何看待证券化产品的双评级　　009
三、如何改进对证券化项目的监管　　013
四、如何让发起人自留部分风险　　015
五、如何看待银行互持证券化产品　　016

第二章 城商行/农商行的资产证券化　　034
一、城商行/农商行资产证券化的基本情况　　034
二、城商行/农商行资产证券化业务的特点　　039
三、我国城商行/农商行资产证券化业务的条件、困境与对策　　045

第三章 小贷公司的资产证券化　　060
一、小贷公司开展资产证券化业务的紧迫性　　060
二、小额贷款行业发展的机遇与挑战　　061
三、小额贷款的证券化　　064
四、小额贷款证券化的实际操作　　068
五、小贷证券化发展的问题与解决方案　　071

六、国正小额贷款公司证券化案例分析　　076

第四章　互联网金融资产证券化热点问题　　089
　　一、互联网金融简介　　089
　　二、互联网金融与资产证券化：以资产证券化的框架来分析
　　　　互联网金融　　095
　　三、互联网行业的资产证券化　　098

第五章　消费金融资产证券化热点问题　　110
　　一、怎样看待消费金融证券化的意义　　110
　　二、我国消费金融资产证券化的主要分布领域　　115
　　三、个人住房抵押贷款证券化为何推广困难　　126
　　四、信用卡证券化何时能够全面发展　　130
　　五、消费金融公司的资产怎样证券化　　135
　　六、"互联网＋"消费分期资产怎样证券化　　143

第二部分　企业资产证券化热点问题

第六章　租赁资产证券化热点问题　　151
　　一、租赁资产与资产证券化　　151
　　二、租赁资产证券化发行现状　　152
　　三、租赁资产证券化业务中的几个热点问题　　154
　　四、融资租赁资产证券化的操作步骤　　158
　　五、金融租赁资产证券化的操作步骤　　161

第七章　中国的 REITs 实践　　173
　　一、REITs 与商业地产证券化　　173

二、境内物业REITs操作路径简析　　177
三、境内准REITs产品设计模式分析　　184
四、商业地产资产证券化的财务影响分析　　192

第三部分　投资者及相关机构与资产证券化

第八章　资产证券化产品的投资风险　　211
　一、证券化产品的信用风险　　211
　二、投资证券化产品的其他风险　　214
　三、对证券化产品投资风险的防控　　217

第九章　保险业深度参与证券化的思考　　221
　一、保险业正在快速发展　　221
　二、保险资金是如何配置的　　222
　三、保险资金投资证券化产品的范围在扩大　　225
　四、资产支持计划政策解读　　228

第十章　券商与资产证券化　　234
　一、证券公司在资产证券化中担当什么角色　　234
　二、证券公司在证券化中面临什么问题与困难　　236
　三、证券公司如何履行好自己的职责　　242

第十一章　信托机构与资产证券化　　245
　一、信托公司资产证券化业务发展概况　　245
　二、资产证券化过程中信托机构的尴尬　　247
　三、资产证券化：信托不只是通道　　250

四、创造发挥信托机构更大作用的外部条件　　260

　　五、完善资产证券化的信息披露机制　　263

第十二章　信用评级机构与资产证券化　　267

　　一、信用评级在资产证券化中举足轻重　　267

　　二、资产证券化产品评级的内容和方法　　275

　　三、实例：德宝天元 2015 年第二期个人汽车贷款资产支持证券化　　286

第十三章　会计师、律师与资产证券化　　310

　　一、会计师在证券化中的职责和工作重点　　310

　　二、律师在证券化中的职责与从业风险　　330

后记　　345

第一部分

信贷资产证券化热点问题

第一章　银行信贷资产证券化热点问题

我国银行的信贷资产证券化新一轮试点是从2012年开始的。由于这是在经历了美国次贷危机后重新启动的试点，我国金融监管当局吸取美国的教训，在防控资产证券化风险方面采取了许多措施。这些措施的实施，对稳步推进资产证券化试点起到了积极的作用，但有的措施过于谨慎，也在一定程度上影响了信贷资产证券化的开展。2012年到2013年间我国信贷资产证券化进展缓慢，不能说与此没有关系。之后，各方面反应强烈，金融监管部门通过调研，调整了某些政策，方使信贷资产证券化出现了新的高潮。

一、信贷资产证券化应选怎样的基础资产

1. 选好基础资产关乎资产证券化的成败

信贷资产证券化的基础资产是信贷资产，选取什么样的基础资产证券化，这是信贷资产证券化成败的关键，也是防控证券化过程中信用风险的核心。当年美国爆发次贷危机，其根本原因，在于未选好证券化的基础资产。次贷即次级住房抵押贷款，是一种信用风险较大的信贷资产。由于借款人没有稳定的工作和收入，偿付风险很大，贷款机构把化解风险的"宝"押在借款人所购的房屋上。在经济上升时期，借款人就业的机会相对较多，即便是打短工，也能维持生计并有一定的还贷能力。与此同时，房价处于上升区间，万一借款人因失业无力偿还贷款，其抵押的房屋本身还是值钱的，甚至还在增值，处理这些房屋便可补偿贷款损失。但是一旦经济下行，情况就会发生逆转，借款人失业概率加大，还贷能力下降；房价在购房需求减少的情况下

下跌,抵押物贬值,还贷保障能力急剧下降。美国次贷危机就是在当时美国经济下行情况下出现的。因此,选择什么样的信贷资产作为证券化的基础资产,直接关系信贷资产证券化项目的成败。

在我国信贷资产证券化试点的实践中,基础资产的选择问题也一直被作为最重要的问题之一,得到试点单位和监管部门的重视。在首次试点时,国务院在批准国家开发银行和中国建设银行试点的同时,还明确证券化试点项目的基础资产分别为一般信贷资产和住房抵押贷款以及相应的规模。后来,在信达和东方两家资产管理公司及建设银行对不良贷款进行证券化试点时,监管部门还专门组织相关人员论证、评估,作了严格的限制。十多年来,我国信贷资产证券化试点之所以比较成功、证券化产品较少发生兑付问题,基础资产的严格把关是一个重要原因。

2. 什么类型的贷款可被选作证券化的基础资产

从理论上说,金融机构的贷款都可以证券化,因此,都可以作为证券化的基础资产。但在实践中,并非所有的贷款都可以做信贷资产证券化的基础资产。例如,有的贷款因为抵、质押品的登记不很规范,或者登记机关在抵、质押权变更手续方面设置了较多的限制,证券化发起机构变更抵、质押权比较困难或比较麻烦,这类贷款的证券化难度就比较大,发起机构往往不太愿意将这类贷款选作基础资产。再如,有的贷款单笔金额很大,导致风险集中度比较高,这类贷款做成资产证券化产品,投资者也不太愿意接受,因此,这类贷款也往往不被选入证券化的基础资产。其他一些贷款可能也不宜入选证券化基础资产,如同类贷款金额太少、贷款剩余期限太短,等等。

那么哪些贷款可以作为证券化的基础资产呢?从我国信贷资产证券化实践来看,可以作为证券化基础资产的信贷资产,应该是那些现金流比较稳定、能够带来预期收益、距离到期尚有一定时间、信用等级比较稳定的贷款。

为什么具有稳定的现金流是选择基础资产的首要条件?这是由信贷资产证券化的性质决定的。信贷资产证券化本质上是以发行证券的方式出售贷款,它和一次性出售贷款的区别,一是买者对象非特定,而且数量较多;二是卖者出售贷款的收入是一次性的,而买者得到的是一种能够带来稳定收益的证券。由于这种证券的收益来自贷款的收益，所以，证券化的贷款必须有稳定的现金流。当然，是否具有稳定的现金流，是指选为基础资产的贷款整体是否具有这种能力，而不是指具体的某一笔贷款。

为什么选入基础资产的贷款应带来预期的收益，而非有收益即可？这是因为，就购买证券化产品的投资者而言，他的购买既然是一种投资，就必然要求得到预期的收益，而不仅仅是有点收益。否则，他就会投向其他能为他得到目标收益的那些领域或金融产品。

为什么选为证券化基础资产的贷款距到期日应有一定时间？这与开展证券化业务的技术要求有关。一个信贷资产证券化项目从选择基础资产开始到最终发行资产支持证券，至少需要两三个月时间。如果贷款的剩余时间是六个月，那这笔资产支持证券只能存续三个月，这与项目所花的时间和成本不成比例。当然，如果是信用卡消费信贷的证券化，那又另当别论，因为此时的资产池资产和收益的运作不采取静态计量的方式，而是采用循环结构来解决信贷资产期限较短的问题。

为什么贷款的信用等级应该比较稳定？贷款信用等级是证券化产品信用等级的基础，如果贷款的信用等级不稳定，即信用等级在资产支持证券存续期间发生变化，投资者的信用风险也会跟着发生变化。

上述标准似乎比较原则，但这是合理的，具有操作性。如果我们把信贷资产证券化基础资产具体规定为某一类特定的贷款，那很容易对信贷资产证券化的开展带来过多的限制，甚至阻碍信贷资产证券化的进行。许多贷款在某种条件下不适合作为证券化的基础资产，但如果条件发生变化，它又可以作为证券化的基础资产。例如，用单一企业的大额贷款做证券化项目，因为风险集中度高，常常不被采用。但是在我国目前情况下，某些特定行业往往只有很少几家企业，中石油、中石化等就是这样，对这些企业的贷款进行证券化显然没有太大的问题。如果硬性规定证券化基础资产必须分散在多少个企业，就会把大量可以在一定条件下证券化的贷款挤出基础资产范围。

3. 选作证券化基础资产的贷款应是什么质量

贷款质量是选择基础资产时必须考虑的因素。所谓贷款质量，主要指贷款能否按时还本付息。能够按时还本付息的，质量就好；不能还本付息的，质量就差。由于在贷款存续期内还本的行为尚未出现，所以，对这笔贷款的质量，只能是部分根据事实（是否按时付息），部分根据预估来判断。正因为有一部分判断来自预估，所以存在一定的不确定性。国际上对贷款质量主要用五级分类法来评定，即正常贷款、关注贷款、次级贷款、可疑贷款和损失贷款。这五级贷款预计的损失概率分别为：零、5%以内、30%—50%、50%—75%和5%—100%。其中，次级贷款、可疑贷款和损失贷款为不良贷款。

  选什么质量的贷款作为证券化的基础资产，这要看所做证券化项目的性质。如果所做的项目是正常资产的证券化，那么，所选的贷款质量必须是好的，也就是，只能选五类贷款中的前两类，即正常贷款和关注贷款。如果是做不良贷款的证券化，就选用后三类贷款。这两者是不能混淆的，混淆就会产生严重的问题。因为这两类信贷资产的证券化，采用完全不同的方法。

  先说正常资产证券化基础资产的选择。正常资产包括优质资产和质量一般的资产，按五级分类，正常贷款和关注贷款都属质量较好的贷款，但严格地分类，也有一定差别。第一类是优质贷款，第二类则是质量一般的贷款。选择第一类贷款作为证券化的基础资产是没有异议的，问题是第二类可否作为正常资产证券化的基础资产。美国次贷危机后，财政部、中国人民银行和银监会汲取教训，规定我国开展信贷资产证券化，基础资产必须选优质资产。从其本意看，是为了防止因选了非优质资产而加大了证券化产品的风险，这无可非议。但是，如果这里所说的优质资产只包括第一类贷款，那就会把大量关注贷款排斥在外，这显然不妥，因为这会大幅缩小证券化的基础资产。

  当然，正常贷款在进入证券化项目资产池以后，也可能出现变化，即便是第一类贷款，也存在出现这种情况的可能性。毕竟贷款质量的分类主要建立在预估基础上，如果经济形势发生人们预料不到的情况，或者借款人出现某些意外情况，优质贷款也可能出现问题。所以，我国有关信贷资产证券化管理办法中规定，如果进入证券化资产池的贷款在半年内质量发生明显的问题，证券化项目发起人是有义务调换这些贷款的，这就有效地解决了上述问题。显然，我们不能因为担心入池资产可能出现某些问题，就要求所有证券化的基础资产都优化到不可能发生任何问题的程度。

在资产证券化的实践中,我们也看到,银行的一些管理人员不愿意把好资产拿出去证券化,或者想在其中掺一些质量不是太好的贷款。但是,证券化项目的参与者众多,只要参与各方都按规则行事,以次充好也不是那么容易的。即使有一两笔质量不太稳定的贷款放进资产池,后来也会被拿出来。

对于不良贷款能否作为基础资产进行证券化,是次贷危机后争议较大的一个问题。对银行不良资产的处置是我国进入新世纪后面临的一个严峻问题,当时中国工商银行、中国农业银行、中国银行、中国建设银行四大国有银行不良贷款约占全部贷款的四分之一左右,为了化解由此产生的巨大风险,国家通过设立信达、华融、东方和长城四家资产管理公司,把四大国有银行的不良贷款剥离到这四家资产管理公司中,由它们进行专门的处理。当时国家允许四家资产管理公司通过资产证券化方式处理不良资产。但是,由于没有相关的法律制度,也缺少相应的专业队伍,不良贷款的证券化并未在四家资产管理公司中实际开展。2005 年进行信贷资产证券化试点后,随着相关制度的建立,特别是随着 2005 年底国家开发银行和中国建设银行资产支撑证券(Asset-Backed Securitization,简称 ABS)和住房抵押贷款证券化(Mortgage-Backed Securitization,简称 MBS)试点项目的成功,为不良资产证券化的开展创造了条件。2006 年信达资产管理公司和东方资产管理公司开始用证券化方式对不良贷款进行处置,该年年末,两家公司成功发行了以不良贷款作为基础资产的资产支持证券。接着,2007 年中国建设银行也成功地进行了不良贷款的证券化。三家机构不良贷款证券化的成功进行,标志着我国不良贷款证券化已经从理论进入了实践。

2008 年的金融危机中止了我国信贷资产证券化的进程,更中断了不良贷款证券化的进程。理由当然很简单:金融危机由次贷证券化引发。次贷证券化既然有这么大的破坏力,我们当然就不能拿不良贷款来做证券化的基础资产。但是,这样的认识是不全面、不准确的。美国的次贷危机确实和次贷的证券化有关系,但问题并不只是因为次贷做了证券化的基础资产。当时美国的次级住房抵押贷款只是一种质量不算太好的贷款,并不是不良贷款。次级住房抵押贷款所做的证券化,是正常贷款的证券化而不是不良贷款的证券化。

次级房贷的风险和经济状况直接相关，在经济繁荣时期，次级房贷的借款人有工作可做，还款问题不大；经济下行，失业增加，风险就明显增大。这就是说，次贷的信用等级很不稳定，风险隐患很大，这种贷款不是最适合证券化的贷款。即使开展证券化，其信用等级也不能高评，而且应该在信息披露中说明。选择次贷做证券化的基础资产，在经济繁荣时期问题不大，但在经济下行时就不合适。更重要的是，在发行说明书中必须讲清它的风险所在。当时美国恰恰在这两个关键问题上没有把好关。所以，我们正确汲取美国次贷危机的教训，在选择基础资产时，应当尽量少选或不选那些信用等级不稳定、资产质量受经济环境影响太大的贷款。如果选了这种贷款做证券化基础资产，就必须严格信用评级，加强贷后监控，做好信息披露。

不良贷款和次级房贷的最大不同，是它已经划入不良的范围，而次级贷款未列入不良范围。所以，因为美国次贷危机引发金融危机而取消不良贷款证券化并非未对症下药之举。不良贷款证券化有自己的规律，由于它已是不良贷款，它的回收率就比较低，并会产生一定的损失。所以必须根据实际的回收率和损失率来确定它的卖价。按这个价格计算的金额和不良贷款的账面金额是不同的，前者只是后者的一部分，"打折出售"是不良贷款证券化的最大特点。打多大的折，要根据这些不良贷款的评级，参考同类不良贷款以往的回收率和损失率来确定。同样是不良贷款，其实际回收率，有抵押和没抵押的不同，有担保和没担保的不同，经济上行和经济下行时的不同。这是需要仔细分析、评估、测算以后才能确定的。

不良贷款证券化与正常贷款证券化的另一个不同，是其证券化产品收益返回的波动性。正常贷款的回收是按固定的期限进行的：按季或按月收取利息，到期收回本金。不良贷款的回收不同，因为借款人已经不能正常还本付息，往往需要通过司法程序才能要回。对借款的清偿需要时间，抵押物的拍卖也要看市场行情，总之，回收的现金流不可能是稳定的。这样，如果要将其收益稳定支付给投资者，就需要进行必要的技术性措施：或者只保证优先级资产支持证券收益的稳定支付，次级档资产支持证券按资金回收的实际情况支付收益；或者通过担保机构或稳定基金，熨平现金流回收中出现的波幅。由于这些做法在技术上都是可以做到的，所以并不影响不良贷款的证券化。

2014年以来，我国经济增速放缓，银行的不良贷款数量和比率开始出现"双升"趋势，不良贷款证券化的问题引起了新的关注。如何从实际出发，总结过往不良资产证券化的经验，吸取美国次贷危机的教训，早日重启不良资产证券化，已经成为一个新的热点问题。我们没有理由束缚自己的手脚，迟迟不开展不良资产证券化；我们也要用谨慎的态度对待不良资产的证券化，使其成为处理不良资产的有效办法。

二、如何看待证券化产品的双评级

1. 证券化顺利推进要求健全信用评级制度

在开展资产证券化的过程中，证券化产品的信用评级是一个重要环节。信用评级是对评级对象信用状况的一种评估。评级主体主要是银行和专业的信用评级机构，评级对象则是借款人和金融产品。金融产品主要是债券、资产支持证券等固定收益产品。银行对借款人的信用评级，是为银行自己的贷款业务服务的，目的在于减少贷款的信用风险。信用评级机构的信用评级是为投资人服务的，目的在于帮助投资人识别金融产品的信用风险，在投资决策时作参考。专业的信用评级机构对于投资人而言，是第三方而非金融交易的当事人，因此，它们的评级结果通常被认为是公正的，也容易为投资人所接受。

资产证券化过程中的信用评级和债券的评级不尽相同。债券评级实际是对债务人进行信用评级，因为债券是以发债人的信用作保证的，债券的信用就是发债人的信用。但是资产支持证券是以证券化基础资产的信用作保证的，这些资产证券化后就与其原来的持有人脱离了关系。这样，资产支持证券的信用等级与基础资产的原持有人（发起人）本身的信用状况无关，而只与基础资产的信用状况有关。当然，证券化发起人即基础资产原来的持有人的信用状况对基础资产本身的信用状况多少也有一点关系，因为信用不好的人（企业），容易产生信用状况不好的资产（例如，一家讲信用的银行，在发放贷款时会更加认真负责地进行贷前调查、贷中审查和贷后检查，以保证信贷资产的质量。这家银行的信贷资产质量通常也会比较好）。但是，这两者毕竟不完全相同，因为信用状况好的人也可能出差错，其发放的贷款并不一定是高质量的。所以，基础资产原持有人的信用状况，最多只能是判断证券化产品信用状况时的一种参考，不能成为主要的依据。

正因为证券化产品信用评级评的是基础资产的信用状况，它对投资人分析判断和投资决策起的作用就远远超过债券的评级。投资人如果对某只债券实际的信用等级把握不准，还可考察发债人的情况，毕竟发债人看得见，市场上留有痕迹；而基础资产信用怎样，除了信用评级机构所评出的信用等级，投资人无法从其他地方得到佐证。信用评级机构能否客观真实地对证券化产品的信用进行评级，直接关系证券化的顺利开展。这一点，美国次贷危机给了我们很深刻的教训。美国的次级房贷证券化也是作了信用评级的，但是这些评级结果并没有真实反映次级房贷的信用状况。明明这些基础资产的质量存在很大的风险隐患，在信用评级中却未予考虑，这在很大程度上造成了投资人的误判。汲取这一教训，加强对证券化过程中信用评级的管理，是顺利推进我国信贷资产证券化的一项重要任务。

2. "双评级"有必要，但方法要改进

全球金融危机后，我国金融监管当局在重新启动资产证券化试点时，对信用评级加强了管理，规定必须进行"双评级"，并只认可较低的评级结果。

所谓双评级，就是由两家信用评级机构对同一证券化产品的信用等级进行评估。实行双评级的目的，主要是促使评级机构客观公正地评级，减少信用评级机构的德道风险。信用评级机构的评级分为主动评级和应聘评级两类，主动评级是评级机构不受任何人聘请，主动对评级对象进行信用评级，其评级结果公开发表，供人们参考。主动评级主要是为了显示评级机构的评级能力和水平，树立其良好的市场形象。在评级机构刚进入某一市场时，为了让市场认识自己，往往采用主动评级。由于主动评级不受聘于人，也无任何报酬，它的公正性很少受人质疑。但在评级机构已经在市场上站稳脚跟以后，评级机构就不会太多地去做主动评级。毕竟主动评级是需要评级机构无偿服务市场的一种行为。应聘评级是评级机构受金融交易当事人之聘，有偿进行的一种评级服务。在多数情况下，评级机构的聘请人是金融产品的发行人，因为在一个规范的金融市场上发行金融产品，发行人必须充分披露自己的信

息，信用状况无疑是最重要的信息之一。但是，发行人自我介绍的公正性、权威性不足，需要由作为第三方的信用评级机构提供信用评级报告，于是就会聘请信用评级机构。信用评级机构应聘而来，当然是有偿的。但这不能成为评级机构偏袒发行人的理由。评级机构的公正性是其立足市场赢得信任的基础。所以一般情况下，评级机构是不会为了评级费而放弃原则的。但是，在评级市场竞争激烈、聘请评级的机构强烈坚持下，有些信用评级机构也会妥协，按照客户的要求，提高金融产品的信用等级，导致信用等级不真实，误导投资者。美国次贷危机的一个惨痛教训，就是那些信用评级机构不实事求是地对次贷资产的信用进行评级，把本来信用风险较大的次级房贷评成无风险的信用等级，使广大投资者受到误导。这个教训，我们必须认真汲取。

监管部门作出"证券化产品必须双评级"的规定，对于防止证券化项目发起人操控、逼迫信用评级机构作出有利于自己的评级结果，对于信用评级机构违反职业道德、随意对客户的证券化产品高评信用等级是一种有力的制约。在双评级的制度下，任何一家评级机构都必须面对另一家评级机构的挑战，如果你给出的信用等级高于另一家评级机构的，就有可能被质疑评级过于宽松；但是如果评得过低，也会引起客户的不满。评级机构既不能明显高于另一家评级机构所作出的评级，也不能明显低于客户的期望值，这就必须客观、公正、科学地进行评级。

双评级制度能否真正发挥这种作用，需要具备以下条件：第一，两家评级机构必须相互独立，不可能建立同盟。否则相互制约就成为一句空话。第二，两家评级机构必须完全平等，一方不可能对另一方造成实质上的压力。如果两家评级机构不平等，则受到压抑的那家评级机构就无法真正独立地评级，而会更多地跟随另一家评级机构。第三，证券化项目的发起人必须能够自由地选择评级机构。如果不能自由地选择评级机构，就会造成评级机构为表现自己坚持原则而任意低评信用等级。从目前我国情况看，第一个条件是具备的。目前我国能够对证券化产品评级的机构虽不多，但也有五、六家，两家结盟的可能性不大。第二、第三个条件不够充分。目前，监管部门要求证券化发起人选的两家评级机构，其中有一家是指定的，自由选择的只是一家。被指定的那一家评级机构因为有特定背景，与另一家评级机构之间就不是平等的关系。正因为这样,最后往往变成以这家评级机构的评级结果为准的局面。这就在很大程度上失去了双评级相互制约的作用。这是必须要改进的。

3. 进一步改进信用评级的措施

信用评级被监管部门重视并进行了改进,双评级的制度得到实施,总的方向是正确的,也起到了一定的作用。对于目前双评级中存在的问题,还需要进一步改革和完善。

第一,监管部门不应再指定对证券化产品评级的机构。只要是合法的、符合监管部门资质要求的信用评级机构,证券化发起人都可以自由选择和聘用。这样做,评级机构只能靠自己的专业背景和良好的市场服务取得客户的信任,相互之间的竞争也不会再因为评级机构的特定背景(获得监管部门指定就是一种背书)而无法展开。这样也有利于监管部门当好"裁判员"。

第二,评级结果应由市场来判断。双评级后,评级结果出现不同是正常的,不能简单地认为等级评得低就一定好。评得准或不准,要由实践来检验、市场来判断。监管部门可以对各评级结果进行统计,将其与资产支持证券发行后的实际表现进行比较,然后向市场公示,让投资者来判断各家评级机构的专业水平和评级质量。这种监测工作要持之以恒,一两轮下来,那些评级质量不好的评级机构自然就得不到市场的认可。

第三,对评级机构实行按质定价的做法。有些业内人士建议由投资人聘请评级机构,以防止证券化项目发起人施压评级机构,影响评级结果,但实际操作很难。在证券化产品尚未发行前,谁是投资人尚不清楚。把评级费用纳入由投资人支付的费用中,这对评级机构而言,与原先的受聘方法并无实质性差别,因为它们的收费都在项目成功之后。而对于投资人而言,它们不可能在项目进行过程中对评级机构进行监督。比较有效的方法,是按评级的质量确定其价格。具体可这样操作:按项目发起人(或其委托机构)与评级机构商定评级费的一定比例提取质量保证金,在证券化产品存续期内无质量问题,保证金全额返还给评级机构;质量发生出现问题,则部分扣除乃至全额扣除保证金。

三、如何改进对证券化项目的监管

我国信贷资产证券化试点是在政府特别是金融监管部门支持和推动下开展的。由于证券化是一种比债券更为复杂的证券产品，所以监管必须严格。美国次贷危机的教训之一，就是监管部门对次级房贷证券化疏于监管。汲取美国次贷危机教训，应该努力做好证券化的监管工作。

1. 重启试点后对证券化业务的监管

2010 年下半年重启资产证券化试点后，监管部门对证券化的风险防控问题十分重视，出台了一系列政策措施，其中也包括严格的监管。

2010 年下半年到 2011 年上半年，监管部门花了近一年时间，对前一阶段试点的情况进行总结，对已经出台的相关制度、政策进行梳理，重点抓住基础资产选择、信用评级改进、风险部分自留等问题。在 2011 年，以中国人民银行、财政部、银监会联合发文的方式，出台了相关政策。在此后对信贷资产证券化项目的审批时，按照新的政策标准严格把关。到 2013 年上半年，重启后的资产证券化试点风险控制得很严，对每一单证券化产品的审查非常之严，监管部门几乎是逐笔审查入池的基础资产，逐单审查参与项目中介机构的资格。原先实行的由银监会做前置性审批、中国人民银行做市场发行审批的双重审批方式仍然坚持，而且前置性审批的内容从原先规定的发行人资格审批议为证券化项目的全方位审批。双重审批由不同内容的审批议为相同内容的重复审批。这种过严的审批方式，导致重启后的证券化试点进展非常缓慢，一年来仅发行廖廖数单证券化产品。市场上要求改进监管方式的呼声日益强烈。

2014 年后，监管部门听取市场呼声，开始改进监管方式。2015 年，银监会先发出公告，改变原来对证券化项目的审批方式。不久中国人民银行也发出公告，变原来证券化项目的审批制为备案制。此后，对证券化项目的监管也作了较大改进，证券化的进程也开始加快。

2. 对证券化监管的改革方向

改进对证券化项目的监管，并不意味着简单的放松标准、放宽监督，而应该从原来盯着发起人、盯着证券化资产池的资产，变为对承做证券化项目的中介机构的监管。

证券化项目的参与者很多，包括发起人（银行、各类金融公司、工商企业）、信托公司、财务顾问（通常由证券公司担任）、会计师事务所、律师事务所，这些参与者中，发起人是证券化项目基础资产的所有者，它们是资产的出售者。因此，它们往往是监管部门重要的监管对象。尤其是银行，它们作为信贷资产证券化的发起人，本来就是监管部门的监管对象。对于它们，监管部门在监管证券化过程中往往审查得最多。如果监管力量富裕，这么做也无不可。问题是监管资源也是一种稀缺资源，如果把力量过多地放在这些发起人上，就不合适了。因为发起人能否把选出来的资产放进证券化资产池，是需要发行人同意的。发行人的发行公告是财务顾问做的，里面的信用评级是评级公司评的，发行公告里的财务情况及证券化产品发行后原有资产能否划出资产负债表是需要会计师出具意见的，整个证券化过程是否合法则要由律师出具意见。所以，各中介机构严格把关的重要性远远胜于监管部门的审查。监管部门不可能像中介机构那样深入到发起人那里调查资产的情况，也不可能对这些资产的信用等级作出客观地评估，对运作过程的合法性则不可能像律师那样作出专业判断。如果把这些中介机构管住，让它们尽职尽责，一定会比逐笔审查证券化资产更有效。

如何让中介机构在证券化中把好关，这是监管部门面临的一个新课题。中介机构在证券化活动中的角色，是一个市场参与者，它们对证券化过程中各个环节的把关，是履行其职责的要求。所以，让它们把关，并不是监管部门监管职能的延伸，而是要求它们尽好自己的职责。如果它们不能尽职尽责，就会破坏市场秩序，就要受到监管当局的惩处。当然，恪尽职守只是一个底线，监管部门不能仅仅以惩处相威胁，还必须采取激励措施，鼓励中介机构认真把关，发挥积极作用。监管部门可以定期公布中介机构在证券化项目中的表现，对受到市场好评的证券化项目及参与的中介机构予以表扬，并在这些机构年检、考核时，给予好评，或向相关行业自律组织出具好评意见。

四、如何让发起人自留部分风险

在汲取美国次贷危机教训时，监管部门要求由证券化发起人自留部分风险，即发起人必须自留一定比例的资产支持证券。这项政策，对于少数证券化发起机构以次充好出售资产的行为将起到抑制作用。

开始，监管部门对发起人自留部分风险的要求比较严厉。它规定发起人必须自留不少于5%的次级档资产支持证券。但实行一段时间后，发现这项规定过于严厉。如果让发起人自留5%的次级档资产支持证券[①]，则按照现行资本充足率管理的有关规定，发起机构就将留下次级档资产支持证券12.5倍的风险资产，其能够释放的资本仅为原占用资本的40%。如果超过5%，则按有关规定，资产就不能划出资产负债表。对于商业银行而言，如果这样处理，它们对证券化的积极性必然大打折扣。对于这一条规定，许多银行都提出了意见，监管部门听取意见后，作了相应的调整，在坚持发起人自留部分风险的前提下，将自留的资产支持证券从不少于5%的次级档资产支持证券改为不少于5%的各档资产支持证券。调整之后，情况就好多了。因为发起人可以选择在各档资产支持证券中的数量，只要总的比例达到5%就可以。如果留的都是优先档的资产支持证券，不仅可以让95%的风险资产从资产负债表中划出，而且资本充足率会明显提高。当然，发起人会综合考虑资产出表、资本释放和证券发行等多种因素，然后确定各档资产支持证券的自留比例。

目前自留5%以上资产支持证券的风险自留方式，总体来看，还是比较有效的。但实际操作中，都是自留5%，没有超过5%的，因为超过5%，按照财政部《金融企业会计规则》的规定，风险资产是不能划出资产负债表的。当然也没有低于5%的，因为低于这个比例，就不符合监管部门的规定了。今后究竟留多少，还可以继续研究。原则上，自留的部分在5%以下为宜。至于

[①] 一单资产证券化产品根据信用等级的不同，分为优先级的资产支持证券和次级的资产支持证券。次级档资产支持证券的偿付顺序在优先级资产支持证券之后。如果这一年资产证券化产品不出问题，次级档资产支持证券有较高的收益。

下限是多少，可视该单证券化产品的信用状况而定。

自留的资产证券能否成为理财资金的投资对象？从逻辑上讲，它如果作为理财资金的投资对象，风险就转移到购买理财产品的人手中，风险不再自留在发起人了。但从另外一个角度讲，既然留在发起人那里，是发起人的资产，有人愿意来购买，并不存在法律障碍。这里的关键是，发起人自留的资产支持证券如果要成为理财资金的投资对象，发起人应该公开披露这些自留资产支持证券的相关信息。

五、如何看待银行互持证券化产品

在这些年我国信贷资产证券化的实践中，有一个问题一直被人批评，也一直没有得到根本解决，这就是银行的证券化产品具有较高的互持率。

所谓银行资产支持证券互持，是指银行之间相互持有对方的资产支持证券。例如，中国工商银行持有中国农业银行的资产支持证券，中国农业银行又持有中国工商银行的资产支持证券。而互持率，则是指银行互持的资产支持证券占全部资产支持证券的比率。据统计，目前银行资产支持证券的互持率约为50%左右，虽然还较高，但比试点开始时的70%左右已经降了不少。

1. 历史地看待银行互持资产支持证券的问题

批评银行互持资产支持证券的人认为，银行互持资产支持证券，使风险仍然留在银行体系内，没有实现风险转移的目的。这种批评，虽有一定道理，但却失之偏颇。

信贷资产证券化可以分散风险，但不能消除风险。信贷资产的风险主要是信用风险，即借款人不能还本付息的风险。这种风险需要通过贷款机构在贷前进行认真的调查，在贷中进行严格的审查，在贷后进行细致的管理来防控。证券化本身不可能消除信用风险，从全社会来说，搞不搞资产证券化，信用风险是一样的。但对于证券化发起人来说，通过证券化，它可以把风险转移出去。在发起人是银行的情况下，如果购买证券化产品的是银行以外的机构，则风险就转移出银行体系以外；如果购买证券化产品的全是银行，那么风险还留在银行体系以内。从银行的监管部门来说，如果银行互相持有证券化产品的比率高，风险多数留在银行体系内，它的感觉肯定不好。从全社会来说，使银行体系内的风险能够分散到各类机构，可以减少银行体系的压力，这当然是一件好事。但是，即使百分之百的银行互持，风险未出银行体系，那也并有什么可怕，就当没搞证券化就是了。更何况实际上总有一部分资产支持证券是由银行以外的机构购买的。

我们当然希望银行证券化产品的购买者多元化。但是，在试点初期出现银行互持也不必过多指责。从某种意义上说，出现这种情况有其必然性。因为信贷资产证券化试点是从银行开始的，银行对自己搞的证券化产品是什么、有多大风险，应该是最清楚的，所以，当别的机构对证券化产品还知之甚少，甚至感到害怕的情况下，银行之间购买证券化产品，是很正常的。试想，如果开始银行之间一点都不互持，和其他机构一样在那里观望，我们的证券化试点搞得起来吗？银行相互认购一些，把证券化搞起来，使其他机构和投资者也慢慢参与进来，这不正是我们所想要的吗？这就是银行互持的历史作用！

2. 成熟市场中银行互持部分证券化产品也有必要

今后随着资产证券化市场的发展，并逐步走向成熟，银行互持证券化产品的比率肯定会逐步下降，银行以外投资人购买的比率会逐步提高，这是一个大的趋势。但是，这并不意味着今后银行互持就不再存在。恰恰相反，银行互持在一定范围的存在是必要的，也是有益的。信贷资产证券化的意义是多方面的，银行通过证券化调整信贷资产结构是其开展证券化的目的之一。一家银行为了调整结构而出售的某一类资产，对另一家银行而言，可能正好是其希望增加的。如果是这种情况，银行互持一些资产支持证券，就正好为调整信贷结构创造了条件。

3. 降低银行互持比率的关键是扩大证券化的投资人队伍

降低银行互持证券化产品是一个历史的过程。当资产证券化产品逐步被市场所认识甚至青睐时，银行互持的比率肯定会下降。在这种局面尚未形成时，不应一味批评银行互持，压降银行购买证券化产品的热情，而应更多地进行证券化意义的宣传，扩大证券化产品的投资人队伍。

要扩大证券化产品的投资人队伍，仅简单地宣传证券化的意义是很不够的。关键是要创新产品，使发行的证券化产品符合投资人的需要。例如，保险机构对于中长期金融产品的需求比较大，如果发行的证券化产品中能够增加这类产品，保险机构就会有兴趣投资。否则，它们就没有太大的兴趣。对其他类型的投资人也一样。

要扩大证券化投资人队伍，还需要提高证券化产品的流动性。目前证券化产品的流动性很差，几乎没有什么交易。这对于许多投资者来说，必然降低投资证券化产品的积极性。当它们流动性不足时，手中的有价证券能否变现，显得十分重要。当然，这个问题不是证券化当事人能够解决的，它有赖于金融管理部门的努力。

（作者：沈炳熙　中国人民银行金融市场司原巡视员、中国农业银行董事、现任职于中央汇金投资有限公司）

实践前沿

监管利好　资产证券化离"起飞"还有多远[*]

文/闵文文　骆　露

讨论参加者：

陈　戈　平安证券有限责任公司资产管理事业部结构融资部执行总经理
冯朝铸　河北银行资金运营中心风险总监
李建洲　中国农业银行公司与投行业务部投行市场研发处副处长
李禹璇　太平洋证券股份有限公司资产管理总部金融市场部总监
王　闻　中融华信董事
武宜达　民生加银资产管理有限公司资产证券化部总监

---

[*] 本文原载《当代金融家》2014 年第 10 期。

杨国辉　中海信托股份有限公司信托业务北京总部副总经理

【背景】

资产证券化是成熟资本市场最重要的融资工具之一，但在中国还处于起步探索阶段。作为一种盘活存量资产的手段和工具，利用资产证券化促进中国经济结构调整和转型、拓宽债券市场的广度和深度具有积极作用。自2012年资产证券化重启以来，中国资产证券化进入快速发展时期。

据此前报道，银监会已表示决定将银行业金融机构信贷资产证券化业务审批制改为业务备案制，以资格审批与产品备案相结合的方式，加快推进信贷资产证券化；证监会拟推了负面管理清单，只要支持资产不属于负面清单之列，均可以备案发行资产证券化产品；保监会也给保险资管公司SPV身份"正名"，证券化基础资产含信贷资产。

但目前各项相关基本制度和投资者适当性教育等仍不健全，中国资产证券化发展面临着产品风险、市场风险和道德风险。在监管利好的背景下，如果把资产证券化比作一部刚出库的飞机，监管利好已经为其铺好了滑行的道路，那么它离真正起飞腾空还有多远？

一、资产证券化提速　市场各方如何把控

陈戈： 平安证券近年在证券化方向上最大的一个转变就是比之前更接地气了。平安的资产证券化基本都是私募类的，不在交易所挂牌，因为挂牌的流程很长、很繁琐，时间也不确定，而且最重要的是，我们要切实地解决客户的需求，而不只是做一些政绩给别人看。平安证券的两大目标：一是为了解决客户的需求，二是能赚钱。基于此，我们证券化的内容主要有以下两方面：

一是两融和股票质押形成的大量自有债权的证券化。平安证券是一家中型券商，自有资金很容易就会用完，所以首先要将公司自有的债权全部卖掉。这方面我们做得比较灵活，现在卖了几十亿元人民币，卖的资金范围也很广，可以直接卖给银行理财、大行的私人银行部以及保险的资管公司。目前平安证券自有债权的证券化基本已经常态化了。我们曾经计算过，如果债权按照一个月周转一次，即公司的钱放出去，一个月之内就能将债权卖掉，ROE[①]

---

① ROE是英文Return on Equity的缩写，即股本回报率。

差不多能达到30%以上。

二是平安银行信用卡应收账款证券化。平安集团旗下的上海陆家嘴国际金融资产交易市场有限公司（以下简称"陆金所"）是最早做平安银行信用卡应收账款证券化的，随后我们平安证券也做了两批，资产加起来大约有160亿元人民币。做信用卡应收账款证券化的挑战非常大，因为它的量很大，每一笔涉及几十万张信用卡。而且信用卡的基础资产很复杂，还款方式大致有三类，我们将这三类混在一起打包去做，所以销售也会很复杂，但这两批信用卡我们都比较顺利地完成了。

我们现在正在和一家股份制商业银行讨论做小额消费信贷的证券化，希望能够达到"T+1"，就是今天放款的小额消费信贷，第二天就可以卖掉。我们会制定相应的标准，只要符合标准就可以不断地放款，我们在后面不断地卖。这个对银行的挑战其实很大，因为银行要面临系统改造的问题。

虽然我们目前做的全都是私募化产品，但是我们也很希望拥抱公募，特别是随着监管环境的放松，我们很乐意去做一些公募产品。

武宜达：民生加银资产管理有限公司成立初期，就将资产证券化作为战略转型的一个重要业务，积极地打造主动管理业务，资产证券化就是主动管理业务的一个重要战略。最近公司进行了机构调整，其中金融合作事业专门成立了资产证券化部，说明了我们民生加银对资产证券化的重视程度之高。

我们公司对资产证券化的市场定位非常清晰。

首先是主要服务于中小银行。中小银行有比较强烈的资产腾挪需求，有强烈的金融创新意识，有更为市场化的业务开拓精神。中小银行同时有一些资产是比较适合证券化的，一是信贷资产，包括存量资产和增量资产；二是银行体系的租赁资产。此外，还有小微资产，这些都是比较好的基础资产来源。另一个市场定位是主要服务于中小企业，公司与他们共同成长，在它们的成长过程中帮它们做一些资产的证券化等投融资服务工作。

我们的工作主要是从两端着手：

资产端是根据不同的资产性质，做不同的设置。这一领域是低风险、低收益、安全性又比较高，目前市场现在做得多一些；另外一些相对来说风险比较高，但收益比较好的资产，我们会利用产品设计技术，包括巧妙的结构化分档技术或其他增信措施来做。另外，我们公司存续管理规模有3800多亿元，我们在类资产证券化过程中也积累了大量的经验和技术，通过这些经验技术，我们可以在资产端作出比较好的产品创新，设计出满足客户需求的产品。

资金端方面，主要还是根据资金端的需求反过来寻找资产，包括基础资产的选择、期限结构、分级收益率、增信措施等设计，这个对于资产证券化的推广是很重要的，并且这方面受政策的影响不是很大，相对比较稳定，所以我们会尝试反过来从资金端去寻找一些合适的资产。

公司还从收益与风险的平衡、海外证券化产品的成功经验与深刻教训、国内监管政策把握等多个角度研究和推进证券化业务。

杨国辉： 资产证券化也是我们中海信托业务转型的一个重点方向。我们是从2012年这一轮新的试点开始做标准资产证券化产品的，先后与交通银行发起了"交银2012年第一期信贷资产证券化项目"、与中国工商银行发起了"工元2013年第一期信贷资产证券化项目""工元2014年第一期信贷资产证券化项目"，以及与中信银行发起了"信银2014年第一期信贷资产证券化项目"。这一轮资产证券化的规模很大，各家机构也都很重视。在私募方面，我们也和"陆金所"一起做平安银行的车贷资产的证券化，最大的一期资产规模达到了80亿元人民币。

信托原来一直以非标业务为主，所谓非标业务一般有两种，一种是通道业务，一种是投行业务，信托主要的资产规模及盈利都来自这两块业务。但是未来整个投融资市场肯定要转向资本市场，无论是PE[①]一级市场，还是二级市场，所以信托单靠传统的业务肯定做不长远，必须得往资本市场或者私募方向转。但是券商和私募基金在这块做得都相对更有经验，只有资产证券化是信托所擅长的，所以我觉得资产证券化可能是信托最容易转型的一个方向。

冯朝铸： 从今年来看，中小商业银行中开展资产证券化业务的机构非常多，据我所知，到目前为止，监管机构已批复、已报送材料和在做的项目涉

---

① PE是英文Private Equity的缩写，即私募股权投资，指通过私募形式对非上市企业进行权益性投资，在交易实施过程中附带考虑了将来的退出机制，即通过上市、并购或管理层回购等方式，出售持股获利。

及二三十家城商行和农商行。最近也有很多同业机构到我行做发行路演,河北银行自身也在做资产证券化,现在正处于监管机构审批阶段。

城商行等中小银行做资产证券化的主要目的有两个:

第一是基于信贷资产出表的要求,主要是受制于信贷规模的限制。中小银行这几年发展得比较快,资产增长基本上每年都达到了20%左右,信贷规模比较紧张,因此各家中小银行会想尽方法扩大信贷规模,资产证券化是一个标准的途径。当然,除证券化外,信贷资产流转也是一种方法。

第二,在利率市场化的背景下,中小银行参与监管层各类创新举措的积极性非常高。无论其中是否会带来丰厚的经济利益,仅从商业银行发展的角度来说,中小银行都要紧跟市场和机构的发展步伐,否则就会落后,所以中小银行都很活跃。

二、资产证券化有何作用

李建洲:就我们农行发的两期证券化产品来看,我认为资产证券化对于银行的作用主要有三个方面。一是当信贷规模处于管理控制的情况下用于腾挪银行的信贷规模。二是可以调整银行的信贷结构。我们过去基本上是面向大央企或者大民企放款,现在需要腾挪一部分出来用于支持小微企业,所以需要将信贷结构调整一下。三是对银行的资本充足率有一定的帮助。

但是以目前的情况来看,资产证券化并没有给商业银行带来多少利润。一方面是因为现在我们要求的基础资产一般都得是好的资产,所以价格肯定会受影响;另一方面,现在都是由银行间市场来发,所以市场相对比较狭窄。

武宜达:资产证券化通过引入评级、公开规范的信息披露、二级市场流通交易等措施,促使资产的供应方、资产管理人、资产托管人、评级机构等更加审慎的履行责任,引导投资者更加理性地投资理财产品,方便投资者对于理财产品的发行和投资进行监督。资管行业存在一个问题是"快餐式"通道业务大行其道,复杂专业的主动业务鲜有人问津,公司或者从业人员投入的精力较少。资产证券化业务的本质不是通道业务,它需要资管公司从资金端和资产端的良好匹配去开发、设计、营销产品,是一个主动式管理业务。大力推进资产证券化业务,有利于资管公司的主动管理能力的提升。因此,从资管公司长久发展和引导投资者理性认知理财产品这个角度来说,资产证券化业务是一个很好的途径。

陈戈：资产证券化作为一种结构化的融资方式，已经迈向了打破刚兑的第一步。它从以前对整个产品进行刚兑，而变成对某一个级别的产品进行担保。比如，我们公司在做信用卡应收账款证券化时，分得层级比"陆金所"的还要多，总共18级，之所以分这么多，其实可以说是迫于无奈，因为这个产品要卖给5类客户，最前面的是零售，只买6个月以内的；"6~12"个月的卖给银行理财；"11~12"个月的卖给保险，而保险至少要两轮以上的评级；后面的次优级和中间级我们卖给了私人银行，所以共分了18层5个档次，A、B、C三档都是AAA、AA+和AA评级的，后面就没有评级了。这么做的原因一方面是为了销售，另一方面其实就是为了打破刚兑（刚性兑付）。因为整个产品最后没有任何人做担保，那么由谁来负责一部分的风险？当然由银行来做。但银行并不是直接做担保，也不是做次级，而是以一个我们叫"超额服务费"的方式让它持有。

这对银行来说意味着什么呢？我举个例子来说明：信用卡资产的收益率大概在10%以上，假设银行要做信用卡应收账款出表，将信用卡整体收益打包卖给我们，出售的收益率为8%或8.5%，中间的利差就要以超额服务费的形式留在产品里面，产品结束之后银行可以拿走，银行如果管理得好，收益归他自己，如果管得不好，损失也要自己承担，这其实就是打破刚兑的一种方式，倒逼银行提高自身的管理能力，不是说卖就卖。

所以，从我们的角度来讲，资产证券化很大程度上是一种资产管理业务，产品发完以后只是产品的开始。我们在做信用卡的时候，全是通过甲骨文（Oracle）系统[①]与银行对接，每个月我们都会发布管理服务报告，银行的资产发生什么样的变化，是否与我们测算的有偏差，我们都会随时提醒银行，同时也提醒我们公司内部相关部门及销售渠道。如果按照这个流程走，银行的服务质量肯定能得到提升。我们知道，平安银行的信用卡系统是最先进的，它能够细分到每个人，任何一个持卡人的信用卡消费中哪些笔被卖掉了，系统都能够区分得非常清楚，这就是在倒逼银行改善自己的管理。

---

① 甲骨文软件系统有限公司是全球最大的企业级软件公司，总部位于美国加利福尼亚州红木滩。甲骨文系统是该公司所推出的有关生产、经营、财务等方面的管理系统。

刚兑虽然很重要，因为如果没有刚兑，理财产品、信托产品等不可能发展得这么快。但是刚兑早晚要打破。如果资产管理机构全都采取一种故步自封的态度"反正我就这么做，看看大家怎么弄"，可能就会丧失掉先发优势。陆金所慢慢地甚至会向一个评级的角色转变，它会对放在其上面的产品进行信用评级，而不再做担保。客户可能一开始不能接受，但是我相信最终会接受的，因为"陆金所"会通过不同的信用评级，也就是通过收益率的方式区分，客户可以选带担保的，也可以选不带担保的，不带担保的收益率会高。所以我觉得这是一个趋势，而且发展得会比我们想象的好。

三、证券化市场近年的变化

冯朝铸： 我觉得整个证券化市场近年来有几个变化。

第一是投资的群体越来越多样化了。原来的投资群体以参与方之间的互持较多，但是从今年情况来看，主动配置的机构投资者越来越多了，像保险、基金、商业银行理财账户等都主动参与证券化产品。

第二个变化是定价问题。原来价格形成机制是根据市场上的收益率曲线，再加一些流动性风险溢价和一些非市场因素形成的。现在因为投资者群体增加了，大家配置的需求不同，定价更趋于市场化，而定价机制的合理性也有利于市场的培育和发展。

第三个变化是参与主体越来越宽泛了。初期参与主体主要是商业银行和券商，但现在不仅是公募机构，像"陆金所"、阿里小贷这样的私募机构也都在做证券化，而且私募机构的创新力度和发展的速度要超过原有的商业银行及券商。

第四个变化是监管态度的变化。2008年以前监管层是比较主动地去做试点，也配套设置了很多制度。但是2008年之后受次贷危机的影响，国内证券化发展速度有所放缓。但上次危机并不是资产证券化的过错。现在监管机构对资产证券化的作用想清楚了，传闻监管机构正着手把证券化的审批制改成备案制，如果属实的话，定会大大提高整个资产证券化的发展速度。

第五个变化是现在证券化的基础资产越来越多样化了。从最早的住房贷款、租赁款和汽车贷款，再到现在的信用卡、小微贷款。资产证券化有句名言叫"只要你能产生现金流，就能够做证券化"，这句话的含义现在体现得越来越充分了。

这些变化说明，证券化的春天虽然可能还没到，但是它已经开始发芽了。

李禹璇：我们的证券化业务主要也是围绕股份制银行来做，因为银行基础资产的价格相对来说是既定的或是有限的，在转出的时候，券商会发一个资管计划来买断，这个时候价格可能会相对偏低，因为我们自有的资金毕竟有限，所以还是需要依赖银行，这样来看，银行既具备资产优势，又有资金优势。

我们曾经替招商银行和兴业银行设计过一些资产证券化的方案，在实施的过程中还是不能脱离银行，银行是代销的性质。同时，我们也会寻找另外一些资产方，比如企业。我们与宜信谈过，打算帮助其设计既定债权的资产证券化，这样资产包价格会高一些，而且好一些。但是我们现在在做资产证券化时，都需要在交易结构设计当中有强有力的增信，要有一个担保方。宜信在全国有上万人的销售团队，我们把它的产品包装成一个集合，然后由它自己来销售，这点跟银行比较类似，即依靠自己的销售团队来销售，银行的资产包最后也是通过自身的零售业务部或者个人金融业务部（简称个金部）做代销的。这样，基础资产包的提供方最后的销售可能还是没有脱离它自身，资金是它的，资产可能也是它的。

后来我们还尝试过和几家国有背景的小贷公司合作。民营背景的小贷公司我们也在谈，做它们小贷存量信贷资产债权的转出，由我们包装成资管计划进行买断，然后做分级和结构化的设计。我们始终要有强有力的增信，所以我们首选是与有国有背景的小贷合作。

我们自有两融收益权[①]转出业务也在跟几家银行接洽，包括招行、浦发、民生。这一业务领域的问题是，银行希望我们券商自己来做远期的返购，这就类似于银行本身的买入返售业务。并且银行要对我们券商有一个额度不超过50%的授信，在这个范围之内，我们才可以做两融收益权的转出。所以从我们自身的实践经验来看，资产证券化对担保方和增信方的要求还是挺高的。

---

① 两融收益权指证券公司融资融券业务所获得收益的权利。

四、全面扩展面临的问题

冯朝铸：资产证券化在中国的发展，当前依然面临着一些挑战。

首先，在国外，资产证券化基本上都有明确的法律支持。但是我们国内目前只有一些部门规章供参考，所以在专门的立法层面上我们还是有些缺陷的。

其次是关于证券化的"真实出售"和风险问题。当前一是要求商业银行自留5%；二是发行的产品都有一个清仓回购的条款；三是商业银行发行的资产证券化，没有哪个产品"敢"或"先"违约，大家可能都规避这个问题，这是客观事实。但这个问题也会像信用债一样阻碍市场的健康发展。

再次是现在已发行的资产证券化都是通过结构分层，其实简单地说大家的模式基本都差不多；"陆金所"的模式我觉得更类似于美国的证券化模式，切割得很细。但当前证券化产品分层结果和评级准确性的说服率都不太高，因为其所依赖的违约率和违约损失率的数据可能大多数都是人为经验给定的数据，而非以有效历史数据为依据。这和美国的证券化有显著差异：美国的证券化不同的信用评级对应的违约率、损失率、信用等级迁移矩阵都是公开的。当然，国内的车贷证券化做得比较好一些，比如汽车金融公司的海量历史数据中就包含了违约数据信息。但是我们大量的信贷资产证券化，商业银行自己的数据都不向外披露，因此设计分层的机构在做分层的时候其实是没有充分依据的，你看并没有哪家机构敢于完全公开他的分层方法、参数（当然他可以保密的形式去遮掩）。因此我们在投资资产证券化产品时，别人的评级结果只是一个参考作用，基础资产特征更重要。所以如果中国的证券化要想健康地、快速地发展，中介服务机构的专业性提高是一个要素，要不然理性投资者的认可度会很低。

另外，资产证券化实践中，还有一些小问题，例如信贷资产登记、盈利问题等。类似这样一些小问题，我们在实际操作的过程中遇到过很多。如果我们的信贷资产证券化想大规模地发展，一个比较明确的、比较完整的纲领指导也是需要的。

王闻：我对美国的资产证券化曾做过一些研究，就从信用评级这个问题开始讨论，然后进一步谈谈市场结构的问题。

2013年，美国司法部就住房按揭贷款支持证券（RMBS）和担保债权凭证评级问题起诉标准普尔，这桩案件可以看出证券化产品在评级方面面临的挑战。

美国的信用评级应该可以分为两类，一类是传统评级，一类是结构融资的评级。传统的评级是对单一的债项或发债主体评级，而结构融资的评级是一个组合，或曰打包了的一堆资产。

传统的债券评级问题比较少，因为其技术比较成熟，所牵涉的委托代理利益冲突也不是很敏感。加之传统个体评级的评级机构很多，如果一家评级机构给出的评级缺乏说服力，市场自然就不会认同。

而结构化产品评级则面临两个问题。

一是技术问题。对于结构化产品的评级，三大评级机构累积的资料还是太少，因为美国结构融资市场大发展是在20世纪80年代以后，而自那以后直至2008年金融危机，美国没发生过几次经济衰退，所以评级的数据累积得不足，不像传统的评级已拥有了上百年的历史。

二是技术的复杂性，因为组合评级时不是看单体的风险，而是要看组合在一起的风险，还要考虑违约相关性，这就涉及金融工程上的一些技术问题。

结构融资产品评级的另一个问题就是其中的利益冲突比较厉害，这是因为结构融资的发行群体没有传统债权融资发行主体那么多，而是只有几家，所以发行机构很容易占据主导权。另外，评级机构深入地嵌入到证券化过程中，证券化的分层是和评级机构一起来做的，评级机构将其咨询业务和评级业务混在一起，这个过程也会产生很大的利益冲突。因此，美国后来要求结构融资的评级从传统的评级中分开了，危机后出台的《多德—弗兰克华尔街改革与消费者保护法案》中也对这个问题进行了讨论。

美国在结构融资方面曾提出过一个很简单但很重要的问题，就是BBB公司的评级等同于BBB资产支持证券的评级吗？答案当然是否定的，因为这两个东西完全不同，根本没办法进行比较。虽然它们都是债务融资工具，但是最后BBB资产支持证券的评级不等于BBB，特别是在金融危机爆发的时候。而且这次金融危机在评级上暴露的一个最大问题就是对违约相关性的分析出了问题，因为违约相关性在经济比较和缓、贷款很多的时候虽然很低，但是一旦房贷趋于紧张，违约的相关系数便骤然上升。这本质上还是因为结构评级还没有走过一个完整的周期，其对模型的分析没有经过反复训练，所以现在美国要把结构融资评级单独拿出来做。

接下来我谈谈市场结构的问题。

资产证券化以后投资人最开始主要还是银行，起初这个问题在美国也引发了很多讨论，资产证券化里面有一个术语叫"风险分担"，就是发起人要承担一部分风险，美国次贷危机以后对这个问题进行了专门的讨论。但是后来他们有一派学者认为这根本不是个问题，因为美国的投资人也是以银行体系为主，大概占了投资人总数的三分之一，美国最大的资产支持证券的持有方就是海外的这些银行。中国的情况也类似，银行当前也是证券化产品最大的投资方。

讲美国的这个案例就是为了说明资产根本就没有脱离金融体系，本来资产支持证券化就是一个信用风险分散的工具，即透过资产证券化手段把信用风险从银行体系转移，让全社会来承担，但次贷危机最终还是在银行体系里打转，这就是由投资者的结构问题造成的。刚才讲到我们的市场结构投资人变多了，我觉得这是一件好事，说明投资风险分散了，如果都集中在商业银行体系，那么信用风险将无法分散出去。

另外，我觉得以后资产证券化可能也要向债券转，当然现在是公募与私募的区别，将来这里面要有合格投资人的设计，即不是所有的投资人都能够去买那些私募证券化产品。像这次美国的次贷危机波及中国香港和台湾地区后，演变出了"有毒债权"的问题，引发了很多社会争论。所谓"迷你债"就是那些组合的产品，这些组合融资的产品没有在美国卖给个人，反倒在东亚卖给了个人，引发了很多社会冲突。所以投资者群体在扩大的过程中，有一个问题是跟信用评级有关系的，就是信用评级能不能合理地向投资人揭示出风险，如果能，那么投资者群体可能还会扩大；如果不能，还是得由机构来做。

还有一个"再证券化"的问题，就是在证券化的基础上再一次证券化。在次贷危机最严重的时候，资产价格下跌最多的不是证券化产品，而是再证券化产品，因为再证券化，如"CDO平方"①的价格对违约率和违约相关系数的敏感度要远远超过第一步的证券化，所以金融危机后，银监会禁止做再证券化。现在美国也在考虑对再证券化实施严格的监管。

武宜达： 从机构投资者的配置来说，现在有两大问题，一是流动性比较低，整个市场规模也不大，这两方面相互影响，相互制约。另一个问题是收益比较低，从实际情况来说，可能是因为前期资产证券化业务相关不确定性因素较多，使得相应的资产方拿出的资产加权收益率并不是很高。未来随着资产证券化的发展，会将一些高风险、高收益资产拿出来做证券化，资产证券化要求的资产配置要求也是组合配置、风险分散。当流动性变好，相应的风险产品评级、投资者分级都做到位之后，资产证券化的规模将会变大。实际上资产端和资金端两个方面在今后都会做一些变化，这个变化也是整个资管行业或者理财市场发展的一个必然趋势，因此未来的流动性将会增加。

五、市场的期待

李建洲： 我们前期的证券化工作主要是配合监管部门培育市场。在前两期发行的时候，我们投入了比较大的精力，整个发行的情况算是比较成功的，这也是一个经验的积累。至于下一步怎么走，目前还没有出台具体的计划，需要对前期工作进行充分总结之后再制订。

我们发的第一期和第二期都属于业内标杆，当时的价格在同期比较低，而且参与的投资人很多样，如第二期参与的机构有银行、券商、财务公司共33家机构。通过我们的发行，市场上参与的机构越来越多了。现在，我们应该考虑资产证券化如何能让更多的人受益。当前，资产证券化产品的流动性不高，而且有需求的人也不一定有资格参与到其中来，这是一个比较大的矛盾。另外，如何通过证券化的形式把一部分贷款的利益让度给大众投资者，这也是一个矛盾。

从我们的角度考虑，今后一是希望市场的发行渠道更丰富。二是希望发

---

① CDO，英文 Collateralized Debt Obligation 的简称，意为担保债务凭证，是资产证券化家族中重要的组成部分。它的标的资产通常是信贷资产或债券。这也衍生出两个分支：CLO（Collateralized Loan Obligation，担保贷款权证）和 CBO（Collateralized Bond Obligation，担保债券权证）。前者是信贷资产证券化，后者指的是市场流通债券的再证券化。CDO平方指后者。

行更加的市场化，即根据市场价格的变动选择相应的资产来适应市场的需求。监管部门需要做的是对资产的限制放宽一些，不要过度限定金融机构的资产。银行也要继续发挥自己的信用中介作用，以提高整个资金的使用效率。三是在资产的选取方面，能在资产证券化更好地发挥对银行的作用这种层面上来选取资产，来做产品。

陈戈： 刚才李处（李建洲）讲的农行的特点我一点也不意外，包括五大行在内多多少少都有这样的问题，本身他们的需要或者说它们的动力并不是很强，因为它们有很大的存量，完全可以腾挪。比如信用卡，通常来说五大行的信用卡资产质量都是很好的，但是它们毫无动因去做，因为其额度很宽松。另外，我们通常所说的好资产有两个标准，一是不良率很低；二是收益率高，所以不良率低、收益率也低的资产在我们券商的眼里不一定是好资产，所以五大行认为的好资产对我们的吸引力并不一定强。

但是我觉得银行应该早做一些证券化方面的打算，因为银行做证券化总是习惯性地先卖好资产，这会导致一个问题，即当银行把大量的好资产卖掉之后，会发现剩下的资产就不好卖了，因为不良率在上升。这个时候对于我们的挑战是很大的，我们现在在用循环池和动态池做，因为只有这种方式才能不断地把不良资产买进来，把好资产和坏资产掺在一起卖。但是掺着卖会使向金融机构销售变得更困难，因为银行要看我们的基础资产，现在我们的基础资产复杂了，收益也降低了，所以银行有可能会拒绝，造成我们的销售压力越来越大。因此，我建议银行未雨绸缪，为了其资产证券化在未来能够持续，银行应该从现在起持续地在这方面开展一些工作，哪怕现在的量很小，也要先开始着手。

资产证券化肯定会有一个光明的未来，但其间的道路或许会很坎坷。平安证券作为一家中型券商，我们必须要弄清楚自己在证券化中的定位是什么，要找到自己的优势所在。比如做消费信贷或者做信用卡，我希望实现的目标是以后大家要做这块业务，第一个想到的就是平安证券。像那些服务大型企业的项目不是我们所擅长的，那就留给中信证券等大型券商去做。我们现在选择的主要是服从大数法则的一些基础资产，他们单体非常小，分布比较分散，当拿到这样大的样本时，我们可以从很大的层面去估计和判断，这个是我们券商所擅长的，可以和银行有一个很好的能力互补。

王闻：中国债券市场的规模在世界上目前排第二，仅次于美国。公司债的规模在全世界也能排到第三或第四，与这么庞大的债券市场规模不相协调的是我们的资产证券化的市场规模却非常小。如果参照美国的整个架构体系，国债、公司债和资产证券化产品三分天下，我们的资产证券化还是有比较大的发展空间。

我想特别提出的一点是，在美国的资产证券化里，从来没有区分过所谓的"好"资产与"坏"资产。资产证券化就是靠将信用风险组合在一起，来降低优先级的信用风险和排高列后级的信用风险，等于是信用风险的重新组合与分配。陈总（陈戈）刚才讲的观点我很赞成，银行要主动去做资产证券化，而且要把各种不同的资产拿出来做，这样将来做证券化的时候才知道市场环境是否适合。不良资产首先更应该做资产证券化，当然，这会涉及最终劣后谁来承担的问题。刚才陈总讲的一个观点我特别欣赏，就是资产证券化可能是打破刚兑的一个重要手段，那就是要加强劣后。这里面的核心其实是定价问题，评级和资金方对定价问题都会有自己的看法，然后把技术慢慢融入到整个金融体系里面。

冯朝铸：从我行的角度来看证券化，是一分为二的，即资产提供方和投资人两个角色：

首先，我们对资产证券化的期望是要积极探索各种创新形式，应不仅仅局限在公司类信贷资产，还可以考虑信用卡、小微贷款或者车贷等，中小银行做公司贷款证券化可能在资产筛选方面会面临一些困难，但是做信用卡或者小微贷款会比较容易，随着利率市场化的发展，商业银行经营和创新的能力必须提高，这样其适应能力和发展速度才能跟得上。

其次，从投资角度看，商业银行对理财的资产负债错配管理要求日益严格，像平安"陆金所"做的那种证券化切割得非常细的私募产品是比较受欢迎的。商业银行理财管理的一个难题就是错配问题，而且新的文件明确规定"理财产品之间不能交易"，这句话大家虽有各种各样的解读，但从最简单的字面意思来讲就是不能交易。所以未来理财的资产负债端应该严格匹配。但是现在公募的资产证券化产品都很雷同，A1档基本加权是不足一年，A2档是一年多①，然后中间档、次级档基本是雷同的，但一些私募产品从1个月到15个月期限的都有，更加适合理财的资产端配置需求。

武宜达：金融危机后中国的资产证券化市场出现过一段曲折，不过现在"一行三会"的监管层都非常重视这项业务的发展，在这个背景下，将来证券化规模应该会非常大。

杨国辉：我们信托其实一直是把自己看成一个资源的组织者，未来要充当SPV②必须得具备三方面的能力，第一是资产选择；第二是落实投资者；第三是整个交易结构的设计，包括建模、现金流测算、分层等，这个分层最好能更好地满足资产发起人、投资人的需求。未来如果能在这三方面同时做得好，可能就会领先其他竞争者。

并且，我觉得先发优势也很重要，比如"陆金所"，虽然不是一个金融机构，但在私募资产证券化这块做得特别好，在整个交易结构里面的角色更多的是财务顾问。未来陆金所可能还会往标准化的公募方向发展，不会一直做私募。其之所以能做好私募资产证券化，主要是借助了平安集团的平台，比如平安银行将最好的车贷资产给其做资产证券化，这样"陆金所"就能形成一个先发优势，从易到难，慢慢地做得越来越好。

信托未来的转型方向，从融资方来说，可能会往债券上转；资产管理方面可能会往资本市场上转，在资本市场里，信托与券商竞争有一定难度，但在非完全的资本市场领域，我觉得信托还是有一定的竞争力。现在信托更多的是在银监会监管的信贷资产证券化里面充当一个SPV的角色。未来在信贷资产证券化里，信托SPV应该可以继续做下去。在资产支持票据（ABN）③领域，虽然资产支持票据的定义是非金融机构发行的，而我们做信贷资产证

---

① 在一单资产证券化产品中，有优先级的资产支持证券，也有次级的资产支持证券，在优先级的资产支持证券中，还可以依信用等级的高级分成若干等级的资产支持证券（通常分为二到三个层级），在同一层级的资产支持证券中，也可以按期限、收益的计算方式等因素，分为几个具体的品种。A1、A2就是优先级资产支持证券中按期限来分的两个不同品种。

② SPV是英文Special Purpose Vehicle的简称，意为特殊目的载体，它可以是一个机构（公司），也可以是法律意义上的主体。这是资产证券化过程中为了对证券化产品和证券化发起机构进行风险隔离而采取的一种安排。前者为特殊目的公司，后者为特殊目的信托。在我国信贷资产证券化实践中，SPV是由信托机构来运行的。

③ ABN，是英文Asset-Backed Medium-term Notes的简称，即资产支持票据，是资产证券化的一种产品。

券化发行人是信托公司，这样从定义上可能就把信托公司挡在了门外。但是现在的资产支持票据很大程度上成了一种有质押担保债券，所以通过交易结构的设计，信托是可以参与进去的。

李禹璇： 从资管的角度来讲，我们的确很关心未来的风险管理问题，我们前期跟银行谈到存量信贷出表的问题时是由我们来买断。还有本身资产包不良率的问题，当时我们跟银行谈资产包的置换，比如一个资产包由100笔小额债权组成，当中有5笔未来可能会有风险，那我们会提前2个月和银行沟通，这样银行肯定会准备其他的资产包来做置换。对银行来讲，因为它有大量的资产包存在，所以要拿出其他置换的资产包相对比较容易。

假设真的出现违约，我们的另外一个解决方案是在资产包转出的时候把价格提高一些，或者把产品做成一个结构化的设计。然后我们会找一些劣后端的客户，包括用自有资金做一些劣后。同时，银行也有可能会拿出超过5%的自有资金参与到劣后，一旦它的资产包出现违约率，可以由它的劣后这部分承担风险。

第二章　城商行/农商行的资产证券化

一、城商行/农商行资产证券化的基本情况

1. 城商行/农商行正在积极开展资产证券化业务

经过多年的发展，截至2015年年底，我国共有城市商业银行134家，总资产已达22.68万亿，总负债为21.13万亿，分别占中国银行业总资产以及总负债的11.38%与11.48%[①]；农村商业银行截至2016年4月，共820家，资产规模超10万亿[②]。20年来，通过重组合并、引进战略投资者、转型发展、综合化经营以及上市等方式，我国的城商行/农商行得到了飞跃式的发展。2014年，我国进入全球前1000家排名之列的111家银行中，有67家为城商行，进入前500强的城商行达到26家。[③] 可以说，我国的城商行/农商行在支持地方经济发展、完善我国商业银行体系、活跃我国金融市场等方面作出了重要贡献。

但是，由于受制于自身的定位、历史以及地域等因素的影响，无论是城商行或者农商行，在完成了现代公司制度的初步转换后，虽然在专业化、差异化、特色化经营方面取得了一定的成绩，但是更多的还是沿着做大、做快、做全的粗放型增长方向前行，在业务模式上基本复制大型商业银行，城商行、农商行之间也存在严重的同质化竞争。经营收入集中单一，创新

[①] 参见中国银监会，http://www.cbrc.gov.cn/index.html，2015年12月访问。
[②] http://www.askci.com/news/finance/20160412/14078126.shtml，2016年3月访问。
[③] http://www.360doc.cn/article/53347_523151444.html，2015年12月访问。

能力不强，伴随着经济下行周期的到来，这些问题变得越发突出与明显。特别是随着近年来我国经济结构性调整的持续性深入，资金逐渐从地方政府基础建设以及房地产等高利润行业的退出以及以券商资管、信托业务为代表的财富管理时代的到来，再加上我国利率市场化初步实现，商业银行特别是城商行/农商行的高速增长态势从整体而言已明显放缓。在此背景下，无论是在负债端还是在资产端，城商行/农商行所面临的挑战均愈发严峻。如何在传统业务领域作出自己的专业特色并尽快发掘新的业务收入来源，从一味追求做大到真正意义上做强，是当前城商行/农商行亟待解决的问题。

资产证券化作为一种有效的资产管理工具，对于商业银行而言，在优化信贷结构、降低系统风险；改善盈利模式、加速业务转型；调节存贷比与资本充足率，构建资本金长效补充等方面有着重要作用。资产证券化开始于20世纪70年代的美国，在近四十年的发展过程中显示出了强大的生命力和发展潜力，目前已在世界范围内广泛开展。从数量上看，在美国，资产证券化的数额已经超过了国债数额及公司债数额，成为第一大市场。对于我国正处于经营困境与发展转型期的众多城商行与农商行而言，如何积极利用证券化工具解决其在经营中遇到的诸多问题，实现发展战略的转型与突破，是一个值得运用的重要工具。

根据 Wind[①] 的统计数据，截至 2015 年年末，我国共发行 202 单合计 7921 亿元的信贷资产支持证券。发起主体涵盖了政策性银行、国有商业银行、股份制商业银行、城市商业银行、农村商业银行、金融资产管理公司、汽车金融公司，金融租赁公司等。城商行/农商行虽然参与时间较晚，但发展势头很猛，正在成为信贷资产证券化领域中一支后起勃发的力量。

城商行/农商行首次正式开展信贷资产证券化业务的时间为 2014 年 5 月。当时，北京银行与宁波银行先后成功发行本行首单信贷资产支持证券。作为

---

① 万得（Wind）信息技术股份有限公司是中国大陆领先的金融数据、信息和软件服务企业，因其提供的数据有较强的权威性，因而研究报告、学术论文等经常引用，简称 Wind 资讯。

农商行的代表，广东顺德农商银行于同年8月发行了农商行首单对公企业贷款证券化产品。到2015年年底，城商行与农商行共发行了60单合计1437.5亿的信贷资产支持证券。其中2014年发行22单合计535亿元，2015年发行38单合计902亿元。在同期发行的信贷资产产支持证券中，城商行与农商行作为发起机构发行的资产支持证券，发行只数占比超过40%，发行金额占比近24%。可以看出，随着对资产证券化认识的加深，城商行与农商行参与该市场的热情也空前高涨。

2. 城商行/农商行信贷资产证券化运行情况

根据中国货币网披露的资料，截至2015年2月18日之前的各项目最新的受托管理报告显示，在资产支持证券存续期间，有两单以个人经营贷款为基础资产的证券化项目以及两单以消费型贷款为基础的资产池发生过一定比例的违约情况。具体来看，"14台银"的累计违约率为1.98%，累计违约金额1052.40万元；"15深农商"的最新累计违约率为1.84%，累计违约金额1840万元。另外涉及的两单消费类证券化项目为"15永盈"以及"15普盈"，资产池累计违约率分别为0.05%以及1.26%。可以看出，这些涉及违约资产的共同特点是个人贷款，单笔占比比较小，由于在交易结构中交易文件所设计的累计违约率阀值远高于上述发生值以及城商行与农商行的产品的分层结构劣后级的厚度均较高，因此上述累计违约并未对交易结构中的偿付机制以及优先级证券的偿付造成实质的影响。

"早偿"方面，根据中国债券登记网的披露，城商行与农商行资产证券化项目所涉及的借款早偿比较普遍。根据对60单城商行与农商行证券化项目最新一期受托报告公布的数据统计[①]，农商行项下资产池最新一期的早偿率最高为69.07%，城商行项下同比的最高早偿率为59.25%。据作者与部分城商行与农商行的沟通与交流，部分城商行与农商行贷款发生早偿存在

---

① 截至2016年2月18日的各项目最新受托报告，数据来源中国货币网，http：//www.chinamoney.com.cn/index.html，2016年4月访问。

以下几个因素：首先，与当地国有大行与股份制相比，城商行与农商行在客户类型上存在较大的差异，地方的优质企业的主要贷款行一般是国有大行以及股份制银行，在城商行以及农商行处的贷款额度以及期限其实更多的是对上述银行融资的补充；由于城商行与农商行对客户的贷款期限相对较短，且规模有限，如遇社会融资成本下降，很容易导致企业以较低成本的融资替换从城商行与农商行所得的高成本、短期限贷款；其次，有些贷款早偿的发生，主要由于贷款客户在本城商行或农商行获得了更为宽松有利的融资安排，便将此笔已存在的贷款先行偿还，重新对抵押物进行估值或对抵押物进行替换或组合再行贷款。另外一种情形是企业由于出现一定的困难或危机，银行通过各种手段强行要求借款提前归还该笔已入资产池的贷款。

关于证券化项目信用事件：根据公开数据，截至目前，除某城商行2015年第一期信贷资产证券化项目被评级机构列入观察名单外，其他城商行以及农商行已发行的信贷资产证券化项目均运行正常，并未发现其他类似事件。

关于证券化产品信用等级的迁移状况：产品的信用等级迁移概率反应了该项证券所涉及的信用主体或基础资产的质量以及评级机构对该证券初始评级相对准确性的偏离程度，其是评级机构最为关注的指标之一，同时也是不同形式债券之间长期稳定性综合表现相互对比的重要参数。根据中债资信对2014年发行、存续至2015年7月31日前的优先级资产支持证券的统计，截至证券跟踪评级日，包括CLO、汽车金融贷款证券化产品、住房抵押贷款证券化产品等在内的全部存续证券化产品，从证券的信用表现来看，全部证券均未发生级别调降现象，各类型证券均出现了级别调升现象。由于目前评级机构还未专门对城商行与农商行所发行的证券化产品的信用等级迁移表现作出专门的统计，鉴于城商行与农商行所发行的证券化绝大多数均为CLO产品，因此，我们可以以中债资信对上述期间已发行的CLO产品的信用等级迁移情况作为参考。具体参见下表：

CLO证券信用级别迁移率矩阵

CLO		跟踪评级各证券信用等级										
		AAA	AA+	AA	AA−	A+	A	A−	BBB+	BBB	WR	# Tranches	Wgtd Notch Δ
首次评级各证券信用等级	AAA	**70.7%**	0.0%	0.0%	0.0%	0.0%	0.0%	0.0%	0.0%	0.0%	29.3%	75	0.0
	AA+	85.7%	**14.3%**	0.0%	0.0%	0.0%	0.0%	0.0%	0.0%	0.0%	0.0%	14	1.7
	AA	0.0%	0.0%	**0.0%**	0.0%	0.0%	0.0%	0.0%	0.0%	0.0%	0.0%	0	0.0
	AA−	83.3%	16.7%	0.0%	**0.0%**	0.0%	0.0%	0.0%	0.0%	0.0%	0.0%	6	3.7
	A+	50.0%	37.5%	6.3%	0.0%	**6.3%**	0.0%	0.0%	0.0%	0.0%	0.0%	16	3.8
	A	57.1%	42.9%	0.0%	0.0%	0.0%	**0.0%**	0.0%	0.0%	0.0%	0.0%	7	5.1
	A−	33.3%	16.7%	16.7%	16.7%	16.7%	0.0%	**0.0%**	0.0%	0.0%	0.0%	6	4.7
	BBB+	0.0%	100.0%	0.0%	0.0%	100.0%	0.0%	0.0%	**0.0%**	0.0%	0.0%	1	6.0
	BBB	0.0%	0.0%	0.0%	0.0%	0.0%	0.0%	0.0%	0.0%	**0.0%**	0.0%	2	4.0
	# Tranches	84	14	2	1	4	0	0	0	0	22	127	—

数据来源：中债资信评估有限责任公司，http://www.chinaratings.com.cn/。
Tranches：资产支持证券支数。
Wgtd Notch Δ：加权信用等级变动幅度参数，计算方式为上调或下调比例与跟踪评级上调与下调子级的乘积和除以比例之和，每个子级为1个值。
注：表中的加粗数字比例代表跟踪评级后保持原评级的证券数量比例，其他数字比例代表上调或下调评级的证券数量比例。
WR：withdraw Rating比例，即因到期或其他因素导致无需进行跟踪评级的证券数量的比例。

二、城商行/农商行资产证券化业务的特点

关于城商行/农商行资产证券化的特点,可以从几个不同的角度来考察。

1. 从发起机构角度考察

对于城商行/农商行而言,由于其均在城市信用社和农村信用社基础上建立起来的,除北京银行、上海银行、成都农商行、重庆农商行等排名靠前的一些银行外,多数城商行与农商行的资产规模都不是很大,这在一定程度上限制了资产证券化的规模。尤其是在城商行、农商行首次开展资产证券化项目时,这种限制更加明显。为保证首单证券化产品的成功发行,银行一般都会以优中选优的原则来挑选基础资产,对于很多城商行/农商行而言,这确非易事。在实际操作中,个别城商行/农商业甚至出现过这样的情况:从发起机构信贷管理系统导出的拟入池贷款规模达到发行规模的2—3倍,但经多指标与多角度筛选后,所选定的资产规模仍然达不到预期发行规模。

另外一个方面,关于对证券化的认识,不同的城商行/农商行存在很大的差距。有的城商行/农商行觉得资产证券化与他们还存在较远的距离,特别是目前正处在经济下行期,信贷投放困难,优质资产稀缺,如果没有太大的资本补充压力,就无需进行资产证券化。部分已尝试证券化业务的城商银行/农商银行则认为,虽然目前行里对证券化的内在需求还不十分充足,但是,通过资产证券化改善经营模式,调节资产结构、减少资本占用等在不远的将来会必然发生,因此,本着创新业务、熟悉流程、培养团队等方面的考虑,目前开始着手准备或参与证券化实践正当其时。对于多次发行的城商行/农商行而言,除了上述考虑因素外,已把资产证券化作为实现业务转型的一种途径和方式。

2. 从基础资产角度考察

除个别城商行/农商行发行了诸如个人住房抵押贷款、消费类贷款以及个休经营等中小客户为基础资产的证券化产品,剩余的全部为工商企业贷款

（一般称对公贷款）为基础资产的 CLO 产品。出现这种情况，主要因城商与农商行的经营特点所致，例如业务种类比较单一，业务同质化明显等。此外在进行证券化尝试的初始阶段，以对公贷款开始较易操作和稳妥，也是一个重要的因素。

在资产池的具体构成上，区域集中度较高的特点十分明显。让我们看一看城商行/农商行已发行的 60 单资产证券化产品中的行业集中度吧！[①] 入池资产的行业分布，占比最大的为城投建设，高达 60.41%；占比最小的为 14%，行业分别为电力、建材、制药与生物科技；资产池第一大行业规模加权平均占比为 15.56%。资产池中仅第一大行业占比超过 25% 的规模就超过了资产池总规模的 30%。因此，资产池的行业分散度有待进一步提高和优化。

资产池借款人的加权信用等级相对较低是城商行/农商行资产证券化的第二个特点。[②] 资产池中借款人的加权信用等级最高为 A/A−，有 6 单项目，占全部发行单数的 10%，所涉发起机构为 3 家，金额占比 24%；最低为 B+/B，占全部发行单数的 6.67%，所涉发起机构 4 家，规模占比约为 2%；资产池的整体加权信用等级为 BBB/BBB−。

另外，城商行/农商行资产池的一个比较大的特点是入池资产期限普遍不长。除了仅有的住房抵押贷款以及循环结构的消费贷款外，城商行/农商行的资产池加权期限最长 2.74 年，最短为 0.38 年，加权平均 1.47 年。从已发行的全部城商行/农商资产池加权剩余期限看，加权期限低于 18 个月的占比为 47.60%。18 个月以上的占比 52.40%。

从资产池笔数统计来看，以消费型贷款为基础资产的项目笔数最多，达 34130 笔；其次为个人住房抵押贷款，为 5779 笔。在城商行/农商行比较普遍发行的 CLO（含个体商户贷款）产品中，单一项目资产池笔数最多的是为 3325 笔，资产池笔数最少为 9 笔。笔数小于 30 笔的项目金额占比 10%；笔数在 30（含）至 60（含）笔之间的占比 41.58%；笔数大于 60 小于 100（含）的占 33.91%；剩余的则为笔数在 100 笔以上的。总体看，贷款笔数较多的证券化项目占比较高，这对降低资产池组合信用风险是有利的。

[①] 来源中国货币网，http://www.chinamoney.com.cn，以下如无特别说明，同此。
[②] 根据中债资信评估有限责任公司出具的评级报告整理。

从前五户规模占比统计，前五大占比最大值为91.82%，最小为0.72%（基础资产为个体工商户贷款）；规模占比小于25%（含）的合计有6单，占已发行项目总数的10%；大于25%小于等于40%的共24单，占发行总数的40%；占比超过40%的占总发行单数43%。① 这个数据对评估资产池的组合信用风险是不太有利的。

从资产池的加权利率来看，入池资产加权利率最高为15.98%，最低为5.30%，平均值为7.17%。加权利率介于6.5%到10%之间的项目数37单，占全部发行数目的62%。可见，城商行/农商行的入池贷款的整体利率水平较高，能够较好地为高评级资产支持证券提供较理想的超额利差。

3. 从证券化产品与交易结构的角度考察

从产品以及交易结构而言，城商行/农商的产品结构呈现如下特点：

在偿付安排上，过手证券②的比重近80%，摊还证券③占比8.8%。过手型较多的原因一是由于城商行与农商行资产池本身的期限较短，基础资产的现金流分布不均匀，筛选出比较合理比例的资产用于支持摊还证券的现金流并不容易；二是城商行/农商行出于维护客户关系以及竞争等因素，贷款合同中有关还款的安排以及实际执行均比较灵活，存在较高的早偿率，因此通过过手证券的设计可以更好地吸收早偿风险。

从证券的评级构成来看，优先A档获得两家评级机构同时予以AAA评级的有68支，占发行总规模的65%。考虑到夹层以及次级证券的厚度，显示城商行/农商行的证券化产品的杠杆率还比较低，内部信用增级的比例较高，优先级的证券违约风险较低。

从交易结构看，城商行/农商行所发行的证券化项目在交易结构上无论从信用增级模式、现金流支付机制还是加速清偿触发机制、违约事件触发机制上，总体上沿袭了其他国有大行以及股份制银行的交易结构设计，没有本质

---

① 以城商行与农商行CLO项目为统计基础。
② 过手证券也叫过手偿付型证券，这是没有固定的还本安排，现金流按规定顺序扣除相关费用后直接按比例分配给投资者的一种资产支持证券。
③ 摊还证券是指预定的还本计划偿还本金，基础资产的现金流根据投资者的风险偏好、期限、收益进行重新分配的一种资产支持证券。

上的差异与突破。但是有以下几个城商行/农商行项目在交易结构上实现了一定的创新：

(1) 永盈 2015 年第一期消费信贷资产支持证券化项目

作为城商行的重要代表，宁波银行于 2015 年 7 月发行了一单以消费类贷款为基础的信贷资产证券化产品。该项目不但是信贷资产支持证券自发行以来首单以消费类贷款为基础资产的证券化产品，同时还在交易机制上采用了循环结构的创新安排。消费类贷款（此处为狭义）证券化的特点与信用卡资产证券化在某种程序上存在很大的相似性。贷款期限较短，还款安排不确定性较强，如果仅以构建静态资产池的方式进行资产证券化的操作没有实际意义，因此，循环结构就显得尤为必要。根据该项目的设计，整个交易分为循环期与摊还期。在循环期内，对投资者不进行本金的偿付，信托本金账内的剩余资金将进行持续的循环购买满足交易文件中所设定的标准的合格资产直到循环期届满。进入摊还期后，信托本金账下的资金将用于合格投资，不再重复上述的持续购买行为。资产支持证券持有人将于交易文件规定的支付时点按照优先劣后的顺序受偿。

(2) 珠江 2015 年第一期信贷资产证券化项目

作为农商行的重要代表成员，广州农商行于 2015 年 12 月成功发行其第一单信贷资产支持证券化项目。珠江 2015 年第一期信贷资产支持证券是 2012 年信贷资产证券化试点重启后，在银行间市场发行的首单真正意义上的全部以中小企业法人（不含个体工商户）贷款为基础资产的资产支持证券。资产池总规模为 103,702.86 万元，由 92 户借款人的 201 笔贷款组成，单笔贷款平均余额 515.93 万元，入池贷款加权平均剩余期限约 11.87 个月。借款人 2014 年资产总额平均为 1.78 亿元，入池贷款分散度极高，第一大借款人的占比仅为 3.57%。本项目为入池借款人数量和入池贷款笔数最多的企业类 CLO 产品，同时也是完成对逐笔贷款详细尽调数量最多的 CLO 产品。

该项目在交易结构上的代表性意义在于它为众多城商行、农商行在证券化操作时所涉及的最高额抵押的处理问题提供参考。由于本期证券的特点主要为基础资产全部采用中小企业贷款（非个体工商户），在主合同项下借据部分入池。绝大部分入池贷款的主合同均附加最高额抵押条款。

根据我国《物权法》和《合同法》的规定，债权进行转让时，该债权的抵押权需一并转让；最高额抵押担保的债权确定前，部分债权转让的，最高额抵押权不得转让，但当事人另有约定的除外。

在以往的项目中，对此的处理基本采用了由发起机构出具不再放款承诺函，即证券化项目设立后，银行对原有借款人不再发放原先承诺的不超过最高额抵押金额的剩余贷款。如此，不但让发起银行为难，感到无法向客户交代，其实即使借款人在银行的恳求与不断解释下接受此举，在本质上也是对原有抵押物价值不能物尽其用的浪费。面对该种情形，项目团队经过多次讨论研究，最终发起机构广州农商银行决定采用与抵押人签订最高额抵押合同的补充协议的方式，针对上述事项进行了单独约定。在最高额抵押项下银行可以不再出具不放款承诺，抵押物价值随入池信托借据按比例划分到信托项下。同时发起机构在收回借款人的还款后可以继续向中小企业投放新的贷款。通过上述设计与操作，达到了预期的效果。

在我国中小企业融资普遍面临融资渠道不足、融资能力有限、融资成本过高的现实情况下，本项目既实现了银行在证券化过程中不对中小企业间接融资产生不利影响，积极地维护了客户关系，又有效地将募集资金再次投放给中小企业客户，具有一定的示范效应。

(3) 其他在交易安排上有所改进的项目

在风险自留比例上，成银2015年第一期信贷资产证券化项目实现了发起机构垂直持有各档证券规模9%的情形下实现资产全部出表的项目，有力地解决了在经过严格的测算后，发起机构在资产出表与成本收益、资本节约等选项间作出最有利于自己决定时遇到的困难，为其他城商行与农商行在发行进行资产证券化尝试时遇到类似问题提供了参考。

在支付日的安排上，已发行的CLO产品中，几乎均是沿袭最早国开行信贷资产证券化项目中有关支付的安排，即支付日一般安排在每年的1、4、7、10月的第26日；但是这样的安排并不是固定不变的。其实证券化中有关期日的安排最终还是要根据资产池的现金流分布构成予以确定，而不是强行按照已确定的产品相关期日反向操作。在爽元2015第一期信贷资产证券化项目中，根据已组建的资产池的现金流分布，项目组发现如果按照原有的支付日进行现金流安排，则资产池将产生较大额资金沉淀成本，如果能加以改善，以每年的 2、5、8、11 月的 26 日为支付日的话，不但能够解决沉淀成本的问题，同时对证券端的利差支持以及证券到期期限都有明显的支撑效果，发起机构进行此单证券化综合收益方面也有所提高。

4. 从信用评级角度考察

60 单已发行的城商行/农商行证券化产品的统计数据表明，这些证券化产品的次级厚度较高。次级厚度高可为优先级证券提供更强的信用支持，侧面反映了城商行/农商行资产池的整体质量。这也表明，对城商行/农商行项目的证券化评级还是比较谨慎的。

尽职调查的全面深入与否、测算采用的方法与涉及的参数科学准确与否、有关参与机构的保守还是乐观都会对项目的参与机构特别是发起机构（例如：成本收益测算结构；对证券化工具的认识等）以及投资者（证券的最终风险与各层的增级幅度安排等）造成重要的影响。因此，在具体项目执行时，比较科学的操作顺序是，财务顾问或主承销商首先根据资产池的调查结果进行产品方案的设计，确定是过手还是摊还、安排增级措施、明确相关费用以及发行利率的取值等，还要确定证券的结构化比例以及目标评级；之后，再由财务顾问或主承销商将上述设计与测算的结果提交给评级机构检验、通过。这样的顺序安排十分重要。在提交目标方案经评级机构检测后，如不能通过则找出双方差异的根源；如存在双评级且评级结果差异较大，要理清不同评级结果的差异原因。如果评级机构的最终结果仍然存在较大差异，则在发行文件中应该作出说明，以便让包括投资者在内的参与机构关注和了解。

5. 从发行利率的角度考察

总体而言，无论是国有大行、股份制银行还是城商行、农商行所做的证券化项目在初始发行利率上整体呈下降趋势。统计显示，2014 年城商行与农商行发行 ABS 产品以来，AAA 级优先资产支持证券的最高发行利率为 5.98%，最低为 2.98%，发行利率总体呈明显的下降态势。作者认为，发行利率下降的背后原因不但与基础资产的质量本身有关，同时也符合国家对融资成本的调控趋势。2013年及之前大规模存在的高收益企业债券的逐渐减少使得投资者转而寻找优质的可替代选项，随着证券化产品发行规模的增大以及投资者对其认识的加深，客观上提高了证券化产品的受欢迎程度，这也是发行利率持续下降的原因之一。相信随着我国资本市场对刚性兑付的逐步打破，这样的趋势还将得到进一步的加强。

三、我国城商行/农商行资产证券化业务的条件、困境与对策

1. 城商行/农商行开展证券化业务的条件

关于我国城商行/农商行开办资产证券化业务的条件，从相关的制度看，并没有太多的规定。在发起机构的资格准入方面，我国已颁布的《金融机构信贷资产证券化监督管理办法》第二章"市场准入"中对何种机构可以进行资产证券化业务已作了原则的规定。例如：发起机构应具有良好的社会信誉和经营业绩，最近三年内没有重大违法、违规行为；具有良好的公司治理、风险管理体系和内部控制；发起机构对开办信贷资产证券化业务具有合理的目标定位和明确的战略规划，并且符合其总体经营目标和发展战略等。在这些管理办法中，并没有专门对城商行/农商行开展资产证券化业务作出特殊的规定。随着2015年6月《中国银监会中资商业银行行政许可事项实施办法》以及《中国银监会农村中小金融机构行政许可事项实施办法》的颁布实施，我国的信贷资产证券化业务在资格的获取环节从原来的银监会下放到了地方银监局。

从我国资产证券化的实践看，城商行/农商行开办此类业务还应满足：

（1）具有良好的公司治理结构；

（2）主要审慎监管指标符合监管要求；

（3）贷款风险分类结果真实准确；

（4）拨备覆盖率达标，贷款损失准备计提充足；

（5）最近3年无严重违法违规行为和因内部管理问题导致的重大案件；

（6）银监会规章规定的其他审慎性条件。

以上属于法定条件。在实际操作中，发起机构对证券化存在实际的需求

并具有符合条件的基础资产则是必备的基本客观条件。

2. 城商行/农商行开展资产证券化业务所面临的困境

我国城商行/农商开展证券化业务所面临的困难主要表现在以下几个方面：

（1）主观上城商行/农商行对证券化工具的认识还不是十分清晰。对于很多城商行以及农商行而言，无论是资本补充、还是负债端管理、资产结构调整以及业务模式转型等，管理层首先考虑的还不是证券化工具。同时，资产证券化工具在我国的十年来曲折反复的实践过程以及较低的发行效率，也使一些城商行/农商行对证券化工具真实价值产生或多或少的疑惑。再加上当前的、短期的盈利压力与指标调整使得这些银行还无法也不愿对证券化工具进行过多的深入研究或探索，尽管也有少数城商行/农商行已经从长远的业务战略高度开始认识和利用证券化工具。

（2）发展外部环境也有不少困难。一是当前的有效需求不足。由于路径的依赖，大多数城商行/农商行还在传统的经营模式上继续前行。当前正面临着经济下行周期带来的优质资产匮乏、信贷资金投放不足的困难。此时不论从全行的经营压力还是分支行的实际考核方面，银行的管理层都没有很大的动力去积极推进证券化业务。二是城商行/农商行信贷资产的地区集中度高，不易为区域外投资者接受。如前所述，城商行/农商行的地域性很强，信贷的地域集中度很高。其证券化产品的地域风险集中度也比较高。对于域内投资者而言，他们对当地经济和企业比较了解，因此能够把握这些证券化产品的真实风险，不致影响其对这些产品的投资。但对域外的投资者而言，它们存在的疑虑就会很大，从而影响它们对这类证券化产品投资。而证券产品在全国范围内销售，投资者主要分布在域外，这必然影响到城商行证券化产品的推销。三是城商行/农商行单笔证券化产品金额小，加大了交易流通的难度。证券化产品由于其特殊性（资产支持证券内在价值随持有时间增加而减少）的存在，交易流通不活跃是一个普遍现象。而城商行因为其单笔证券化产品金额小，进一步加大了资产支持证券交易流通的困难。现在，城商行的资产支持证券几乎没有什么二级市场。

（3）专业人才不足。由于城商行/农商行传统业务的限制再加上证券化业务属于一项新兴的业务类型，城商行/农商行中了解并能熟练进行资产证券化业务操作的专业人才十分稀缺甚至没有。这对一家银行来说，如果开展此类业务，只能不断在实践中一步一步培养，边做边学，边学边做。

（4）基础设施还不健全。这里的基础设施不仅包括证券化系统的建立，同时还包括银行内部需要制定与证券化业务有关的制度规章。就系统而言，由于证券化交易系统需要与行里的信贷管理系统、监管报送系统、征信系统等进行有效的对接，因此真正快速建立起一套完整、高效的证券化操作系统绝非易事，费时费力，还需要相当的资金支持。制度层面而言，建立起制度不难，但是建立起一套与行里实际状况相匹配、便于执行并得到不断校验和改善的制度则需要相当长的时间。

3. 克服城商行/农商行证券化业务困难的对策

（1）分类安排城商行/农商行的信贷资产证券化。城商行/农商行可以按其资产规模的大小，分为大、中、小三类机构，对不同类型城商行/农商行的信贷资产证券化实行不同的政策。大型城商行/农商行，可以让其直接开展信贷资产证券化业务。因为这些银行的资产规模、运作状况与一些中小规模的全国性股份制商业银行相差不大，它们有能力独立开展信贷资产证券化业务。中型城商行/农商行，其已达到一定的资产规模，但活动地域主要在本省范围，这些银行可以有限开展信贷资产证券化，即允许其按信贷资产的一定比例开展证券化。而小型城商行/农商行，它们地处经济比较落后的省区，资产规模很小，经营状况也较差，这些银行不宜直接开展信贷资产证券化项目，可采取出售基础资产的方法开展信贷资产证券化。

（2）城商行/农商行应积极创造条件开展资产证券化。银行不应为创新而创新，在条件不具备的情况下盲目地匆匆开展资产证券化业务。它们应该认真研究这项业务的基本做法、对市场上同业已发行的证券化项目进行跟踪观察，及时总结经验教训，以加深对证券化工具的认识和了解，积极创造条件，以便厚积薄发。在此过程中，特别需要结合利率市场化后的金融市场环境，从本行长远的业务发展方向与战略定位出发，思考证券化工具在其中的作用与价值。它们应看到，对于自己而言，以高周转为基础的信贷投放模式以及通过发行 ABS 产品间接获取全国优质信贷资源的经营模式是值得考虑的。资产证券化业务在资本效益最大化、客户关系维护、同业竞争和最终收益上对城商行/农商行都可以产生相对较好的效果。目前已有少数城商行开始将全年的信贷投放额度分出一定比例用于上述模式的实践与推广。

（3）积极创造开展信贷资产证券化业务的条件。这里，关键是创造并筛选出合格的基础资产。第一，对于存量资产，按照不同证券化产品一般的入池标准对其进行系统的梳理，结合银行自身的相关内在需求，整理出一个可供资产证券化的资产池备选库，并不时地予以更新调整。第二，对于后续的增量资产，则需要注意当前进行证券化操作过程中所涉及的一些贷款合同、担保合同与证券化操作不太匹配的约定上，在增量资产的文件上，尽可能以证券化为导向标准化。例如，在贷款合同中，单笔贷款金额的设定、偿还安排、利率水平、抵押设置、权利转移条款等都需注意，以免为后续的实践埋下障碍。第三，注意紧跟国家的最新金融方向，把握好新的政策机遇，积极加以实践。例如，可以探讨如何积极按照监管机构的规定，结合本行的情况，对开展不良资产证券化以及绿色资产证券化进行探讨研究。此外，还要积极培养对证券化操作的专业人才。例如，在行里组织有关资产证券化业务小组，加强学习研究；或者在证券化业务直接启动后边学边做，边做边学。此外还可以与证券化的专业机构进行沟通交流，通过参加或举办研讨会以及培训班的形式更好地对该业务进行了解。

总之，城商行/农商行在现实当中，有关证券化的困境绝对不止上述的几个方面，同时针对能够有效解决这些困境或问题的方法与措施必定还有很多。有些措施，例如，对证券化产品进行信用增信、设立证券化专业公司开展此项业务等，对许多小型信贷机构来说是共性的，将在第三章详细叙述，本章不展开说明。

（作者：王学斌　第一创业摩根大通证券有限责任公司）

`实践前沿`

资产证券化常态化后城商行何去何从[*]

文/闵文文　骆　露

　　沈炳熙　中国人民银行金融市场司原巡视员、现任职于中央汇金投资有限公司
　　孙　鑫　平安信托有限责任公司交易金融事业部业务主管
　　庞廷宁　广东南粤银行投资银行部宋总经理
　　方原草　东方花旗证券有限公司金融创新部联席总经理
　　陈志罡　中信证券股份有限公司债务资本市场部总监
　　马贱阳　中国人民银行金融市场司处长、副研究员
　　闫文涛　中诚信国际信用评级有限责任公司金融市场部业务部总经理
　　罗桂连　中国保险监督管理委员会资金运用监管部投资建管处主任科员、博士
　　李大营　北京农商银行投资银行部总经理
　　程文杰　邯郸银行资金营运中心副总经理
　　郐公弟　贵阳银行北京投行与同业中心总经理
　　高　帆　华融湘江银行总行投资市场部投资经理

　　"信贷资产证券化为城商行提供了战略性转型机遇。"贵阳银行北京投行与同业中心总经理郐公弟说。在他看来，虽然城商行在经营地域上被"画地为牢"，但全国城商行之间又"天然互补"，部分地区资产充沛，部分地区又资金过剩。通过证券化分级弥补同业增信困境，在全国地方银行之间实现资金、资产的调配，既解决了各自发展问题，又满足了实体经济需求。

　　继2014年年底，银监会、证监会纷纷改资产证券化审批制为备案制，给市场释放了极大的政策利好以来，2015年第一季度，信贷资产证券化再次取得实质性进展。1月中旬银监会正式下达批复，27家股份制银行和城商行获

---

[*] 本文原载《当代金融家》2015年第5期。

得开办信贷资产证券化业务的主体资格,标志着信贷资产证券化业务迎来常态化发展阶段。此次 27 家获批开展信贷资产证券化的商业银行中,有 18 家是城商行。

2015 年 4 月 3 日,中国人民银行发布"7 号文",正式推行信贷资产支持证券发行注册制,至此,中国资产证券化银行间和交易所两大市场彻底告别了审批制。业内人士普遍认为,注册制的推行,有利于提高资产证券化产品发行的效率和透明度,促进受托机构与发起机构提高信息披露质量,切实保障投资者的利益。不少机构乐观地估计,2015 年信贷资产证券化的规模有望达到 4000 亿 5000 亿元。从城商行参与资产证券化业务的数量与动力来看,城商行和农商行在 2015 年信贷资产证券化发行单数上几乎占据半壁江山。

一、城商行转型突围的利器

平安信托交易金融事业部业务主管孙鑫介绍说,资产证券化产品在销售的时候最好卖的一档是 AAA 的优先级。但是到去年,整个市场就有一个比较大的变化,因为利率市场化也向前推进,作为此类产品最大的买家——银行的负债结构、负债成本也都在随市场不断地变化,尤其去年下半年以来,夹层越来越受到投资人的欢迎。

中国人民银行金融市场司原巡视员(现任职于中央汇金投资有限责任公司)沈炳熙认为,作为资产证券化的主要发起机构,商业银行从事该业务的动力在于:

资产证券化能调整商业银行的信贷结构。商业银行的信贷结构必须随着经济转型及整个国家的经济状况作出调整,但是往往增量调整比较容易,存量调整比较困难,而通过资产证券化把部分资产出售出去,就可以起到调整存量的目的。

资产证券化可以减少商业银行的风险资产,释放部分资本。现在银监会对商业银行的资本充足率要求越来越高,这给商业银行的资本补充带来了很大的压力。解决这个问题的途径可通过 IPO、定向增发,或者老股东增资,另外就是减少风险资产,使资本充足率达到减缓所要求的水平。资产证券化就是减少风险资产的一个途径。

商业银行可通过信贷资产证券化融入资金。部分商业银行因为网点相对较少，可吸收的公众存款数量也少，对这些银行来说，可以通过资产证券化融入一些资金。

至于城商行之所以这么热衷于信贷资产证券化业务，在中诚信国际信用评级有限责任公司金融业务部总经理闫文涛看来，除了上述沈炳熙提到的商业银行共有的几个动力以外，还有三个方面的原因：

一是城商行和农商行出表的要求更为迫切，资产证券化可改善资产负债表结构，帮助银行降低单户贷款集中度，释放贷款额度。

二是改善城商行和农商行的流动性，提高中间业务获利能力。对于地方商业银行来说，资产证券化不仅可以缓解银行资产质量压力，通过信贷出表转移风险，同时也有利于促进银行经营模式从资产持有向资产交易转变。另一方面，在资产证券化过程当中，银行除了作为发起人之外，一般还充当贷款管理机构和资金保管机构等角色，可收取保管费和管理费等，用来增加银行的中间业务收入。

三是城商行和农商行地域和行业特征突出，通过发行资产证券化产品可以降低系统风险。

广东南粤银行投资银行部总经理庞延宁指出，资产证券化会有利于城商行业务增长模式的转变。城商行在做资产业务的过程当中，受限于资本金和市场影响力，很难满足一些优质但价格偏低的资产业务需求，所以在选择资产的时候，往往会倾向于选一些收益高、期限短的资产，但这样在使城商行获取了高额收益的同时，也把整体风险程度给提升了。

"如果资产证券化业务能够真正地开展起来，那城商行在整个经营方向上就可以做一些重大调整，一些以前不能做的业务，不能接的客户，因为有了资产证券化这个流转通道而变得可能"，庞延宁说。

东方花旗证券有限公司金融创新部联席总经理方原草对这点深表认同，他补充道，城商行自身的特点，导致了他们的客户群体以及行业会受到一些限制。以往传统信贷的投放都是通过贷款去投放的，但是现在证券化市场一出来，通过包括银行间市场发行以及私募发行的形式，给到银行不同的渠道通过买卖的方式去调整自己的资产以及业务结构。

"到目前为止，一些股份制银行通过一定的规模的运作，已经开始这方面的转型。对于城商行而言，战略思维就是在服务好当地所有的核心企业的前提下，怎么去突破本机构信贷投放在地域、行业以及客户群体上的限制。"方原草指出。

二、来些SWOT分析

资产证券化对城商行的益处已经非常明显，但真正开展起业务来，城商行要面对的困难和问题也不少。

沈炳熙指出，城商行资产证券化的困难首先就是在基础资产的选择上。城商行的服务对象主要是中小微企业，多数的贷款期限比较短，但是一个信贷资产证券化项目的时间往往是半年以上，所以经常会面临提前还款的问题。另外，城商行的不良贷款比例相对较高，导致其基础资产出现不良的概率也高。而资产证券化产品如果在发行的短时间内即出现问题，资产是要被替换掉的，这个过程异常烦琐，因此，城商行在选择基础资产时，往往非常谨慎，而越谨慎，能够选择的基础资产的数量就越少。

第二个挑战在于相关监管规则。比如，根据规定，商业银行作为信贷资产证券化的发起人，需自持5%的劣后部分，这个规定对于防止发起机构不负责任，任意选择基础资产，防范风险是有意义的。但对城商行来说，这可能会加大销售难度。而且城商行资产证券化产品每单的规模一般不是很大，如果还要自持一部分，就会加大成本，很容易降低城商行推行资产证券化的动力。

第三个挑战则在于，城商行信贷资产的地区集中度比较高，导致其证券化产品的地域风险集中度也比较高，城商行经营区域外的投资者，因为无法准确把握证券化产品基础资产的质量，往往心存顾虑。即便现在证券化发行中普遍采用信用评级来增信，但目前国内的信用评级还不能充分揭示产品的风险和信用风险，尚不足以打消投资者的顾虑。加之城商行本身的信用等级相较大中型银行来说比较低，这也会影响产品的发行，因为虽然理论上资产证券化可以实现破产隔离，但在实际操作中，发起人的信用评级还是会影响投资者对产品风险的判断。

城商行的地域性特征或许在某些方面成为其资产证券化业务发展的桎梏，但从另一个角度看，也为其带来了诸多便利，闫文涛认为。具体说来，由于地缘优势带来的信息灵通、定价合理、机制灵活等特点，城商行和农商行对中小企业、农户和个体户的议价能力较强，因此发行资产证券化产品的成本会相对较低，利润空间较大。此外，城商行和农商行在当地拥有良好的声誉，积累了大量的客户关系，并对其资产质量和金融需求有着深入的了解，与地方政府部门等机构也保持着良好的关系，这些都有利于城商行和农商行资产证券化业务的顺利展开。而且城商行和农商行业务结构相对简单，可以灵活自如地转变经营方式。

根据城商行在资产证券化过程中可能会遇到的困难和问题，沈炳熙提出了几点建议，以帮助城商行推进资产证券化业务。他指出：

首先，可分类安排城商行的信贷资产证券化。对于实力雄厚的大型城商行，如北京银行、上海银行等，可以和全国性的股份制商业银行，甚至大行一样，直接放开去做；规模中等的城商行则可以有限地开展信贷资产证券化，所谓有限，就是允许其选择一些比较好的资产去做证券化；至于那些小型的城商行，要么本身的视野比较小，要么经济总量比较小，要么其所在地方的经济不是很发达，所以就不易开展信贷资产证券化项目，但可以允许他们通过出售基础资产的方式开展证券化。

其次，可通过设立信贷资产证券化的专门机构来收购城商行的信贷资产，这样不仅可以解决地域集中度高的问题，也可以把规模做大，将来销售也方便。而且因为是资产证券化的专门机构，成本也可以降下来。

最后，通过第三方担保对城商行的证券化产品实施增信。只要贷款增信以后，其产品的信用等级就会提高，投资者就会更放心。

中信证券股份有限公司债务资本市场部总监陈智罡也指出，如何实现城商行资产的分散化，是节约交易成本、提高交易效率的核心问题。设立一个单独的、能够购买各个行资产的机构，通过这个机构来做资产证券化的发起机构。

"这是一个非常好的解决问题的思路。这种方式不仅解决了分散度的问题，而且更重要的是解决了受托机构怎么主动管理贷款，怎么管理风险等一系列问题。"陈智罡认为。

三、殷鉴不远

"美国次贷危机的教训还历历在目，市场参与者却似乎开始有点掉以轻心了,尤其是监管部门简政放权以后,大家的积极性更为高涨,以为资产证券化是件很容易的事情。其实资产证券化一点也不简单。"中国人民银行金融市场司处长、副研究员马贱阳说。

中国的资产证券化从2005年启动试点到如今的常态化发展,资产证券化相关政策的出台也是在"边试点,边推进"。

2005年4月,中国人民银行、银监会联合发布《信贷资产证券化试点管理办法》,正式拉开信贷资产证券化试点帷幕。2008年,由美国次贷危机引发的全球金融危机席卷全球,过度证券化的金融衍生品被看做此次危机的罪魁祸首。此后,我国的资产证券化试点陷入停滞。数据显示,在此后的三年时间里,银监会主管的信贷资产证券化只发行了17单产品,规模合计667.83亿元。

直到2012年5月,中国人民银行、银监会、财政部联合下发重启了资产证券化试点,初始试点额度为500亿。2013年8月,信贷资产证券化试点扩容,总额度达到4000亿元。在各方的推动下,2014年成为了资产证券化产品发行井喷的一年。以成功招标为统计口径,2014年共发行66单信贷资产证券化项目,发行总额达到2819.81亿元,超过了2005—2013年全部发行额的2倍。

马贱阳表示,从2005年至2015年,中国的资产证券化已走过了十年的历程,其中取得的成绩大家有目共睹,但是问题也不少。

首当其冲的就是资产证券化的创新无底线,脱离了资产证券化的基本原则。现阶段的资产证券化产品五花八门,随便往资产池里塞一点东西就叫"创新"。殊不知资产证券化是根据基础资产的现金流来决定的,只有不同的现金流模式,才会有不同的资产证券化产品,所以国际上的资产证券化产品就那么几大类:汽车抵押贷款证券化、住房抵押贷款证券化、个人消费贷款证券化和担保债务凭证等。

"前段时间看新闻,业界竟然都把某银行一个以工程机械贷款为基础资产的产品看成是信贷资产证券化的重大创新,那是不是某区域银行出一个本地特产的客户贷款类资产证券化产品也叫创新呢?"马贱阳反问。

"资产证券化业务是有组织、有纪律的,如果要创新,必须得按规矩来,不要总想通过监管套利来进行所谓的'创新'。"马贱阳指出。

马贱阳认为,一些参与机构对资产证券化的风险比较淡漠,这一倾向令人担忧:"有些机构认为资产证券化非常简单,无非是找几个中介机构把资产池算一下,评个级,写个募集说明书,律师出个函,会计出个表,然后往市场上一发就万事大吉了,好像跟金融债没什么区别,名字也是什么'元',什么'银'一类的,几乎没几个人真正研究过其中的机理和风险,诸如早偿风险、混同风险、抵消风险、抵押权转移登记风险、贷款服务机构风险等等,仿佛通过破产隔离,把现金流切割、分级、打包出售等环节,风险就会自动消失",对此类做法,马贱阳提出警示。

中诚信国际信用评级有限责任公司金融业务部总经理闫文涛也从评级的角度揭示出了信贷资产证券化的风险所在:

第一个风险是基础资产的信用风险,即影子级别如何。每个城商行所在的区域特点都不尽相同,比如广州的城商行发行资产证券化产品的动力就不是特别足,因为当地都是一些民营企业,而且行业集中度特别高,全都是加工工业、贸易工业,其影子级别相对较低,这是部分区域性银行面临的第一个问题。

第二个风险是集中度。城商行本来就面临区域集中度高的问题,再加上当地的产业结构特征,其放款的对象大多来自有限的几个行业,行业集中度也高,这种情况下如果想获得一个好的评级,只能使单户占比的集中度尽可能地分散。对此,闫文涛建议,在一个资产包里,将最大的贷款资产占比控制在10%以下,把前五大资产占比尽量控制到25%~30%以下。

第三个风险是违约回收的风险。有些市场参与者认为,既然有了破产隔离,资产一旦出表后,同托管人没什么关系了,但实际上并非如此。破产隔离不仅是资产的隔离,假如托管资产的信托公司倒闭了,那么托管也要隔离;同样,如果贷款服务机构倒闭了,贷款也要隔离。因此,破产隔离不能仅仅局限于资产的隔离,也要包括贷款服务机构、发行机构以及托管人的隔离,只有这样才是真正的破产隔离。

四、险资缘何对信贷资产证券化产品无感

对于资产证券化这块大蛋糕,手握重金的保险资管此前一直跃跃欲试,希望能参与银行信贷资产证券化业务,成为发起人。可随着今年3月,某保险资管公司预备发行的银行信贷资产证券化产品在销售前夕被银监会叫停,

就意味着保险公司已无缘信贷资产证券化盛宴了，今后保险公司只能作为投资人去购买相关的产品，而不能作为发行人去发行相关产品。

通过近几年的观察，业内人士普遍都感觉到保险资金购买资产证券化产品的积极性一直不是很高。原因何在？中国保险监督管理委员会资金运用监管部投资监管处主任科员罗桂连博士给出了答案。

首先是因为很多保险公司的负债成本比市场上的优先级信贷资产支持证券的收益水平要高，所以保险机构，特别是中小保险机构，不愿意投资产证券化产品。"保险机构近几年的负债成本上升得比较快，相当一批中小保险公司完全通过银保渠道获得保费收入，成本到了7％左右，如果信贷资产支持证券的收益率达不到8％以上，这类保险公司肯定是没有兴趣购买的"，罗桂连指出。

与马贱阳的看法一样，罗桂连也认为目前金融市场资产证券化方面的创新"无底线"，往往脱离了资产证券化的基本原则，对资产证券化业务发展负面影响很大。而且大部分机构还是以承销的方式在做资产证券化业务，主要目标是促成交易，忽视对基础资产的风险揭示、披露及持续管理。

"实际上，资产证券化的受托人角色和承销商还是有很大区别的，前者需要持续的管理，但很多中介机构都缺乏持续管理的团队、制度和信息系统，长达几年的资产证券化产品的风险管控无法落实。这是保险资金不愿意购买资产证券化产品的另一个原因"，罗桂连指出。

另外，资产证券化业务的法律基础不扎实，二级市场交易不活跃等，都制约了保险资金购买资产证券化产品的积极性，从而未能把资产证券化产品作为一类重要的资产进行批量配置。

罗桂连进一步谈到，今后保险机构的资产证券化产品与银行、券商的资产证券化产品会有一些区别：一是保险机构的证券化产品定位主要还是服务于保险资金的配置需要，服务于保险资金要求稳定收益、较长期限的配置需求；二是保险机构发起的产品叫资产支持计划，更加强调"计划"而不仅仅是"产品"，更加强调受托人的能力，强调受托人持续管理的责任，旨在构建一个以受托人为核心的治理机制。

不过，对于城商行和保险机构合作的前景，罗桂连持乐观态度。

"城商行相当一部分的信贷资产都是借给了地方政府融资平台,而地方政府融资平台的许多资产是有收费机制的,因为收费机制一直不到位,导致很多平台在金融市场上的信用不够。但是随着调价机制的理顺,未来很多平台的资产质量提升应该是可以预期,城商行可以通过资产支持计划以及债权投资计划、股权投资计划等金融产品,盘活存量金融资产和城市基础设施存量资产,与保险机构开展更多的合作。"罗桂连指出。

五、理想市场的"八字箴言"

中国的资产证券化从试点至今十年,却仍无配套的专门法律、市场和交易规则,对特定资产的认定、载体、配套会计准则等也没有明确的规定,这很容易使资产证券化成为空中楼阁的产品。那么资产证券化常态化以后,我们到底需要一个什么样的市场环境呢?马贱阳用八个字概括出了成熟的资产证券化市场的特点,即统一、规范、透明、成熟。

一是"统一"。"统一"是指规则和标准是统一的,具体来说,无论是人民银行,还是银监会、证监会,在监管上都需要有统一的标准和规则。

二是"规范"。"规范"就是希望银行能把资产证券化业务做得专业一点。尤其是城商行、农商行作为发起机构,在中介机构的选择上应该选经验丰富的。资产证券化是一项比较复杂的业务,很多城商行、农商行本身就不是特别专业,如果再找一些地方性的证券公司、信托机构、会计师事务所和律师事务所,那么产品出来后肯定很难让人信服。虽然资产证券化实行破产隔离制度,但银行是贷款服务机构,其风险怎么规避?"如果存款保险制度推出来,利率市场化进一步推进,3—5年内说不定就有金融机构要倒闭,所以一定要做得规范一点",马贱阳指出。

三是"透明"。现在资产证券化产品全部实行备案制了,发行效率大大提高。但是发起机构的信息一定要透明,一定要加强信息披露,简政放权并不等同于放弃监管和约束,要不就很容易引发金融危机,信息透明是市场生存发展的关键。

四是"成熟"。事实上,监管层并不希望资产证券化业务完全被小金融机构垄断,所以一直鼓励大行去主导这个市场,主导定价。因为监管希望先把大行培育成为成熟的发行体,再培育一批成熟的中介机构来主导这个市场,通过这些机构来带动资产证券化市场的发展。

"我认同大银行应该成为资产证券化市场主体的观点,但是我更希望监管层能够接受一个百花齐放的市场,其中有主流的、低风险、低收益产品的存在,也有咱们这种非主流的高风险、高收益产品的存在来补充整个市场。相对于那些大银行来说,我们这些小银行对盘活存量资产的需求可能更大,希望监管层能在政策上多支持鼓励我们,能为我们多创造一些便利的条件。"邯郸银行资金运营中心副总经理程文杰说出了自己对市场的期待。

昆仑银行战略投资与发展部总经理赵奎也谈了对资产证券化的几点认识和体会:

第一,资产证券化必须得标准化,没有标准化根本谈不上流通。我们不能把资产证券化业务做成类似银行同业合作或债项融资,如果重复的协商谈判以及和借款方也要开展类似项目调查、贷后管理等劳动,那么这件事就没有太大意思了。标准化就是解决这个问题的关键,不用第一手交易的高消耗性非标工作,通过二级市场甚至后期的多手交易过程中以标准化提高识别及决策效率。"没有这个标准化,其他的事情都谈不上,一个不标准化的东西会隐藏很多风险或麻烦。"赵奎说。

第二,多次交易的流通性很重要。流通不是一次性完成的事,它虽然可能交易一手就终止了,但是标的应该具备多次的流通性,"这是为了避免'一锤子买卖'的问题",赵奎强调到。流通性是产品属性的问题,无论是买方还是卖方,在属性设计的时候就要注意这一点,特别是买方。

第三,风险可追诉的管控性。随着交易转手率的增加,风险的追诉性会下降,大家关注的是我和我相邻的上下游交易之间的风险,但是对资产本质性的风险可能关注度会下降,甚至责任感会下降,这个靠道德约束是没有用的。所以不能把资产证券化的流转变成风险隔离和转嫁的手段,否则风险积累是必然的。

无论如何,随着监管体系的日趋宽松和市场基础设施的日趋完善,一些先知先觉的城商行已经在积极探索证券化业务以及通过该业务寻求转型与突破的路径。贵阳银行北京投行与同业中心总经理郇公弟告诉记者,近几年,贵阳银行在资产证券化业务上做了很多探索,目的就是要探索证券化未来几

个可能的发展方向:

其一,资产证券化要逐步实现全资产而非仅优质盈利资产的周转,从信贷、非标到按揭、平台再到不良、企业等等。

其二,资产证券化要逐步完善一级市场、二级市场、资管市场,特别是二级市场做市商、证券化资管产品开发;由于债权保障缺陷,当前对劣后级等存在严重错误定价的现象。

其三,城商行信贷资产证券化要抱团,通过联盟、做市、解构重建等形式为数十万亿信贷资产创造流通市场。

其四,资产证券化应积极探索与互联网结合,在资产端、资金端、承做环节等都通过IT系统支持、互联网协同作业、同业与个人在线营销等提高证券化效率,这同样为风险投资机构提供了投资机会。

华融湘江银行总行融资市场部投资经理高帆也向记者分享了该行资产证券化存续期管理的几点经验:

第一,要有完善的内部制度。对资产证券化相关部门、分支机构的工作进行了明确,要求比较细致,特别对存续期的管理作出了详尽的规定。

第二,要有开发CLO管理系统。银行资产证券化在存续期内涉及的一些环节,在现有的城商行系统中可能没有办法完全实现,现在科技公司已经开发了一个不是特别成熟的版本,但可以实现目前存续期的管理的基本功能。

第三,人员要到位。华融湘江配备了5个人专门负责这项工作,后期可能还会加人,就是为了防止在后期整个管理中出现问题。同时要求各分行指派专人管理这个工作,以保证管理上的连贯性。

第四,收息及时。各个融资人、借款人本金及利息约定的方式不是完全一致的,但一般收息是固定的,还本可能有差别。系统可以提醒还本付息的相关约定。

第五,严格做好信息披露工作,一是对监管的工作汇报,另一个是网上公开信息披露,一定要确保按时、准确披露。

(本文综合嘉宾在《当代金融家》杂志主办的"中国首家资产证券化对话与对接平台第三次会议:城商行信贷资产证券化的常态化"上的发言所成)

第三章　小贷公司的资产证券化

一、小贷公司开展资产证券化业务的紧迫性

中国的小额贷款公司（以下简称小贷公司）自 2008 年以来，发展迅速。小额贷款行业的机构数量以及总资产规模连续多年快速增长。以下表格，整理了小额贷款行业的增长情况。

2010—2015 年间小额贷款行业增长情况

年份	数量	从业人员（个）	注册资本（亿）	贷款余额（亿）
2015 年	8910	117344	8459.29	9411.54
2014 年	8791	109948	8283.06	9420.38
2013 年	7398	86273	6658.95	7534.50
2012 年	6080	70343	5146.97	5921.38
2011 年	4282	47088	3318.66	3914.74
2010 年	2614	27884	1780.93	1975.05

注：数据来源于中国人民银行官方网站。

从上表可以看出，在国家出台小贷公司政策的前几年，小贷行业发展非常迅速。

进入 2013 年以后，小贷公司的发展已趋缓和。部分地区已经出现小贷公司面临重大不良贷款问题而遭受清算的现象。进入 2015 年，小额贷款行业的贷款余额较 2014 年出现了小幅下降，这预示整个行业的发展已经到了关键时刻。

值得关注的是，江苏省的小额贷款行业发展位居全国前列，与江苏省的经济发达、中小民营企业发展快速有关，与江苏省对小贷公司的重视与扶持，也有很大关系。政府推动和引导市场力量成立江苏金农公司、江苏金创担保、开鑫贷，以及通过资本市场债券发行、资产证券化、信托计划等各种方式为

小额贷款提供资金支持与服务支持。从江苏小额贷款行业发展的历史经验来看，政府支持的多渠道的融资来源对于小贷公司的发展至关重要。

从金融环境来看，我国小贷公司有一个规模巨大的"利基"市场。美国的银行数量由于之前美国不允许银行跨州经营，数量众多，有很多专门服务于某个特定地理的社区银行，规模小，以社区为中心，吸收本地资金并且用于向本地居民发放贷款。中国目前的情况，商业银行数量远远少于美国。商业银行的业务高度垄断，全国开展业务的除了五大国有银行中国工商银行、中国农业银行、中国银行、中国建设银行、交通银行之外，还包括股份制银行如招商银行、兴业银行、中信银行等。还有就是不到200家由城市信用社转型而来的城市商业银行。

我国小贷公司的信贷业务与美国社区银行以及小型地区银行类似，都是服务于当地的中小企业或者个人。在中国社区银行与小型地区银行发展没有饱和之前，小贷公司填补了市场的空当。然而，我国小贷公司不是商业银行，也未列为金融机构。小贷公司不能吸收存款，也不能在银行间市场进行同业拆借获取资金。公司的资金主要来自于股东注资以及少量的银行贷款。因此，我国小贷公司只能算作半个美国的社区银行。正是因为负债业务的缺失，使得中国的小贷公司以及小额贷款行业，急需资产证券化。

对于信贷业务而言，资产证券化是一种新型的商业模式。传统的银行信贷业务模式是存贷模式。商业银行通过吸收居民或者企业存款，获得资金；商业银行通过发放贷款，投放资金。资产证券化的业务模式是发放贷款—证券化—分销的模式。对于银行的存贷业务而言，其负债业务直接面向普通居民或者企业。对于资产证券化的业务而言，其负债业务面向投资者，主要是金融类的机构投资者。这两者的差异，也使得资产证券化的业务相比银行存贷业务，受到的监管更少，业务模式更加灵活。资产证券化形成的"影子银行"，与正规的商业银行一起，为实体经济提供更全面的金融支持。

二、小额贷款行业发展的机遇与挑战

由于中国的特殊国情，小额贷款行业既面临重大发展机遇，也遭遇重大生存挑战。

中国存在明显的金融抑制，大量的金融需求没有得到满足。民间金融体系部分地填补了这一市场空白。然而，由于合法合规性差、透明度不高等方面的原因，民间金融体系效率低下，而且很容易形成"庞氏骗局"，造成社会动荡。民间金融体系效率低下体现在中国民间普遍存在高利贷的现象。高利贷是由于金融体系效率低下造成的，这种高昂的利率明显高出风险补偿的部分。

在美国这种成熟的金融市场里，高收益债券（或垃圾债券）的收益率，与国债利率的差额，正常情况下，在3到5个百分点的区间波动。在2008年金融危机的顶峰时刻，垃圾债券的收益率与国债利率的差额扩大到10个百分点以上，而这种程度的利差被视为金融体系崩盘的象征。我国很多中小企业的融资成本，与同期限的国债利率，相差都在10个百分点以上。如果以此数额来作为判断标准，则可见中国的金融抑制相当严重。金融抑制形成的高额利差，为小贷公司提供金融服务给予了足够的经济激励。

中国的小贷公司没有像美国市场那样的社区性小型商业银行的竞争，来自大型银行的竞争也非常微弱。

一方面，大型国有银行或者股份制银行，由于层级过高，信息链条过长，难以有效地解决信息不对称问题，在为中小企业提供金融服务方面，没有比较优势。中国信贷行业普遍流行的商业银行"重抵押担保轻现金流"，是大型商业银行处理非标准化交易的金融服务能力低下的真实写照。

另一方面，我国商业银行得益于金融管制，享受了较高的利差。近十几年来发展迅速，目前仍然盈利状况良好，缺乏足够的动力为中小企业提供金融服务。这种形势下，将中国金融抑制环境下产生的高额利差的中小企业信贷业务的巨大市场，几乎全部留给了小贷公司。

小贷公司能够在特定的细分领域发挥自身的比较优势，获得相对于商业银行的竞争优势。比如阿里小额贷款以及还有一些针对行业内上下游客户开展业务的小贷公司，由于掌握了相比商业银行更多的关于客户经营方面的信息，获得了比较优势。还有一些小贷公司，业务聚焦在局部地区，无论是股东还是经营管理层，在本地耕耘长久，对于本地企业的经营发展了如指掌。

小贷公司的劣势在于缺乏资金，尤其是稳定性强的低成本资金。由于不能通过吸收存款获取资金，小贷公司普遍面临着资金短缺的问题。整个行业的资产负债率只有不到10%,远远低于非金融企业的资产负债率。在不能通过外部融资放大业务杠杆以提高股本回报率的情况下,小贷公司的盈利性对于股东吸引力有限。

相比股东出资设立公司再将股本资金用于发放贷款,股东直接通过民间借贷发放贷款的效率反而更高。在通过民间借贷进行贷款的情况下,不需要交纳营业税与两重所得税,也不需要为了获得小贷公司的牌照以及应付地方金融办的监管而支付成本。

对于商业银行监管最核心的是资本充足率。资本充足率是指根据商业银行业务形成的风险资产,按照不同比例计提资本金。按照结构化金融的理念,实质上,商业银行是一个公司形式的特殊目的载体。核心资本相当于是担保债务凭证(CDO)的权益级产品,金融债与次级债是CDO的中间级产品,而存款则是CDO的优先级产品。CDO是通过以权益级为风险垫底,通过优先级资金放大杠杆,赚取基础资产收益率与优先级资金成本利率的利差。这种利差正是商业银行的主要盈利来源。CDO是一种比商业银行更加广泛的模式,而商业银行则可以视作是一种特定的CDO。这种理解框架有助于我们理解资产证券化,尤其是小额贷款公司的资产证券化。

中国商业银行当前的核心资本充足率为10%左右。小贷公司的核心资本充足率则高达90%。对于商业银行而言,90%的核心资本充足率完全是一种高度惩罚性的比例。在90%的资本充足率要求下,从事商业银行存贷款业务几乎无利可图。这种与银行业务的类比,能够揭示出小贷公司的困境。

由于中国国情所限,大量的小贷公司获得商业银行牌照几乎不存在可能性。因此,资产证券化成为小贷公司获取资金的一种重要且不可替代的形式。除了资产证券化之外,小额贷款公司还可以通过商业银行贷款、发行债券、私募股权融资、公开发行股票上市等方式获得资金。小贷公司应通过资本市场多渠道多方式解决资金问题。

除了资金问题之外,中国的小贷公司还存在品牌知名度不高、金融人才缺乏、业务渠道不广等方面的劣势。在资金缺乏的情况下,由于小额信贷属于典型的卖方市场,这些劣势没有突现出来。

品牌方面,除了阿里小额贷款基于阿里巴巴的股东背景,并且能够通过互联网跨区域发放贷款之外，还没有几家全国性的小贷公司品牌，能够获得资本市场认可的小贷公司品牌更是稀缺。

小贷公司的经营局限在特定地区，这也不利于形成品牌。目前有的省份已经放松了这些限制。然而，由于小贷公司的牌照都是由各省金融办发放的并且受到各省不同的类金融监管，小贷公司跨省开展业务存在诸多难题。为了规避不得跨越地区开展业务的限制，小贷公司可以采取连锁性经营的方式，即通过设立金融控股公司，在全国各地开设独立的公司法人，在各地开展独立业务。这些同一控股的小贷公司受到集团的统一管理，共同使用同一品牌。目前国内有联想控股旗下的国正小额贷款公司、证大集团的证大小额贷款公司采取这种方式进行全国性的品牌经营。

小贷公司在吸引与培养金融人才方面也存在劣势。目前，小贷公司人员规模较小，每家小贷公司从业人员不到10人。除去财务行政等中后台人员之外，从事前台业务的人员大约5—6人。很多小贷公司的实际业务负责人都来自于商业银行，如商业银行的支行行长或者分行公司业务部骨干。这种情况说明，小贷公司没有形成自身的人才培养体系，基本都是通过商业银行输血来获取人才。

小贷公司在业务渠道存在明显的劣势。与商业银行尤其是大型商业银行构建了系统性、全国性的业务渠道相比，小贷公司没有形成自己的业务渠道。小贷公司的业务渠道来自几方面。第一类渠道是股东提供的业务渠道。第二类渠道是业务经营人才提供的业务渠道。第三类渠道则是业务开展中开拓的业务渠道。当前，在金融抑制以及小额贷款行业竞争不激烈的情况下，很多急需资金的借款人自身就在通过各种方式寻找资金，这成为小贷公司发展与业务开展的关键障碍。

三、小额贷款的证券化

小额贷款的证券化，就基础资产的特征而言，更加类似于美国的CDO。

1. 小贷公司证券化的分析

美国的相关书籍，对于CDO产品，通常从四个方面进行分析，分别为资产、负债、目的与结构。由于小额贷款的客户实际上是商业银行筛选之后的中小企业，本书采用这种成熟的针对CLO的分析框架对小额贷款的证券化进行分析。

资产。小额贷款公司发放的贷款主要包括三类。一类是发放给房地产企业的项目贷款；一类是发放给地方融资平台的信用贷款；一类是发放给区域内或行业内中小工商企业的贷款。房地产企业的项目贷款与地方融资平台的信用贷款，由于受到财政、货币等宏观政策的直接影响更多，这里暂不进行讨论。

对于中小工商企业而言，当需要资金的时候，通常首先选择从商业银行获取贷款。但是，商业银行发放贷款需要借款人提供土地、厂房等作为抵押品。银行对这些抵押品进行估价后，按照估价的一定折扣发放贷款。对于大多数工商企业，通常能够被商业银行接受作为抵押品的资产只占企业资产的一部分。对于非房地产行业的工商企业而言，更只占很小的部分。因此，对于大多数企业而言，其资金需求无法通过银行贷款得到全部满足。这个时候，小贷公司成为一个可选之项。由于小贷公司的资金成本高于银行贷款，因此，中小企业能够被银行接受的抵押品基本都会抵押给银行。这样，小贷公司的贷款相比银行，体现出借款人信用差、担保品变现性差或者无担保、期限短、利率高等特点。这使得小贷公司的贷款实际上是一种次级工商业贷款。这些贷款如果进行评级的话，即使在中国的信用评级体系也无法获得BBB的评级。而中国目前金融市场能够普遍接受的信用评级为AA。

小额贷款的资产分散度较差。一方面是单笔贷款规模相对较大，此处的"规模相对较大"，不是从绝对意义上的，而是从单笔贷款规模相对于小贷公司的规模及资产支持证券的总规模而言的。相比MBS或信用卡ABS每个资产支持证券的资产池包括上万笔资产，小贷公司通常贷款笔数都在100笔以内，很多小额贷款公司贷款笔数只有十笔的规模。

另一方面，则来源于小额贷款行业的展业特点。小额贷款公司的业务基本都集中在相对较小的地理区域，如县城、镇或大城市的区。因此，小贷公司的资产区域分散度通常由于产业集聚的原因（这些地区都会有一些强势的产业），行业分散度相对较小。

由于以上两方面的原因，单家小额贷款公司的资产，集中度较高，基础资产的违约相关性很高。

负债。美国的CDO为了获取最大的售价，通常进行多个分级的结构化设计。这些不同的分级构成了CDO的负债。这些不同的负债产品，具备不同的风险性、流动性与收益性。最高的优先级负债具备很高的信用，通常都是AAA，因此风险性较低，由于能够满足众多机构投资者的标准，因此具备很强的流动性。这些产品比较适合共同基金、商业银行这种注重流动性的投资机构。最低的劣后级，也称为权益级，信用最低，出现风险最先承受损失，因此称为第一损失层，通常没有评级。这些产品适合追求高收益并且在CDO行业有经验信息优势从而获得比较优势的机构，如保险公司和对冲基金等。中间级产品则介于最高的优先级与权益级两者之间。

目的。CDO按照发起人的不同目的，可以分为套利型、资产负债表型以及发起贷款型。当然，从广义的角度而言，所有的CDO都可以视为是一种套利的工具。此处的套利型则是狭义，专门指资本市场的管理人设立的CDO。这种CDO利用优先级与中间级产品募集资金，投向资本市场的证券产品，套取证券收益与优先级产品与中间级产品成本之间的利差。资产负债型的CDO的发起人主要是商业银行。商业银行由于受到巴塞尔协议的要求，业务扩张受到资本金的限制，因此有动力将贷款资产从资产负债表中剥离，从而释放出监管资本，以用于业务扩张。单单从融资的角度而言，凭借银行信用进行融资，成本要低于资产证券化。发起贷款型是指有些CDO将贷款发放机构作为通道，募集资金用于专门收购通道类贷款机构的特定贷款。这些贷款通常也是应CDO的要求而进行发放的，并且在发放之后就会立即出售给CDO。小额贷款公司的证券化，从目的角度而言，更多属于贷款发放型。因为，很多贷款如果没有证券化，是不可能发放出来的。或者说，证券化的发展，将可能形成CDO将小额贷款公司作为发放贷款的通道。

结构。目的在于能够让CDO的负债成本最低，或是能够获得一个最高的售价。为了达到这个目的，结构设计比较复杂。有的结构多达几十层。由于国内的CDO市场发展相对不成熟，机构投资者缺乏足够的能力与激励去理解复杂的结构化设计，也无法对信用评级进行精细化的定价。因此，中国的结构化产品，结构设计通常采取优先级与劣后级这两个分级，或是优先级、中间级与劣后级。劣后级为更高层级的产品提供了风险缓释，从而增强了优先级产品的信用评级，使得优先级产品能够满足机构投资者的投资标准，或者降低融资成本。

2. 非银行信贷机构的资产证券化

小贷公司属于非银行类的信贷机构，在经济体系中，能够形成信贷资产的非金融机构除了小贷公司，还包括融资租赁公司、商业保理公司。工商业企业在经营中，也会形成应收账款等信贷类资产。在没有资产证券化的金融体系里，这些信贷资产主要通过银行借款来进行融资。因此，这些公司的"金融化"不明显。在资产证券化发展成熟的情况下，这些企业能够通过将资产出售给特定目的载体并且向机构投资者发行证券来获得资金。工商业企业因而与商业银行等金融机构之间的业务界限逐渐模糊。企业信用与证券信用开始挤压银行信用的生存空间，这是对于商业银行"金融脱媒"的另一面表述。商业银行"金融脱媒"则为新型金融体系的生成提供了空间。

上面的观点，暗示了资产证券化兴起所需要的宏观环境。那就是"宽货币、紧信贷"。这里的信贷特指商业银行的信贷。在中国，当前基础货币基本上都是通过商业银行体系进行投放，比如降准。中央银行通过银行间市场进行公开操作，主要的对手也是商业银行。投放对手仍然是商业银行。在这种货币收放事实上等同于信贷收放的情况下，资产证券化的发展受到严重影响。

资产证券化将商业银行内部部门之间分工的信贷业务链条分解成由市场多家机构分工合作的分销业务链条。从制度经济学来说，这是市场交易成本对于企业管理成本的替代。资产证券化能够发展壮大的经济学上的解释就是，对于特定类型的信贷业务，市场交易成本小于企业管理成本。

在中国，大型商业银行由于管理链条太长，因此管理成本很高。由于上下级之间的信息不对称，为了防范因此而出现的道德风险，商业银行只能采取相对刚性的金融治理手段，如注重抵押品和政府信用支持，限制信贷操作人员根据企业未来现金流情况进行相机抉择的自由度。因此，商业银行无法灵活开展信贷业务。这为小贷公司在特定区域与特定行业的细分市场形成独特的优势，创造了条件。

然而，美国次贷的发展后面产生了危机。这说明，市场化的金融治理同样存在信息不对称以及由此而产生的道德风险。在信贷发放机构能够将风险全部转移到特殊目的载体的情况下，这些信贷发放机构还能否按照之前自己承担风险那样严格控制风险，值得怀疑。因此，对于中国的小额贷款资产证券化，需要防范道德风险。体现在交易结构的设计上，要尽量避免小贷公司将贷款的所有风险全部转移出去。因此，结构化分层既要考虑不同风险在不同风险偏好主体间优化分配，还要注意保持整个业务链条不同机构的激励相容，尤其是投资者与信贷发放者的激励相容。简单来说，就是要能保证，如果资产证券化的基础资产出了问题，结构设计要使得信贷发放者同样受到损失。

四、小额贷款证券化的实际操作

中国的资产证券化，采取的是原始权益人出售资产给特殊目的载体发行证券的模式。这种证券化模式与美国的工商业贷款的资产证券化模式不同。

由于我国小贷公司未被列为金融机构，它的小额信贷证券化也未进入信贷资产证券化的范围，而是按照工商企业资产证券化的模式进行的。其运作流程是证券公司作为计划管理人，设立资产支持专项计划，面向投资者发行资产支持专项计划收益凭证（即实际意义上的资产支持证券），募集资金。小贷公司与资产支持专项计划签订资产转让协议，将其拥有的贷款转让后，其未来获取的资金由专项计划享有。在实际操作过程中，专项计划在募集资金前先与小贷公司签订有生效条件的资产转让合同。投资者在购买资产支持证券的时候，能够确定基础资产。正是这一点，与美国的资产证券化模式不同，并且导致操作效率降低。

专项计划按照计划说明书的约定定期向投资人分配收益与本金。通常专项计划的收益凭证会进行优先劣后的分级。优先级资金面向投资者发行，劣后级资金由小贷公司自己持有或者定向出售给特定的投资者。

美国的 CDO 运作模式，从金融本质而言可以视为投资于非标准化债权的可交易基金。美国 CDO 的操作模式如下：先设立特殊目的载体，在特殊目的载体的章程中确定特殊目的载体的投资标的筛选标准、资产分散度、利息覆盖水平测试、超额担保水平测试等限制管理人操作权限的条款，再进行优先劣后的结构化分级，普通的情况是优先级、中间级与权益级。权益级通常由 CDO 的资产管理人认购并且持有。评级公司根据章程条款与优先劣后的分级结构，对不同分级的产品进行信用评级。在信用评级确定之后，CDO 对外进行募资。资金募集完成后，CDO 进入建仓期，在此过程中 CDO 的管理人将会购买债券、银行贷款等各类固定收益型的金融产品，有时候也会包括其他的结构化产品。

我国小额贷款的证券化在实际操作过程，遇到了单个规模小、操作时间长、中介成本高等问题，这些与我国资产证券化的操作模式有关。我国资产证券化的业务模式是原始权益人的资产打包出售给特殊目的载体，然后评级公司对特殊目的载体的基础资产进行结构设计，对不同分级的产品进行评级，再将不同分级的产品即资产支持证券面向机构投资者进行销售，募集资金。募集的资金用于支付向原始权益人购买基础资产的价款。

对比美国与中国的资产证券化模式可以看出，对于 CDO 这一类型的资产支持证券而言，中国的资产证券化是一种静态的证券化模式，美国的资产证券化是一种动态的证券化模式。美国的资产证券化，关键在于优先劣后的设计、CDO 资产管理人的能力以及资产管理人与投资人的激励相容制度。中国的资产证券化，则更加强调基础资产本身。

从风险控制的角度，中国的资产证券化，限制了资产管理人在存续期间筛选购买基础资产时的自由决策权，更有利于防范道德风险，从而更有利于保护投资人的利益。

从操作效率的角度，美国的资产证券化通过先设立大规模的特殊目的载体，募集巨量资金后，可以动态购买多个原始权益人不同规模的信贷类资产，方便快捷。对于原始权益人而言，其完全不需要了解资产证券化的业务操作细节，只要按照合意的价格将基础资产出售给特殊目的载体即可。美国的资产证券化模式，操作效率更高。

从现实性角度看，当前我国小贷公司资产规模普遍较小，采取单个小贷公司作为原始权益人出让基础资产发行资产支持证券募集资金的模式，缺乏效率，包括财务顾问、评级机构、法律顾问、会计师事务所与主承销商在内的金融服务中介收取的费用占融资规模的比例过大，从而使得这种形式的融资失去经济上的意义。通过联合多个小贷公司发行集合型的资产支持证券，能够获得规模效应，但是众多小贷公司存在协调难度大，风险分担职责不明确和混同等问题，导致难以操作。

中国原始权益人发行证券的这种业务模式在后续的中国金融市场中已经出现多个成功案例，包括国正小额贷款公司、皖投小额贷款公司、阿里小额贷款公司、镇江多家小额贷款公司集合等。但是这些能够进行资产证券化操作的小贷公司通常都是行业的佼佼者，属于小额贷款行业前10%的优秀者，并且都具备较强的股东背景而且股东为资产支持证券提供了无限连带责任担保。从资产证券化作为一种基于资产的融资行为的严格意义来讲，这种形式的资产证券化，虽然有其解决小贷公司资金来源的实际意义，但并不是真正意义上的资产证券化。从金融工程学的角度分析，这种证券更加接近于担保债券。

鉴于我国信用体系不完善，在我国进行小额贷款证券化时需要特别重视小贷公司的公司治理情况，有效防范资产造假与一物多卖。由于难以通过正规途径获得资金，因此部分小额贷款公司通过民间借贷等方式违规获取资金的情况比较普遍，尽管这种操作受到地方金融办的严厉控制。因此，小贷公司财务造假现象并不罕见。据中国人民银行、各地金融办等监管部门汇总统计的数据，小额贷款行业的整体资产负债率也即杠杆倍数较小，因此为小贷公司提供融资的风险本应较低。然而，因为小贷公司可能有大额的借款性负债没有体现在资产负债表中，还有担保等或有负债也没有如实在财务报告中披露，使得投资者无法通过阅读小贷公司的财务报告识别为其融资的风险，必须通过其他方式间接推断小贷公司的财务真实性和信用水平。

一个比较有效的经验规则是考察其公司治理的状况。如果小额贷款公司的股东为国有企业或者上市公司或者当地知名工商企业尤其是有多家这种类型的企业股东，而且小贷公司的实际运营由金融背景的专业团队负责，则小贷公司违规开展负债业务吸收资金或者对外提供担保,以及财务造假的可能性将会大大减少。

判断小贷公司资产质量的另一个重要方法,是考察小贷公司是否存在关联交易,即小贷公司向股东及关联方发放贷款。根据前面讨论的小额贷款证券化业务模式,之所以需要小贷公司在业务流程中充当角色,是需要小贷公司发挥其在特定区域和特定行业的信息优势,由小贷公司提供金融治理,筛选优质的贷款项目。如果为关联贷款,那么小贷公司将会提供良好的金融治理这一假设前提将不再成立。这会使得整个风险管理失效,并进而为投资者带来风险隐患。

五、小贷证券化发展的问题与解决方案

当前小贷公司总体的资本金将近 1 万亿元。受制于中国特殊的金融市场环境,小额贷款公司难以有效利用外部资金开展业务。如果小额贷款公司的杠杆提高一倍,在资本金不增加的情况下,总资产规模增加到 2 万亿元。以每笔贷款规模 200 万元计算,那么 100 万笔贷款,将为上百万家中小企业提供宝贵的金融支持。

然而,由于各种原因,小贷公司的资产证券化业务并未有效发展。这包括多方面的因素。

一是资产证券化 2014 年广泛开展后,恰逢中国的银根开始放松。商业银行从原来信贷规模不足到资产荒。商业银行的业务扩张挤压了小额贷款公司的业务发展。目前相对优质的贷款项目,利率下行迅速几乎到了近几十年以来的历史低位,小额贷款公司基本没有能力与商业银行竞争优质贷款项目。

资产证券化需要"宽货币、紧信贷"的宏观环境。美国的资产证券化在经过 20 世纪 70 年代的高速发展之后,在 80 年代获得了重要的发展机遇,那就是巴塞尔协议的实施。

在巴塞尔协议实施之前,美国的商业银行资本充足率大约在 1% 左右,也就是银行以 1 元的资本金可以从事 100 元的业务。巴塞尔协议要求商业银行

至少保持4%的核心资本充足率，这使得商业银行必须压缩资产负债表规模，或者补充资本金（从而降低了权益回报率）。在这种情况下，即商业银行收缩贷款的情况下，高收益债券市场获得了重大的发展机遇。资产证券化也获得发展的推动力量。很多商业银行开展证券化的动机就是监管套利。目前，美国发行的CDO、CBO与结构化CDO主要为套利型，即套取CDO的基础资产收益与负债成本的差价。CLO则主要是为了减少巴塞尔协议要求的监管资本要求。这在合成型CDO得到进一步体现，在合成式CDO中，商业银行并不需要从投资者处获得资金，而是通过与CDO签订合同，购买CDS①，从CDO处获得对商业银行资产负债表中的特定的参考资产的担保，从而实现扣减该部分风险资产所要求的资本。这种CDO称为不需融资或是部分融资型的CDO。

二是中国当前的金融体系过度依赖于商业银行体系，对于资产证券化所形成的影子银行体系研究与重视程度相对较弱，缺乏宏观层面的政策来"有保有压"。中国当前要发展资产证券化，一方面要压缩商业银行的规模，另一方面要引导影子银行体系的良性发展，最终形成间接金融体系与直接金融体系共同发展、相互竞争、相互促进的有效局面，更有效地为实体经济提供金融服务。

没有宏观层面的政策扶持，无论是小额贷款公司的资产证券化还是其他类型资产证券化，都不可能真正发展壮大。在中国，将货币与银行信贷几乎等同的思考框架中，在货币宽松的情况下，银行的信贷也宽松，包括小贷公司在内的影子银行体系，没有办法与商业银行在资产端进行竞争。在货币紧缩的情况下，银行的信贷业务虽然受到限制，但是在中央银行只是通过商业银行降准降息与银行间市场进行流动性管理情况下，影子银行体系很难与商业银行在负债端进行竞争。只有"宽货币、紧信贷"的组合，才能为资产证券化的发展提供合适的环境。

中国自2012年以来，一方面整体货币政策保持相对宽松的环境，另一方面商业银行信贷业务受到信贷规模的限制，这实际上形成了"宽货币、紧信

---

① CDS，英语Credit Default Swaps的简称，意为信用违约互换。

贷"的组合。这种环境下，结构化融资异军突起。只是由于中国特色，这部分影子银行体系不是以"基金＋证券"的组合形式，而是以"银行理财＋非标资产"的组合形式。从金融本质而言，商业银行理财业务就是一种基金或者更通用的称呼是结构化投资载体。从这个意义而言，商业银行的投资于非标项目的理财产品，实际上就是CDO。

由于资金池运作，以及期限错配，同一银行发行的众多不同的理财产品，实际上风险混合，形成一个大规模的CDO。这是资产证券化在中国的变种，这种类型的准资产证券化，阻碍了中国真正的资产证券化的发展。银行理财产品在金融市场形成的事实上的"刚性兑付"，造成了对于信用定价扭曲，进而影响了中国金融市场化的发展。

从操作方式而言，中国的资产证券化采取了原始权益发行证券这种注重风险防范而牺牲效率的方式，对于证券化的实际操作造成诸多难度。这在前面已经充分讨论。另外，中国的资产证券化目前不允许再证券化。也就是说，资产支持证券的基础资产不得为证券。从金融本质而言，可交易的分级基金就是一种再证券化产品，这种再证券化的基础资产是股票。对于再证券化的限制，使得金融市场的套利机制受到影响，进而影响了金融市场的有效性，也使得小额贷款证券化产品的利率没有套利机制能够降低到与其风险相匹配的程度。

从更加具体的角度，在无法进行再证券化的情况下，投资者持有单个小额贷款公司发行的资产支持证券，虽然可以通过构建多个小贷公司的证券投资组合来降低非系统性风险，然而，实际操作过程中，如果投资经理购买到发生违约的证券产品，将会对其个人带来无尽的麻烦。对比投资者两种不同的购买情景，就能够理解。投资经理A购买了再证券化产品，这一再证券化产品中包含有100个证券。投资经理B直接购买了相同的100个证券。如果100个证券中有2个出现违约，则对于投资经理A而言，是其购买的再证券化产品的收益率减少了两个百分点。对于投资经理B而言，则是其购买的证券有两个出现违约。投资经理B以及公司的风控人员将需要经受各种类型的质疑。甚至投资经理B还需要以债券投资者的身份参与债券持有人大会，协商债务重组等事项。两者对比，可以看出，在没有再证券化的情况下，这使得投资经理将会尽量避免购买高风险的资产支持证券,即使从风险补偿的角度,这些高风险的资产支持证券能够为其带来更丰厚的经风险调整后的预期回报。

另外,再证券化实际上是发挥了市场的比较优势。那些认为自己对于特定资产具备比较优势的人员,可以通过设立CDO,以自有资金承担第一重风险,并且向优先级资金发送信号,显示出自身的专业能力。从而能够更多地承担这些资产的风险,并获取收益。这种形式下,CDO的资产管理人在发挥套利的职能,而这是金融工程学中市场能够有效定价的重要前提。

三是标准化问题,资产证券化的一个关键的技术在于标准化。标准化降低了市场人士的交易成本,提高了整体的运作效率。通过设立标准的贷款合同、贷款流程、交易结构、资产筛选,标准化还利于金融市场不同主体对于资产支持证券估值的趋同,从而能够增强资产支持证券的流动性。

经过几年在中国推行资产证券化的实践之后,参考美国的CDO运作模式,作者在本书中设想的中国小额贷款公司资产证券化的模式如下:

私募基金管理公司设立CDO权益基金,面向高净值客户或者机构投资者募集资金。基金资金用于购买证券公司设立并担任计划管理人的资产支持专项计划的劣后级。私募基金管理公司担任资产支持专项的投资顾问(实质的资产管理人)。管理人根据投资顾问的指令按照资产支持计划说明书的约定,进行资产买卖。计划说明书约定资产支持专项计划购买资产的标准与流程,并且通过结构设计,保障投资顾问不会产生道德风险,即以牺牲优先级投资者的利益为代价,为自身谋取不当利益。计划说明书条款确定并且进行结构化分级,在劣后级资金到位的情况下,面向机构投资者募集优先级资金。

资金募集完成之后,宣布产品成立,进入建仓期。投资顾问按照计划说明书的规定向管理人推荐小贷公司。经过筛选后,资产支持专项计划与多家小贷公司就确定的贷款资产签订资产转让合同,小贷公司获得资金,专项计划获得贷款资产。在专项计划存续期间的前些年份(循环操作期),当有贷款到期,资金回到专项计划后,专项计划用该部分资金购买其他的小额贷款资产。在专项计划存续期间的最后几年(摊还期),贷款到期后的资金用于投资流动性强的证券或存款,以用于到期偿还投资者利息与本金。

这种类型的资产证券化存在以下几个问题,需要在实践中解决。

第一,法律法规的问题。小贷公司属于非金融类企业,其信贷业务形成的信贷资产在法规上被认定为企业资产,从事资产证券化受到证监会的监管。在证监会的资产证券化管理办法没有修改之前,这种模式难以获得法律法规的支持。

第二,市场成熟度的问题。美国的资产支持证券市场,按照事物发展从易到难的规律,先有抵押贷款证券化(Mortgage-Backed Security,MBS),再有汽车抵押 ABS、然后才有信用卡 ABS,直到 20 世纪 90 年代,采取上述操作模式的 CDO 才开始得到市场的普遍接受。中国的信用体系不健全,信息不对称产生的道德风险较为严重。采取美国模式,一旦资产管理人有了操作权限后,有可能会凭借这一权力,以牺牲投资者的利益为代价为自身谋取不当利益。当前的资产证券化操作中,能够采取循环操作的形式。这种循环操作的形式,赋予了资产管理人按照事先确定的规则自主决定从原来的原始权益人那里购买基础资产的权力。然而,目前循环操作的资产证券化,通常产品都有高信用的主体提供无限连带责任,从而将风险转移到了提供担保的主体之上。而且提供担保的主体通常都是原始权益人的股东或者是关联方,这使得道德风险弱化。

第三,产品的流动性问题。越是风险程度高的产品,越是结构设计复杂的产品,越是操作灵活的产品,流动性越差。当前在交易所挂牌交易的 ABS,只能通过协议式质押回购的形式来获得资金。由于非上市的商业银行不得直接在交易所进行证券交易。因此,协议式质押回购通常的主要交易对手,即资金净提供方的商业银行参与程度较小,这使得交易所的 ABS 的回购交易非常不活跃,因此市场流动性较差。投资者通常需要较高的流动性补偿。从 2015 年同等主体信用同等期限的能够质押的公司债券的利率与不能质押的 ABS 的利差,作为流动性补偿的一种测量,则在 100 BP(1 个百分点)以上。

六、国正小额贷款公司证券化案例分析

1. 证券化情况简要介绍

合肥市国正小贷公司在 2015 年成功操作小贷资产证券化，募集资金 5 亿元，为企业业务扩张贡献力量。

合肥市国正小贷有限公司为安徽正奇金融有限公司下属公司。注册资本业务规模在合肥乃至安徽名列前茅。正奇金融公司被联想集团控股。联想集团通过担保等各种方式为正奇金融的发展提供支持。

合肥市国正小贷公司将其 100 多笔基础资产出售给德邦证券设立的资产支持专项计划。出售价格为 5.2 亿元，其中优先级产品面向机构投资者出售，募集资金 5 亿元。劣后级产品由正奇金融集团持有。正奇金融集团为优先级产品投资者的本金与预期收益提供差额支付承诺。联想集团为正奇金融的承诺义务提供无限连带责任担保。采取循环操作模式，即在存续期间，如果有基础资产到期，债务人偿还资金到资产支持专项计划后，资金不是用于转手支付给资产支持证券的投资者以偿还本金，而是用于向原始权益人国正小贷公司购买新的基础资产。

2. 案例点评

此处的分析，作为个案，仅为示例，并不一定全面代表小额贷款行业的普遍情况。

国正小贷公司在资产证券化法规出台后迅速成功实现证券化，与公司重视多渠道的融资来源相关。由于得到母公司正奇金融与实际控制人联想控股的信用支持，国正小贷公司向多家商业银行申请过贷款。然而，受制于中国人民银行与安徽省关于小贷公司的管理办法，小贷公司的融资比例不得超过自身资本金的 100%，其中，来自于商业银行的贷款不得超过 50%。这限制了国正小额贷款的业务发展以及提高权益回报率。利用公司资产进行资产证券化而不是以自身为主体举措债务，成为一种解决方案。信用进行标准化的证券化之前，国正小贷公司就与中英益利保险公司操作过类似的结构化融资。

国正小贷公司能够在与银行竞争的过程中获得比较优势，与其业务灵活、风控决策链条较短不无关系。国正小贷公司让借款人能够随时归还本金而不需要交纳罚金，这大大提高了借款人的资金使用效率。小贷公司借款人的借款期限平均不到半年，很多是为了短期的资金周转。如服装销售企业，在春季时进货夏装，3个月销售期就能够回笼资金用于偿还贷款。服装销售行业普遍的销售毛利率高于20%，以3个月的周转而言。按照边际成本等于边际利率，不考虑其他边际成本的话，理论上借款人能够接受80%的借款利率。因此，这些资金虽然利率较高，但是因为贷款灵活，操作时间短，能够适应中小企业短平快的盈利性业务，作为中小企业的资金补充，能够实现多方的共赢。

资金成本决定小贷公司的长远成败。小贷公司前几年之所以发展迅速，而且普遍获得较好盈利，主要是由当时特定的金融环境造成的。在宽货币、紧信贷的政策之下，很多优质的借款客户，因为银行受制于信贷额度不足的原因，而无法从银行获得贷款。如果银行没有信贷额度或者风险资本金的要求限制的话，从风险收益的角度，银行愿意为其提供贷款。这种情况，使得小贷公司能够以较高的利率发放贷款而不会承担过度的风险。而只有这样高的利率才能够覆盖小贷公司的资金成本与运营成本。随着这种形势的变化，目前商业银行获得了充足的资金，金融市场出现"资产荒"现象。小贷公司已经无法找到能够接受这种高利率的符合风险要求的客户了。小贷公司要么是放低风险标准，从而为长期发展埋下隐患；要么是缩小业务规模，从而被商业银行从信贷领域挤出。因此，小贷公司必须多渠道拓展资金渠道并且降低资金成本。

因此，小额贷款行业的发展将会形成两种自我强化的结局。

一种是在资金成本高的情况下，小贷公司为了生存发展而降低借款人的信用要求。这种贷款业务将会增加小贷公司本身的风险，而这反过来又会提高小贷公司的融资成本。资金成本高—选择高风险客户—推高资金成本—选择更高风险的客户，如此不断强化。

另一种是在资金成本低的情况下，小贷公司能够提高筛选客户的标准，从而降低自身的信用风险，这将有利于小额贷款公司降低融资成本，形成良性循环。国正小贷公司得益于联想公司较强信用的支持，能够获得较低的资金成本，因此在成本方面，相比同一地区内的小贷公司存在明显优势。小贷公司的融资成本相比合肥地区的平均水平，要低约10个百分点。因此，国正小贷公司能用比其他小贷公司更高的信贷发放标准争夺优质客户。甚至部分信用足够良好从而能够从银行获取更低成本资金的企业，由于小贷公司的借款流程方便快捷，还款方式灵活高效，客户宁愿承受更高的利率而选择国正小贷公司。

从国正小贷公司的案例可以看出，如果小贷公司通过资产证券化、IPO、债券发行等多种资本市场获取低成本的资金，再去投向优势的信贷客户，能够摆脱民间借贷的高风险领域，也能够凭借自身独特的比较优势与商业银行展开差异化竞争。

（作者：宋光辉　博贷网 CEO、北大光华新金融研究中心客座研究员）

实践前沿

小贷资产证券化　期待"小"题"大"做*

文/本刊记者　闵文文　罗小清

沈炳熙　中国农业银行董事
罗桂连　中国保险监督管理委员会资金运用监管部投资监管处主任科员
卜廷川　正奇安徽金融控股有限公司（联想控股成员企业）副总裁、合肥市国正小额贷款有限公司董事长（联想系）
宋光辉　博贷网 CEO、北大光华新金融研究中心客座研究员
赵卫星　蚂蚁金服 COO、蚂蚁微贷事业部总监

2013年国务院"金十条""逐步推进信贷资产证券化常规化发展"话音刚落，阿里小贷（现为"蚂蚁微贷"）资产证券化随即开闸试水，率先尝鲜。

---

* 本文原载《当代金融家》2015年第3期。

2014年中央"一号文件"要求："对小额贷款公司，要拓宽融资渠道。"政策利好接踵而至，全国各地先行先试，市场各方谋定而动，伴随忽明忽暗的政策监管、或难或险的技术障碍，急先锋们一路披荆斩棘地探索，后进者们一路热切坚定地跟随。阿里小贷模式可以复制吗？如何打开小贷资产证券化的想象空间？市场各方充满期待，点点星火正待春风燎原。

一、案例：阿里小贷的"痛苦"实践

沈炳熙：2008年，浙商银行成功发行了10亿元的"浙元一期"中小企业信贷资产支持证券，基础资产主要是小贷资产，但还包括少数大企业的贷款，因此并不算是一个典型的小贷资产证券化产品，也没有冠以"小贷资产证券化"的名称，所以未能引起足够重视。直到2013年，阿里小贷资产证券化产品成功发行以后，小贷资产证券化才重新引起了大家的关注和重视，阿里小贷在资产证券化道路上的尝试具有探索意义。

赵卫星：蚂蚁微贷的贷款额度平均为4万元，最低的仅在100元左右，因此是真正意义上的小贷公司。蚂蚁微贷2014年整体投放资产3000多亿，其中有60%左右是通过资产证券化渠道引入的。

2013年6月，蚂蚁微贷和东证资管合作的东证资管—阿里巴巴1号至10号专项资产管理计划（以下简称"东证资管—阿里巴巴证券化一期"）获准发行，这是国内首个以小贷资产为基础资产的证券公司资产证券化项目。截至2014年9月底，10只专项计划全部完成发行，募集资金50亿元。目前，蚂蚁微贷和东证资管每个季度都有发行，除了东证资管，蚂蚁微贷还与许多其他金融机构开展合作。

蚂蚁微贷虽然作出了一些资产证券化的尝试，但在这个过程中也有很多痛苦。我将和大家分享资产证券化过程中的痛苦经历，以及有哪些方法可以避免这样的痛苦。

在基础资产方面，本专项计划的基础资产为阿里巴巴旗下两家小额贷款公司的小额贷款资产，具有金额小、期限短等显著特征。但由于资产金额小、期限短（许多资产期限短于产品期限），所以整个资产证券化的过程非常痛苦，需要与很多合作机构反复评估、筛选资产，然后将其源源不断地放入资产池。这个筛选过程很难操作，即使操作下来，资金成本也非常高。因此，这是一个非常让人头疼的问题。

在交易结构方面，本专项计划最大的特点在于循环购买基础资产。循环资产是一个很好的创新，更能适应金融市场上投资者的需求，但其带来的直接后果是客户体验极差。比如一笔资产在资产包里到期了，下一笔资产必须很快地进入，否则就会影响客户体验。这就要求小贷公司的产品期限设计、还款方式的设计，都要和循环购买方式相匹配。

在发行模式方面，专项计划采取了统一结构、分期发行的模式，更好地满足了阿里巴巴平台上小微企业的资金需求节奏，同时平滑一次性发行带来的集中风险。

在日常运营方面，我们引入了自动化的资产筛选系统和支付宝公司提供的资金归集和支付服务，更好地适应蚂蚁微贷基于互联网和大数据的业务模式。资产证券化并不容易，不仅要做到资金成本的集约化控制，还需要自动化的资产筛选系统。

在整个客户结构里面，金融机构认购规模达总规模的81.6%；从资金来源看，保险资金占比最高，达53%，其次为银行理财（23%）、机构自有资金（18.4%）和券商理财（6.1%）。

专项计划发行总规模上限50亿元，每只计划规模2亿至5亿元，每只期限1年至2年。对于增信和风控，我们做了分级增信设计，优先级份额75%，次优先级份额15%，次级份额10%。次级份额由蚂蚁微贷自身认购，优先级份额可在交易所平台上市交易，存续期内不交易。

当然，一个项目循环周期那么长，加上层级增信成本和资产的损失，资金成本是不可想象的。如何降低资金成本，这是值得大家共同思考的问题。

二、投资人：基础资产看不懂，风险怎么办

罗桂连：保险机构和阿里金融、国正小贷都已有过小贷资产证券化的合作，在合作过程中，保险资金主要担心基础资产的安全性。小贷资产证券化的基础资产太复杂，保险公司的内部信用评级团队看不懂，所以我们只能选择值得信任的小贷公司。发起人和受托人，是否有方法能够将基础资产比较清晰地呈现给保险机构？

赵卫星： 这个问题是很多保险资金都非常关注的，但很难回答。我认为，保险资金在评估小贷资产时，目前最好的方式就是批量化地评估，即考察这个小贷公司的整体经营状况，而不是零售化地看具体某一笔资产，因为依据具体某一笔资产很难去评价一家公司的基础管理水平。

孙逊： 中航信托目前正在和"陆金所"合作开发小贷资产证券化产品，我认为，在目前小贷行业的发展态势下，对主体信用的评估是非常重要的，可以说是当下整个小贷资产业务的核心。单纯依靠基础资产发行一款小贷证券化产品还比较困难。

目前对小贷资产的判断基本采取大数据法则，虽然大数据可以分析和呈现若干年的历史数据（如坏账率、逾期率等）和宏观情况，但最根本的，还是要踏踏实实地去理解这个行业，不要太多地在技术和结构上做文章，那些只是锦上添花，关键还是要去研究这个行业。

侯晓朦： 我补充一下如何评估主体信用的问题。证大速贷在全国开设了近100家营业网点，在深圳小贷公司属地监管发放自有资金的贷款，在全国通过银行、信托公司、证券公司和其他小贷公司做助贷，简言之，相当于做银行等机构贷前、贷中、贷后的外包业务。我们运用助贷模式放大了资金杠杆，提高了ROE（净资产收益率）水平。

我们合作的助贷金融机构，为什么愿意相信我们的贷款服务能力？首先，出于对历史违约率的考量。我们运营了四年半的时间，客户贷款额度、客户地域分布、行业分布甚至资金来源渠道，全都是分散的，因此可以运用所谓的大数定律，充分地分散非系统性风险。其次，我们与合作的金融机构通过IT系统实现了实时对接，金融机构可以随时监控我们的数据，实时查看到合作项下每一笔小额贷款的发放和回收情况。一旦发现不良率上升超出预警线或资金回收异常的情况，可以立即叫停。

因此，从基础资产的角度，我非常认同蚂蚁金服赵总（赵卫星）讲的，应该选择充分分散了风险的小贷基础资产，并进行批量化、专业化、定期的评估，通过较长窗口期内产生的批量数据来衡量小贷公司的风险管理水平，而不是单纯地看某一家小贷公司、某一笔资产，那样取得的样本是片面的；另外就是运用技术手段降低信息不对称。

三、发起人：民生通惠和阿里巴巴的风控模式

张立：保监会有一个项目资产支持计划，可以作为 SPV 直接发行资产证券化产品，作为保险资金直接投资的方式之一。作为保险资管，我们非常乐意把优质的小贷资产介绍给保险资金。例如民生通惠的阿里金融 1 号项目资产支持计划能顺利发行，就可以给保险资金提供优质标的，同时可以为 20 万家小微企业提供资金支持。但保险公司的资金偏好有很大的特殊性，一是期限比较长，二是风险承受能力比较低。所以小贷资产证券化产品的设计，风控非常关键。

民生通惠和阿里巴巴合作了 3 期小贷项目资产支持计划，第三期是阿里金融 1 号支持计划（简称"阿里金融 1 号"），募集资产总规模达 30 亿元。这期产品在风险防控方面有如下特点。

第一，阿里金融 1 号的资产采用了循环体结构，这种结构比较适合于资产期限短于负债期限的资产。循环体结构和美国的信用卡资产非常相似，相当于在蓄水池里面，一边放水，一边进水，总是保证一定的水位。比如，在阿里金融 1 号这个产品里面，要将水位控制在 10%，也就是资产的加权平均利率不能低于 10%，如果低了，则需要原始权益人差额补足。我们通过这种办法，充分保障了资金的利用率。

第二，由于门槛低、放款时间快（淘宝、天猫都是当天发放，人工审核也是两天以内），信用风险就会比较难以控制。目前保险资金很难直接接受这样的方式，需要外部增信，甚至像阿里小贷专门成立的商诚融资担保有限公司，保险资金也不一定认可。因此，我们在自己的产品中采用了一种创新方式，即由保险的履约险承担优先级 30% 的保证保险工作。如此一来，在劣后级损耗殆尽的时候，由履约险对优先级提供保护，相当于安全垫厚度增加到了 38%。在目前的情况下，如果没有外部担保，小贷公司 ABS 产品优先级很难达到 AAA 级，最好的是 AA+，而引入担保公司之后则会产生担保费，如何在做到评级之后降低总成本，这是需要小贷公司综合考虑的一个问题。

第三，我们还采取了一些其他的风控措施。保险资管作为发行人和管理人，我们确实没有原始权益人清楚资产包中的资产是什么样的，但是我

们可以做到一点，就是设置几个关键指标，将发起人、管理人以及投资人的利益绑定在一起。除了原始权益人持有全部的劣后级以外，我们还设置了其他几个关键指标，比如不良率指标：如果不良率持续一周超过5%，我们将调高入池的标准；一旦不良率超过8%，则要求原始权益人开展专项催收工作；在两周时间内不良率攀升10%的时候，我们就要启动加速清仓，将得到的资金直接还给优先级，使优先级的本金得到保障。通过一些关键指标的控制，绑定了原始权益人跟我们的利益，最重要的是保护了投资人的利益。

如何实现对贷款风险的控制和管理？我们的经验是使用开放的平台系统，通过该系统可以随时监控所有资产的情况。各家小贷公司没有必要完全复制这个平台，但是要实现三个核心功能。第一，要能够对已转让资产进行标记，防范重复转让的风险。第二，要能够通过这个系统随时监控到转让给我们的资产的情况，以实施前面讲的几个关键指标的风控措施。第三，根据监控到的数据，我们自己可以做一个资金流归集的测算。

四、理想很丰满：资产证券化为小贷融资开辟新路

沈炳熙：目前市场上对于小贷资产证券化争议较大，小贷资产是否需要证券化？答案是肯定的。由于小贷公司不能吸收公众存款，资金来源问题一直是制约小贷公司发展的"瓶颈"，资产证券化融资为解决小贷资金来源提供了一条重要途径。相比通过商业银行的资金批发融资，小贷公司通过资产证券化融资主要有三个优势。

第一，从银行体系风险控制的角度，通过证券化融资，可以将小贷风险分散到一批投资者，而不是将风险全部集中在商业银行。

第二，通过证券化，小贷公司的资金与资本市场建立了联系，有了更广阔的回旋余地，而不只是在信贷市场里周转。

第三，通过证券化融资，小贷公司的资产质量、信用状况受到了市场的公开监督，这将对小贷公司产生强大的约束，通过银行批发资金，只有批发银行对小贷公司进行监督。

卜廷川（正奇安徽金融控股有限公司副总裁、合肥市国正小额贷款有限公司董事长）：合肥市国正小贷是专业做中小企业贷款的，单笔金额比较大，目前平均资产在 200 万到 800 万之间的客户比较多。我们在 2014 年 6 月发了一期小贷资产证券化产品，总金额 5 亿人民币，总成本是年化 7.8%，实际利率低于银行贷款利率，使用效率较高。2014 年 2 月 10 日，我们又和德邦证券正式成立了德邦证券国正小贷一期资产支持专项计划，总金额为 5 亿人民币，3 年期，总成本降到了年化 6.8%。

这两期小贷资产证券化产品发行以后，我感受到几大好处。

第一，能快速做大资产规模，放大资金杠杆。比如，第一期产品的资本金是 5 亿人民币，截至目前，贷款余额是 17 亿人民币。

第二，资产规模和杠杆放大，降低了贷款利率，提升了 ROE（净资产收益率），随着杠杆越来越大，未来 ROE 将超过我们的放贷利率。

第三，在风控上，国正小贷已连接人行征信系统，客户的违约成本提高了，便于较好地控制风险。从风险控制角度来讲，我的想法就是扩规模、降利率，最终目的是用短、频、快的手段和银行竞争。

我认为，资产证券化这条融资道路才是小贷公司做强做大的最好选择，一旦发展起来，银行融资或许就将成为一种补充。

五、现实很纠结：深入发展需过几道坎

龚冯兵：金马甲是全国最大的网络产权交易所，在小贷资产证券化方面，我们 2013 年做了一个小贷资产证券化产品，这个产品当时的设计有几个创新点。第一，我们的产品是去担保化的产品。第二，我们实行了流动资产包的方式，解决了单一资产不足以支持产品时间的问题。但总体做起来的过程，我感觉到非常痛苦。

第一个痛苦来自社会对小贷公司的认识比较片面，一是担心利率太高，二是担心风险太大。其实全国 7000 多家小贷公司，质量肯定良莠不齐，但不能以偏概全。当时我们决定做小贷公司业务，并没有把收益权转让作为目标，而是对小贷公司的规范运作和资产情况，设置了非常严格的考核指标。实际上运作规范的小贷公司，其风控意识有时比其他一些金融机构更强。

第二个痛苦来自监管层的态度忽明忽暗，有的时候鼓励创新，有的时候又要防范风险，导致我们也很纠结。由于监管层的压力，我们 2014 年就暂停了小贷资产证券化业务。我们还在纠结，不知道未来的监管态度是否明朗。

第三个痛苦就在产品设计，我们这款产品没有与券商、基金等合作，完全是由一个小贷的管理公司，购买了小贷的信贷资产，在我们这里组成一个资产包来做成收益权类产品。在向客户推荐、销售的时候，产品是通过三公渠道销售，销售难度较大，这又反映出社会对小贷公司的认识不充分。

宋光辉：当下整个资本市场直接实现对小贷公司的信用定价都很困难，目前就连银行的信贷资产实际上都没有办法真正出表，更多的是相互之间的"友情持有"。从小贷公司当前的融资角度，我提出一个"三步走"战略：

第一步，更多的还是需要借助外部强担保这个"拐杖"，等待市场发展一到两年比较成熟之后，才可以自己扔开拐杖找路。

第二步，在小贷证券化中设计资产不出表的交易结构，实现小贷主体融资。无论通过发债还是通过收益权转让，实现不出表地对小贷公司定价，这是整个市场最有意义的环节。

第三步，实现对小贷本身客户债权资产的定价。

沈炳熙：未来小贷资产证券化要获得深入发展必须克服几个基础问题。

一是要处理好小贷资产的贷款期限较短和资产证券化过程较长之间的矛盾。比如由于审批时间过长的原因，等到项目审批通过时，资产包中一些期限较短的资产已经到期了，需要移出资产包。这个问题很难从技术上加以解决。要解决这个矛盾，可以选择简化证券化的过程，或选择期限较长的小贷资产。如果选择期限较长的小贷资产，就将许多小贷资产排除在资产包外了。因此重点还是应该简化证券化的过程，前提就是要尽可能地提高小贷证券化的规范化、标准化程度。

二是要处理好小贷资产管理成本较高和提高证券化收益之间的矛盾。这个问题的解决办法，依然是要提高小贷产品的标准化程度，同时简化小贷证券化的操作程序。

三是要处理好小贷评级困难与证券化要求之间的矛盾。证券化产品的评级是非常重要的，但由于小贷公司每一笔资产的额度都比较小，评级较为困难。因此，在信用评级过程中，首先应注重小贷主体即小贷公司的运作规范程度；其次，要简化信用评级的程序，如果某小贷公司经过若干次发行，运行情况良好，对其信用评级就可以简化甚至一次性通过。

四是要更加重视投资者的培养。一方面要提高投资者的风险识别和防控能力；另一方面要扩大小贷证券化产品的销售渠道，以增加投资者数量。

五是可以考虑成立运作小贷资产证券化的专业平台以便于交易。

六是政府要加大对小贷资产证券化的支持力度，增强市场各方的参与度。

刘东杰：我非常同意沈董（沈炳熙）的观点，小贷资产证券化发展的基础是小贷公司规范化的运营。从证券公司的角度来讲，作为投行的切入点，是帮助小贷公司更加规范化地运营，而挂牌新三板是一个很好的途径。通过券商的辅导，小贷公司在法律上会更加规范，在财务上更加透明，投资者也能看得更加清楚。

目前小贷公司挂牌新三板还有一些技术上的障碍，比如有些地方的金融办，作为小贷公司的行业主管部门，思想意识还不开放，对于小贷公司股权变动要求比较严格，不支持小贷公司挂牌新三板，担心小贷公司一旦参与资本市场，通过股本的扩张，会掌握更多的资金，业务规模会迅速增长，扩大行业风险。这种想法其实是懒政的想法。全国7000多家小贷公司，如果大部分能通过持牌新三板参与资本市场，不仅可以通过资本市场的外部约束，使小贷公司管理更加规范，而且可以通过股权融资、债权融资等手段扩大资本金来源，更多、更好地为中小企业提供更方便快捷的融资，这对于中解决中小企业融资难的问题，善莫大焉。在此，我也呼吁各地金融办响应中央简政放权的号召，推动各地优秀的小贷公司挂牌新三板，让市场去管理小贷公司，风险是更可控的。

六、告别单打独斗　共同搭台唱戏

宋光辉：在资产证券化中，小贷公司实际上做的是银行的资产业务，基金公司或保险机构作为投资者，做的是银行的负债业务。在这中间缺失一个非常关键的机构，就是类似美国的投资银行。投资银行在资产证券化链条里发挥核心作用，可以整合整个业务链条。但中国没有投资银行这样的核心机构，当业务由一家机构发起，并由多家机构来投资的时候，由于信息不对称容易产生道德风险。

赵卫星：刚才沈董（沈炳熙）提到，成立专业化的平台或机构来做小贷资产证券化，这正是我们需要考虑的，如果只是单家去做这件事情，背后都有重重困难需要克服。虽然今天蚂蚁微贷已经作出了一些尝试和探索，而且即将通过这些产品模式吸引到海外更低成本的资金。但是这背后仍存在很多难题，包括产品增信、产品期限、产品进入资产包的方式等，我们希望和各家金融机构共同建立一个平台，把资产都放在一个平台下进行匹配，就可以共同降低资金成本，实现利益共享。最终，把所有的利益点返回给我们服务的小微企业客户，这才真正谈得上解决了小微企业融资贵、融资难问题。

闫文涛：小贷资产证券化的资金成本很高，有两个原因。第一是单位成本较高，无法形成规模效应，成立一个平台购买小贷资产，在某种程度上能够形成规模效应进而降低成本。第二，由于小贷公司质量参差不齐，尤其市场对小贷风险认识不足，也增加了资金成本。这种情况下，通过阿里的金融云可以实现三个效果，一是增加小贷资产的同质化，二是促进小贷资产透明化，三是增加对各种优先级的保障，因此大数据对于未来的产品评级，解决信息不对称问题，都很有帮助。

张立：我非常赞同沈董（沈炳熙）及各位提出来的建立一个统一平台的机制。我们今天坐在这里，很重要的一个问题就是怎样复制和推广阿里小贷的产品模式。阿里的优势在于非常强大的互联网平台和大数据分析能力，这一点使很多公司望尘莫及。在风险监控和管理方面，仅仅依靠阿里的大数据是不够的，仅仅依靠资管公司、券商等管理人和监管机构也是不够的，需要我们建立一个统一平台，将数据集中在一起，推广产品模式，扩大市场规模，提高风控能力，并建立起一个行业的统一标准。

打造这个平台需要双轮驱动，一方面是政策上的支持，另一方面是技术上的突破。技术上的突破主要关注三点，第一是通过大数据控制贷前、贷中、贷后各个环节，第二是通过数据挖掘优化产品结构设计，第三是建立量化模型测算和管理不良率，这是产品的关键点。

张明星：山东惠众新金融是山东省金融办牵头成立的小贷公司的综合服务平台，于2014年9月成立。我们这个平台有一个特殊性，我们的股东大部分都是来自小贷行业。所以我们最大的优势，就是我们对股东本身背景的深入了解。我们要做一个山东小贷公司和金融机构中间的专业化平台，我们正在努力地拔高小贷公司的信用等级、风控水平等，也希望在座的各家金融机构能够适度往下倾斜，使小贷公司和金融机构双方在中间的高度能够找到一个结合点。

（本文系本刊记者在采访的基础上，结合部分嘉宾在《当代金融家》杂志主办的"中国首家资产证券化对话·对接平台第二次会议小贷的资产证券化"上的发言综合完成）

第四章 互联网金融资产证券化热点问题

一、互联网金融简介

自余额宝推出以来,互联网金融成为社会热点。互联网金融在得到国家政策支持的情况下,在金融创新方面获得了先发优势。其后,网络借贷(P2P)、众筹、第三方支付等各类互联网金融的创新不断涌现。到了互联网金融发展巅峰的时候,很多创业者轻则创新、重则颠覆,一时竟有取传统金融而代之的势头。众多资本觉察到其中蕴含的商机,纷纷进入该行业。

然而,由于国内金融界对于结构化金融尤其是对于美国自 20 世纪 70 年代资产证券化兴起以来的各类金融创新缺乏系统性的研究,致使对于互联网金融出现认识上的偏差。

一类偏差是过于看低互联网金融的影响。很多人认为像余额宝这样的创新无非就是将居民的资金从银行争取到了货币基金,除了推高银行的融资成本之外,没有实际的意义。这种认识没有看到余额宝规模壮大背后所体现出来的新型金融体系的形成与新型货币创造的重大意义。新型金融体系要发展壮大,如果依赖于银行的资金,显然存在重大隐患,甚至从根本上就不可行。毕竟,新型金融体系与商业银行在金融领域中存在着竞争。

一类偏差是过于夸大互联网金融的创新与颠覆意义。很多原先金融背景较弱的互联网金融企业及从业人员,在从事金融创新的过程中,认为自身是在创造人类历史没有出现过的金融产品和金融业务,甚至认为这些创新重新定义了金融。然而,事实上无论是余额宝、Lending Club[①]、众筹还是供应链

[①] Lending Club 贷款公司的英文表述。这里指美国的一家 P2P 平台,该公司建于 2014 年 12 月 12 日。

金融等，这些创新都能够在美国20世纪资产证券化兴起的过程中找到原型，仍然没有超出美国结构化金融与资产证券化的范畴。

以余额宝为例。从金融工程的角度来分析，余额宝就是第三方支付加上货币基金。简言之，余额宝在支付宝的基础上，为用户提供了快速的货币基金购买与赎回的服务。按照金融分业经营的体系，这种业务本来应该由证券公司或者基金公司提供。然而，由于历史原因，中国的证券公司没有资金账户体系，投资者的资金只是在名义上体现在证券公司的资产负债表中，实际上却被托管到商业银行。这种现状使得证券公司的负债无法发挥直接的或间接的支付功能。基于互联网行业电子商务业务的第三方支付公司从人民银行获得了支付功能，这是余额宝这种金融创新首先产生于互联网行业而不是证券行业的根本原因。

在余额宝产生之前，美国的资本市场早已经有了同类的创新，那就是超级账户。所谓超级账户，就是投资者可以开立货币基金账户，将资金转移到该账户后用于购买货币基金。投资者可以凭借该账户的货币基金余额签发支票用于支付。美国上世纪，商业银行受到"Q条款"的限制，无法为活期存款提供利息。居民购买货币基金可以获得利息。因此，投资者需要在存款与货币基金这两者之间进行配置，即在资产收益性与流动性之间进行权衡取舍。由于活期存款可以用于支付，具有较强的货币属性，因而获得了凯恩斯所称的"流动性升值"，所以收益率较低。以货币基金替代存款能够获得回报，但是却失去了流动性的便利。因此，如果有一个产品能够同时兼备存款的流动性与货币基金的收益性，则能够同时满足用户的收益性和流动性的需求。

超级账户就是这样一种产品，投资者在超级账户的资金，用于购买货币基金。同时，投资者可以基于超级账户的资产余额，开立支票，用于支付。超级账户的管理者则为这种余额支付提供操作支持与流动性支持。下面类比余额宝进行讨论。投资者在支付宝的资金，购买余额宝其实购买的是天弘基金的货币基金产品。投资者在需要用钱的时候，可以将天弘基金赎回，用于支付。这种支付能力建立在支付宝本身具有的支付功能与银行转账功能之上。相比超级账户所处的电话时代，由于信息技术的进步，目前货币基金的申购赎回通过移动互联网更加方便快捷。同时，支付宝账户中本身已经沉淀了巨量的资金。从统计上来讲，这些资金不会同时取出，这给了支付宝公司很大的自由度来进行流动性转换。也就是说，投资者在赎回货币基金用于支付的时候，实际上可以做到自身的资金并没有真正从基金公司转入，而可以先行透支。

因此，余额宝作为最受关注的互联网金融创新，本质上是支付加上货币基金。这种创新，证券公司一直试图突破，只是受制于政策限制。国泰君安证券董事长万建华出身于银联，深谙支付功能的重要性。万建华提出"得账户者得天下"，在国泰君安推行统一账户的金融创新，试图整合证券投资账户与支付账户。无论是从理论上还是从实际操作上，只要证券公司的信用强大到能够被市场普遍接受，并且证券公司愿意提供流动性支持，证券账户与资金账户以及证券与货币，这些不同事物之间的差别将会逐渐模糊甚至消失。

互联网在这类金融创新中的作用，是在超级账户的原有基础之上，大大减少了信息流通与账户资金转换的时间与成本。在信息技术发达的今天，商业银行已经不再必然是支付体系不可或缺的组成部分。当前的信息技术条件下，每个主体都直接在央行体系开设账户，用于支付结算，已经不存在任何技术上的难度。这种情况下，支付结算这一金融体系的基础功能，可以完全由中央银行提供，从而将商业银行目前独具的支付结算功能剥离，这将是金融行业巨大的变革。

支付宝的一系列运作，实际上可以视作是在构建虚拟的跨越各家商业银行账户体系的"中央银行"。如果支付宝在连接多家商业银行资金账户的同时，能够再获取到足够多的支付场景，则完全能够取代商业银行。

美国的 Lending Club，是互联网 P2P 业务的佼佼者，也被国内众多 P2P 企业视为模仿标杆。然而，Lending Club 与国内的互联网金融 P2P 的业务模式，相差巨大。Lending Club 的业务实际上是一种互联网化的资产证券化。Lending Club 的产品需要在美国证券交易委员会（SEC）进行注册。国内的绝大部分的 P2P 企业，其业务实际上是一种互联网化的商业银行存贷业务。正是这两者的差别，导致国内的 P2P 行业发展定位出现偏差，在实践运作中出现许多违背了法律法规和金融规律的行为。

根据资料显示，Lending Club 的商业模式如下。首先是 Webbank[①]通过互联网向借款方发放贷款。这些贷款通常单笔规模小，借款人通常都是信用状况较差，从而难以申请信用卡的人员，因此能够接受相对较高的利率。Lending Club 根据自己的评分模型对这些客户进行评级，确定不同的利率。Lending Club 在 SEC 注册，面向投资者发行以自身为债务人的债券。这种债券是一种特殊的债券，名为偿付依赖证券（pay dependent note）。根据名称可知，这种票据，发行人 Lending Club 是否偿还以及偿付多少，取决于其底层资产，即向 Webbank 所购贷款的偿还表现。以资产证券化的概念来描述，这种票据实际上就是合成型的 CDO。Lending Club 向投资者出售的票据，实际上包含了一个 CDS 即信用违约互换合约。从 Webbank 购买的贷款就是 CDS 的参考资产。当参考资产出现违约时，投资者需要向 Lending Club 支付相应的赔付。两相抵消，使得票据的投资者成为信用风险的真正承担者。

国内很多 P2P 公司，从事的业务模式更加接近于商业银行。一方面，P2P 以特定项目的名义面向投资者募集一定期限和一定规模的资金。另一方面，P2P 公司将募集的资金投向特定的项目。然而，这种低门槛的直接金融模式，由于期限错配、项目错配、平台担保以及资金池等问题，变成商业银行的存贷款业务，从而异化成为一种间接金融模式，远远超越了民间借贷信息平台的功能。

由于金融体系的重要性，商业银行很容易形成大而不能倒的问题。因此，大部分国家对于商业银行这类间接金融模式都采取了严密的监管，包括准入牌照、风险资本计提要求与存款保险，等等。尤其是风险资本的要求，使得商业银行的风险承担受制于其资本金，这限制了商业银行业务规模的无限扩张。

直接金融，是投资者直接承担风险，而不是金融机构承担风险。因此，相比商业银行，对于直接金融的监管相对较少，给予市场较为宽松的创新环境。对于直接金融的监管，通常是以信息披露与投资者教育为主。信息披露

[①] Webbank 译为韦伯银行，是一家总部位于美国犹他州盐湖城的州立的网络银行。

旨在向投资者揭示项目的基本情况与风险收益特征，方便投资者进行决策。投资者教育是为投资者提供合理的投资理念与相关知识，引导投资者进行合适的投资。

发达国家的成熟金融体系，两种商业模式各有千秋。间接金融，虽然受到较多的监管，但是能够获得中央银行的最后流动性支持与政府的隐性信用担保，能够获得较低的资金成本。直接金融，监管较少，业务模式灵活，但是资金成本较高，而且没有中央银行的最后流动性支持，承担了较大的流动性风险。金融机构可以在两者之间进行选择。

很多互联网金融企业在创新方面与业务发展方面之所以能够超出传统金融机构，很大一部分原因就是互联网金融模式同时获得了直接金融和间接金融的优势。从较低的准入门槛与灵活的业务创新角度而言，互联网金融获得了直接金融的优势。但是互联网金融通过期限错配、资金池运作、平台担保又获得了间接金融的优势。当然，这里有一些所谓优势是建立在违规基础上的，在依法规范之后，这种所谓的优势将不复存在。

具体而言，期限是金融产品的主要属性，其他条件相同而只有期限不同的金融产品，是两种不同的产品。互联网金融平台在进行期限错配的时候，已经不仅仅是在销售其他主体的债务或是撮合两个主体的借贷业务，实际上是在发行自己的债务。这种违规的行为会为相关的平台带来巨大的流动性风险。

资金池运作更是严重的违规行为，其不但将期限进行错配，同时还将所有项目的风险混同在一起。投资者从互联网金融平台购买的实际上不是自己所真正愿意投资的项目，而是投资平台所有项目的混合。

平台担保的问题在于，互联网金融平台缺乏为其所承诺担保的项目进行担保的能力，而面向社会大众提供担保，这完全是一种空头支票。一些"刚性兑付"的产品，问题更为严重。提供刚性兑付的机构，既不具备相应的担保能力，也没有明确直接向投资者表示出提供担保的法律义务，但是通过实际运作中为出现问题的项目进行主动性偿付，却给予金融市场一种误导，进而扭曲金融市场的风险定价机制。

资产证券化中的很多交易结构正是直接金融体系在从事信贷业务过程中

为解决期限错配、风险集中、去主体担保等问题而设计的。因此，从这个角度而言，资产证券化或者说直接金融才是互联网金融的发展方向。监管部门对于网络借贷业务设定的几种限制，也是从限制网络借贷业务向间接金融模式转向来考虑的。

通过将资产证券化产品设计成与基础资产现金流一一对应，解决了期限错配的问题。投资人购买证券化产品，通常情况下不得要求特殊目的载体回购投资者手中持有的资产支持证券。这解决了特殊目的载体的流动性风险。投资者通过将资产支持证券进行出售，可以解决自身的流动性需求。

通过选择合适的基础资产，如单笔规模小、违约相关性小以及限制资产的集中度，解决风险集中的问题。通过优先劣后的结构化分层，还能够进一步将风险在不同的投资主体之间进行分配，以满足不同风险偏好的投资者的特定需求。

通过设立特殊目的载体，将资产从原始权益人的资产负债表剥离，并且以资产为担保发行产品，资产证券化的运作，解决了主体担保的问题。

从中国国内金融发展的趋势而言，直接金融才是互联网金融发展的方向，满足互联网行业的特点。

一是中国的间接金融体系发达，商业银行的金融资产规模全球排名第一。直接金融体系的金融机构包括保险、证券等管理的金融资产占全部金融资产的比例大约在10％上下。只有依靠直接金融的发展，形成与商业银行并驾齐驱的投资银行与资产管理公司，两者结合，才能够解决中国当前的金融抑制问题，更有效的服务于实体经济。无论是政府还是市场，都急切希望直接金融能够大力发展。现实的需求为直接金融的发展提供了充足的推动力量。

二是互联网金融作为新型金融，更加强调创新，强调市场的试错力量，因此监管较少的直接金融模式更加适合。如果采取间接金融模式，则需要对行业进入设置较高的门槛，这就限制了众多新生的力量进入到行业。银行的重资本运营模式，与当前互联网行业重人力、轻资本的模式，形成反差，资本充足率要求会限制互联网企业的股本回报率与业绩增长速度。

二、互联网金融与资产证券化：以资产证券化的框架来分析互联网金融

互联网金融分为两类模式。一类模式是现有金融业务的互联网化，即在现有的金融业务基础上，利用互联网工具，更加有效地提供现有的金融产品或服务。一类模式是利用互联网工具，重新设计产品和业务，以便更加有效的为实体提供金融服务，满足社会对于金融的需求。是否会采取现有金融产品，开展现有的金融业务，取决于实际情况。

比如，如果商业银行开通官方网站，居民通过网络提交借款申请并在线提供相应材料，即可办理相应的贷款，这类业务可以视为金融互联网化。因为这类业务，仍然没有超出现有的金融产品与金融业务的范围，只不过通过互联网的工具，能够使原有的金融业务可以更加有效地进行。

默顿曾经提过：金融产品与金融业务，由于风俗、时代、技术条件等，在不同的时代和不同的国家会体现出不同的形式，但是金融所发挥的职能不会变化。因此，从这个意义而言，金融的本质不在于金融的具体形式，而在于金融所发挥的职能，以及其所满足的需求。

互联网金融的核心在于更有效地体现金融的本质而不是消解了金融的本质。互联网金融构建的是具体的金融产品、特定的金融服务以及提供金融产品与服务的业务模式，而没有颠覆金融的本质。

当前中国互联网金融发展，对于传统金融体系的冲击主要包括商业模式的颠覆以及业务模式的颠覆。商业模式的颠覆是直接金融对于间接金融商业模式的颠覆，这主要体现为资产证券化模式是对于商业银行信贷模式的颠覆。业务模式的颠覆主要是营销层面渠道与用户定位的改变。借助互联网的联通力量，金融的营销更加大众，也更加精准。

商业模式的颠覆更加核心，业务模式的颠覆则强化了商业模式的颠覆力量。从美国的经验来看，在没有出现互联网的情况下，直接金融的出现，导致了商业银行的"金融脱媒"。资产证券化等形成的新型商业模式，使得商业银行的资产管理规模从占比60%下降到如今不到10%。

互联网行业的主要大型企业,包括BAT①与京东,业务都更多与大众相关,具备从事大众金融的潜能。百度以搜索业务为主营业务。阿里巴巴与京东的主营业务为电子商务。腾讯的主要业务为社交。

在没有直接金融的商业模式之下,所有的金融资源被垄断在商业银行体系。居民的资金只能以现金或是银行存款的形式持有。这些企业所具备的业务资源、渠道资源、品牌信用等优势无法体现。这几家企业的发展成功,在中国属于成功的典型,在中国民众心目中具备很强的品牌与信用。品牌与信用,是金融机构的核心竞争力来源。比如,百度作为互联网体系中最重要的媒体,在利用互联网推销包括金融产品在内的各类产品方面具备优势。京东与阿里巴巴在从事电子商务的过程中,自然形成了接触消费者以及产品供应商的渠道,从而能够获取这些消费者与供应商的金融需求,构建起消费金融及供应链金融的业务基础。腾讯的微信产品,用户高达数亿,而且使用频率与时间都处于手机软件的榜首,天然积累起用户账户的优势。腾讯的微信账户如果能够连接资金账户或证券基金账户,则可以为直接金融体系提供巨大的基础支持。

以京东为例,分析互联网企业的金融业务。正如众多重型机械行业通过设立租赁公司为其下游客户提供信贷支持一样,京东也可以为其平台的购买者通过提供信贷支持。京东集团的电商业务,天然形成了开展消费金融业务的平台。这种优势,在传统的金融体系之下,也可以实现,只是受制于资金被商业银行垄断,无法得到充分发挥。我们下面分析京东开展消费信贷业务的三种模式。

第一种是在间接金融体系之下,京东自身先向商业银行借款,再将资金用于向消费者提供分期付款的服务。这种情形下,京东的资产负债表中资产增加了对于用户的应收账款,资产负债表的负债增加了对银行的借款。京东的盈利来自于应收账款的实际利息减去商业银行的借款利息。

第二种是直接金融体系之下,美国金融体系的成熟模式。京东先向消费者提供分期付款的服务,形成应收账款。然后京东再将应收账款进行资产证

---

① BAT是中国三大互联网公司百度(Baidu)、阿里巴巴(Alibaba)、腾讯公司(Tencent)首字母缩写,意味着互联网三强。

券化，形成各类资产支持证券，面向金融机构等投资者出售后获得资金。京东再用资金向消费者提供分期付款的服务，形成新的应收账款后再资产证券化。京东的盈利来自于将应收账款出售给特殊目的载体所获得的价款与形成应收账款实际支付的资金，两者的价差。资产证券化的模式之下，通常还有一个承销商的角色，由华尔街的投资银行担任。投资银行先以自有资金购买京东拥有的应收账款，再设立特殊目的载体，将应收账款出售给特殊目的载体。

第三种模式是在直接金融模式之下，利用互联网工具所进行的互联网金融。京东利用互联网平台，设计借款合同，资金盈余者通过平台将资金借给需要资金购买商品的借款方。借款方后续按照借款合同，分期偿还资金给资金盈余者。京东的盈利来自于向借贷双方收取的手续费用。这种模式下，实际上是借款方自己充当了主承销商的角色，京东则提供了平台。作者称这种互联网化的直接金融模式为自金融模式。

第三种模式的互联网金融业务与第二种模式的资产证券化业务，孰优孰劣？由于中国的直接金融体系发展落后，没有形成像美国那样的信用卡发行机构、投资银行、机构投资者这样的成熟高效的资产证券化业务链条。因此，互联网金融或者更具体的互联网金融的资产证券化有着广阔的发展前景。Lending Club 则在美国的各大直接金融体系下的激烈竞争之下，难以获得宽松的发展环境，发展空间有限。目前，Lending Club 已经与华尔街合作，将自身的贷款打包出售给华尔街进行资产证券化。

自金融的模式在互联网没有发展之前，为什么不能兴起？这与互联网降低了交易成本有关系。传统的金融理论在分析为什么会存在金融中介机构的时候，有一个关键的因素是金融中介机构能够降低融资成本。比较传统的资产证券化模式与互联网金融模式可以看出，每个单个借款人的规模较小，因而，如果每个金融交易都存在固定的交易成本的话，显然，通过将信贷资产打包能够降低交易成本。如有 10 个借款人，10 个贷款人。如果每个借款人分别与每个贷款人签订合同，则共需要签订 100 个合同，通过打包进行证券化，每个借款人与每个贷款人分别与特殊目的载体签订合同，则只需要签订 20 个合同。在互联网的技术条件下，签订合同的成本趋向于 0，这使得签订 20 个合同与签订100个合同的交易成本一样。这是互联网金融商业模式能够的经典金融学上的解释。

三、互联网行业的资产证券化

资产证券化的核心在基础资产。互联网行业产生的基础资产，本身不会因为互联网而带有特殊性。要分析基础资产，需要从具体的基础资产本身来进行分析。前面分析过，由于互联网行业电子商务企业，实际上从事的是商业，因此这些行业所天然形成的基础资具备消费金融与供应链金融的特点。美国的资产证券化产品主要以消费金融为主，这既与美国的经济结构消费占GDP的比重较大有关，也与资产证券化在金融治理方面相比商业银行的比较优势有关。根据不同的消费品类型，美国的消费金融形成的资产证券化产品包括 MBS（抵押贷款证券化）、汽车抵押 ABS 和信用卡 ABS。供应链金融的借款方都是中小企业，形成的基础资产与美国的 CLO 的基础资产类似。我们在分析中国互联网基础资产的时候，可以借鉴美国的资产证券化实践中的经验。

当前中国的互联网金融为体现自身的比较优势，提出大数据的概念。大数据或者说数据，是一种有效的金融治理工具。但是大数据的应用仍然难以突破美国资产证券化发展多年积累起来的成熟的经验所得到的原理与准则。其实，资产证券化与金融治理理念正是建立在大数据的基础之上。但是大数据的滥用和违背已有的风险控制原则造成美国的次贷危机。

过于强调大数据的作用，可能会导致出现金融风险。对于数据的挖掘、处理与应用是结构化金融与金融工程学在资产证券化方面的应用。美国的房贷证券化业务，单个特殊目的载体购买的房贷数量在上万笔到几十万笔。在美国成熟的信用体系之下，这些房贷借款人都有信用评分（主要是 FICO 评分[①]）。FICO 评分在某种程度上是建立在用户大量的数据基础之上。然而，在违背金融的常识之下，在追求盈利的冲动之下，次贷产品不断降低资产证券化所积累的经验，一再降低购房首付，并且通过设置重置条款，在先期降低

---

① FICO 是美国 Fair Isaac Company（一家个人信用评分公司）的缩写。FICO 评分系统是由该公司开发的个人信用评分系统，FICO 评分则是由该系统评出的个人信用得分。

购房者的还款金额，促使那些没有收入来源或者收入不足以支撑购房还款的居民购买房屋。次贷建立在这样的假设条件之下，即根据美国全国房价的历史数据，不可能出现全国范围的房价下跌，因此通过资产在区域上的分散，能够防范局部地区房价下跌对投资者带来的损失。

互联网平台企业在从事某类金融业务时，能够获得某些数据积累方面的优势。这种优势与消费者或者供应商在其平台上长时间且高强度的从事特定活动相关。然而，客观地说，由于中国目前的信用体系还未建立，还没有哪个互联网企业能够掌握超过美国金融体系所拥有的对消费者信用评价相关的数据。甚至所有互联网企业的数据加总起来，也未必超过美国金融企业所掌握的数据。然而，美国出现了次贷危机。因此，无论是从事互联网企业，还是投资互联网行业的资产支持证券的机构投资者，都需要防范对于数据的迷信。

本书以下将不再采取互联网领域当前流行的大数据概念来分析互联网的资产证券化，而将互联网行业形成的基础资产纳入美国成熟市场的资产支持证券的分析框架。下面分开讨论。

在中国，由于直接金融体系发展相对较弱，因而期限较长的房屋抵押贷款都由银行提供，互联网行业难以染指。然而，也有很多互联网房屋中介机构在充分利用自己的现有业务优势，提供短期的以房屋为担保的贷款，这些类型的房屋贷款通常都是期限较短的贷款，主要是为了解决购房者在房屋买卖过程中的资金需求。还有一些贷款主要是解决房屋拥有者自身的消费或者企业运营的资金需求。这种类型的贷款，通常贷款人拥有的房屋抵押权排在第二顺位，在商业银行之后。美国市场类似的产品是次级抵押贷款和房屋权益贷款。

针对这些大众提供金融服务形成的资产，如京东白条、阿里花呗等都体现出消费金融的特色，而且多为单价较低的消费品，很少包括汽车、房屋等大额商品。美国市场可以进行类比的资产证券化产品是信用卡的资产证券化。在中国，在信用卡的普及度还相对较低的情况下，不但互联网企业可以提供消费金融的服务，包括像万达、苏宁、国美等这些主营业务与消费者有天然联系的企业，同样可以提供消费金融服务，获得或创造与京东、阿里巴巴相类似的基础资产。美国拥有较为完善的个人信用体系，很多从事消费金融的企业能够利用大量信用数据形成的 FICO 评分。对于信用卡资产证券化而言，资产池的平均 FICO 分值是评估资产质量的重要因素。其他的因素还包括基础资产还款的逾期情况等。中国当前也有互联网企业试图建立个人信用体系，比如蚂蚁金服推出芝麻信用评分。

互联网领域的商业企业还可以为其上游供应商提供信贷支持服务，这是一种形式供应链金融。比如神州数码公司成立保理公司、京东金融集团推出的"京保贝"业务，收购这些供应商企业的应收账款。这些应收账款也能够进行资产证券化。比如阿里成立小额贷款公司，向供应商提供贷款，供其补充流动资金或用于采购原材料等。这些基础资产的贷款人多为中小企业，与美国的 CLO 类似。然而，由于中国特殊的金融二元化体系，非银行机构的信贷客户多为不能获得商业贷款的民营企业，信用质量普遍较差，因而更接近美国的以高收益债券或银行杠杆化贷款为基础资产的 CLO。

如果供应商的业务的开展完全依赖或者大部分依赖于互联网平台，这能够赋予互联网平台在数据方面的优势。这是互联网企业在金融治理方面相对银行具备竞争优势的根本。

（作者：宋光辉 博贷网 CEO、北大光华新金融研究中心客座研究员）

实践前沿

"触网"互联网金融 融资租赁行业新引擎*

文／本刊记者 闵文文 骆 露

杨　涛　中国社会科学院金融研究所所长助理、产业金融研究基地主任
徐欣彦　中国人民银行征信中心动产融资登记部副总经理
张巨光　中国融资租赁企业协会副会长、北京市租赁行业协会会长

---

* 本文原载《当代金融家》2015 年第 10 期。

岳志岗　中诚信证券评估有限公司副总裁
张冬成　玖富集团副总裁、玖金所 CEO
李　文　环球律师事务所合伙人
王剑钊　奋迅律师事务所（贝克·麦坚时联营办公室合作律所）合伙人

2015年5月，国务院公布了由李克强总理签批的《中国制造2025》，其中大力提倡发展融资租赁，促进制造业转型升级。根据"前瞻产业研究院"数据显示，2011年，美国融资租赁产业的渗透率就已超过20%，著名企业诸如通用、卡特彼勒等都通过这一模式进行商业运营。而据中国银行业协会估算，截至2014年年底，我国融资租赁市场规模超过了3万亿元，并且正以每年50%的增长率迅速发展，但市场渗透率仅为5%左右。融资租赁行业的市场发展潜力巨大。

值得注意的是，融资租赁公司现在普遍面临融资难、融资渠道狭窄的困境。传统的银行信贷、股东出资等方式已不能满足融资租赁企业对资金的需求，许多中小融资租赁企业很难获得银行的授信。资产证券化虽然为融资租赁企业打开了一扇新的窗，但其对基础资产质量的要求之严格、融资成本偏高等问题，也使得这条途径目前很难大规模展开。在这种情况下，新兴崛起的互联网金融创新模式在一定程度上为融资租赁企业提供了更广泛的资金来源。

"融资租赁企业和互联网金融平台结合的可能性是源于融资租赁企业融资渠道的狭窄以及互联网金融投资人对更多投资回报的渴望。"中国融资租赁企业协会副会长、北京市租赁行业协会会长张巨光指出。

一、融资租赁+互联网金融　产融的无缝对接

"从金融服务和产融结合的角度，融资租赁在某种意义上更有效地实现了无缝对接。"中国社会科学院金融研究所所长助理、中国社会科学院产业金融研究基地主任杨涛如是说。

相对于其他领域，融资租赁行业在落实产融结合、落实金融服务实体经济方面更有针对性，但在国家产业升级发展和产融结合的大趋势下，在为自身做宏观定位方面并没有积极作为，杨涛指出。从实务角度看，杨涛建议，融资租赁行业在探讨如何做到没有法律瑕疵、如何做到风险可控、如何实现

资产证券化等问题时，要有金融创新意识；在更高层面上，融资租赁行业对于自身如何在当前金融体系改革中发挥作用、如何更好地服务于产业升级优化、如何实现中国式制造业4.0需要更多的着力。否则，在金融体系中，无论是涉及财税问题还是其他问题，决策者的敏感点很难关注到这个行业，往往会把融资租赁行业的优先等级放到后面。

二、模式创新

"基于我们公司的战略定位，资产证券化和P2P等创新融资方式是我们将来的必由之路。这是由我们的客户特点决定的，我们的客户大多是中小企业，具有'三高一轻'（高技术、高成长、高波动、轻资产）的特点，约50%的未到期应收租金难以通过银行保理进行融资。因此，我们必须开辟探索新的融资渠道。资产证券化和P2P的融资渠道将来是拉平我们非金融牌照的租赁公司和金融系租赁公司资金成本的一条必由之路，也是拉平内资和中外合资租赁公司之间融资成本差距的一条必由之路。"中关村科技租赁有限公司副总经理黄闻说。

据统计，2013年互联网融资租赁平台仅有1家，到2015年6月增至21家。2014年全年的规模仅为15.57亿元，到2015年上半年已增至120亿元，增长率为600%。2015年1月成交金额7.4亿元，6月则达44.36亿元，短短六个月增长了近6倍，可见融资租赁与互联网结合的市场前景还是非常广阔的。

目前来看，融资租赁与网贷平台的合作主要以收益权转让模式和债权转让模式两种为主。

收益权转让模式是融资租赁公司与承租企业签订融资租赁协议后，把该笔融资租赁资产收益权通过P2P平台转让给投资人，由融资租赁公司向承租企业收取租金，再按照协议定期向投资人还本付息，融资租赁公司赚取二者的差价。

而债权转让模式相对简单，承租企业直接在平台上发起项目，平台根据对承租企业的承租合同、盈利能力和租赁物做尽职调查，并把信息在平台上向投资人披露；项目成立后，承租企业通过融资租赁公司签订融资租赁协议，取得设备使用权，融资租赁公司则把该笔融资租赁债权转让给投资人，承租企业再定期向租赁公司支付租金，该租金由 P2P 平台或委托银行代为监管，用以偿还投资人。租金支付完毕、项目到期后，租赁公司再向承租企业转让设备所有权。这就是"互联网＋融资租赁"模式，即 A2P 模式（Asset to Peer）。相较于 P2P 模式（Peer to Peer），A2P 模式只是其中一端变为了资产，此资产实质上是融资租赁公司的应收债权，或者说是以融资租赁公司所有的机械设备为担保的债权。由于融资租赁行业的"物权"和"债权"非常清晰，承租人向融资租赁公司租赁设备用来生产，承租人对设备只有使用权，融资租赁公司拥有所有权，使用权与所有权彼此分离，大大降低了承租人的违约风险。因此，A2P 平台具有天然的风控优势，相比传统 P2P 平台风险要小得多。

作为国内领先的移动互联网金融服务平台，玖富也一直在积极探索融资租赁与互联网金融结合的方式，玖富集团旗下的小金票就是专业的移动互联网金融信息中介平台，采取 P2B（个人对机构）模式，这也是债权转让模式的一种，融资租赁公司将已经形成的租金债权在玖富的小金票平台上进行转让（参见图 4-1）。

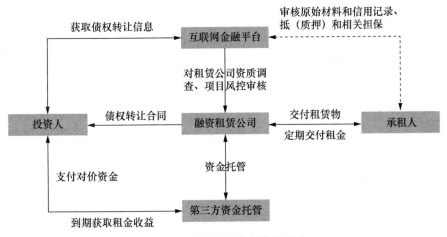

图 4-1　债权转让模式操作说明

如图 4-1 所示，在债权转让模式下，融资租赁企业先对承租企业进行尽职调查，签订融资租赁合同并交付租赁设备与承租企业后，互联网金融平台将租赁资产债权转让信息在平台进行展示，投资人根据平台上展示的债权转让信息决定与融资租赁公司签订《债权转让合同》，并向第三方支付公司交付《债权转让合同》对价资金即债权转让款，由第三方支付公司债权转让款发放与融资租赁公司。这样，承租企业将直接向第三方支付公司交付租金及收益，然后由第三方支付公司向投资人支付租金及收益，投资者最终获取投资收益。

玖富集团副总裁、玖金所CEO张冬成指出，这种模式有几个问题需要特别注意：首先，其要求融资租赁企业另行提供担保；其次是往来资金必须交第三方托管，能够对该项资金进行监督；再次，这种模式存在期限错配的风险，但可以考虑引入保理公司或采用资产证券化形式予以解决，通过第三方的资金来满足平台投资者的短期收益要求；最后，互联网金融平台在承租人不能按期如约支付租金收益时，可以依合同约定要求融资租赁公司对债权进行回购。

风险控制方面，玖富采取了多种措施来严格把关。首先在租赁资产的选择上，力求做到信息透明、价值清晰，这样处置起来会非常方便。其次，一定是100%真实的债权，即一定要先有债权，然后才能通过互联网金融平台向投资人进行转让，互联网金融平台充当的完全是信息中介和撮合平台的角色。再次，资产端的债权要清晰，第一责任人一定是融资租赁公司，互联网金融平台主要承担项目的抽查或者关键点的调研工作。最后，多重的还款保障和合格的资金操作。承租人把租金收入给融资租赁公司后，融资租赁公司再向互联网中介平台提供相关的资料。

三、面临的阻碍

网贷平台虽然为融资租赁企业提供了一条全新的融资途径，但据已经尝试过该途径的融资租赁企业反映，这种模式也会遇到一些困难。

阻碍一：交易的合规性

金鼎租赁有限公司是一家内资企业，目前所从事的业务主要集中在能源、化工、传统加工制造等行业。金鼎租赁有限公司总经理助理安秀丽告诉记者，目前金鼎租赁的融资渠道以银行保理为主，互联网金融对他们而言还是一个全新的业态和全新的事务，在考虑与网贷平台结合的时候，公司首先会关注平台本身的合规性问题。

"现在国家对P2P的监管越来越规范，要求越来越严格，银监会已出台

P2P业务的具体监管规则，平台自身是否能够完全符合监管机构的要求，这是我们第一个关注的问题。"安秀丽说。

其次是交易本身的合法化、合规化，是否存在非法集资和非法融资的可能。安秀丽担忧说："目前一些比较大的P2P平台都存在这样那样的问题，如果合规性不存在，交易的基础就会受到损害。"

阻碍二：资金成本

融资成本是融资租赁企业要考虑的重要问题。目前利用互联网金融平台的融资成本在年化9%—15%，而融资租赁企业通过银行信贷融资的成本是基准利率上浮10%—30%，甚至更低，所以互联网金融渠道在成本上目前并没有优势。安秀丽就表示，这个利率对他们来说比较高，承受不了。

对此，张冬成坦言，如果融资租赁企业的融资渠道足够宽，银行给的授信规模很高，能够满足其现金流和未来发展的需要，那么融资租赁企业其实没必要去对接互联网金融平台。但现实中，很多中小型融资租赁企业很难获得银行授信，所以必须拓宽融资渠道，而且有一些收益较高的中小企业项目，通过互联网金融平台转让是可以承担这部分资金成本的。

阻碍三：期限错配

债权转让模式面临的第三个问题是期限错配，互联网金融平台上投资者理财的心理预期大多是2—4个月，而融资租赁公司租赁物的出租期限一般是3~5年，甚至更长，二者的期限错配给项目的对接带来了一定的困难。

不过，这个问题并非没有解决的方式。张冬成提出了两种方法。一种方法是，把收益债权在互联网金融平台上做二次转让，比如，两个月的理财产品到期之后转让给其他投资人。另一种方式是引进SPV来做资产证券化的改变，通过把资产池切割分层，划分为相应的期限。

"其实，如果不考虑出表，期限错配问题就不成其为问题了。"德勤中国资产证券化负责人陶坚指出。陶坚谈道，如果不出表，收益权转让就可以看成融资租赁企业的融资行为，期限错配便不会构成重大问题。事实上，很多非金融系的、非银行系的融资租赁公司的资产证券化，有90%的情况是不出表的，这种做法无论是从风险承担上、评级效益上，还是管理上都是被认可的。当然有可能在税务上有限制，或者在其他环节上有限制，但是不出表的确是现在的一个主流做法。

阻碍四：交易评价体系、定价依据的缺失

在对于融资租赁的风险定价和理财定价都是缺失的。从理财端来讲，针对不同资产端的理财收益率，投资人不会去关注到底是哪一家租赁公司或者承租人是谁，只要是高收益他们就会去买。张冬成指出，这个行业里不同的融资租赁公司应该有不同的级别，因为风险越低，价格便会越低。根据租赁公司、承租人、租赁物的不同特征设定不同的风险定价，目前市场上接受9%—15%的区间，未来可能会出现更低的结果，投资者如果选择低风险，就要接受低收益。

理财人的投资偏好往往是基于对一个平台本身品牌的依赖，如果融资租赁公司试图自己搭建互联网金融平台，可能会分身乏术，或者需要付出巨大成本。而且，尽管自产自销方式可能会节约一定成本，但未来可能会出现道德风险或关联交易风险，因此，最好的方式还是互联网金融平台和融资租赁公司各自专注于自己擅长的领域，在此基础上寻求优势互补。

除了这几个方面的顾虑，融资租赁企业也非常关心如果与互联网金融机构合作，能不能解决税收的问题，对此，环球律师事务所合伙人李文回应说，按照我们国家目前的税制，SPV包括互联网金融平台，本身是不可以开发票的，所以在融资租赁证券化的业务过程中，虽然融资租赁企业把债权转让了，但是税还是应该在债权公司交。融资租赁是两个环节，一个是买，还有一个是出租，买的环节会有一个增值税，出租的环节又有一个增值税。

四、租赁债权资产证券化评级

作为资产证券化的原始权益人，融资租赁企业在做租赁债权资产证券化业务时，都会在意基础资产的评级，因为评级级别直接影响了证券的发行成本、销售和流通，所以如何获得更好的评级一直是各类发行主体追问的问题。

对此，中诚信证券评估有限公司副总裁岳志岗指出三点："第一，不是什么产品都可以有一个更好的评级，只是有可能。第二，同公司债不同，理论上，证券化产品的评级是基于基础资产的质量，而非公司自身的财务状况。第三，评级更多的是对风险的一种判断和说明，对应的是违约率问题，AAA、BBB都有对应的违约率，最终是违约风险的高低造成了风险溢价的不同。"

岳志岗说，评级首先遇到的就是法律问题，即发行的产品不能有法律瑕疵，不能有发行产品的障碍，比如基础资产的选择不能违背负面清单的规定。而增级一定是基于发起人公司的现状、公司的经营模式、风险控制的水平及资产的状况。

其次是基础资产的信用分析。基础资产的组合信用质量分析分为两个步骤，第一步是对资产池中单笔债券资产或单笔债务人的信用质量进行分析，然后在此结合单笔债权资产的影子评级和其他信息基础上，考虑资产池的各项统计特征，以确定资产池的组合信用质量。第二步是在对基础资产的组合信用考量中，评级公司首先会对每一笔基础资产的承租方（债务人）做影子评级①，确定资产池中每笔债券的信用质量。然后结合影子评级和其他信息，并考虑资产池的各项统计特征，尤其是入池租赁债权的分散度情况，包括客户分散度、区域分散度和行业分散度等，以此确定资产池的组合信用质量。不少融资租赁公司的租赁资产存在单一或分散度不高的情况，对于此类融资租赁公司开展资产证券化业务，则对入池基础资产的每笔资产的基础信用要求较高。

交易结构设计也是资产证券化过程中的重要一环，评级会对证券化交易结构的有效性、可靠性和完整性等方面进行综合分析与考查，主要考量因素包括破产隔离或风险远离、优先次级分层、信用触发机制、权利完善事件、内外部增级等。通过交易结构的设计，资产支持证券能够以基础资产信用质量为支撑获得明显的信用提升，这就是资产证券化是基于"资产信用"融资的原因了。

奋迅律师事务所（贝克·麦坚时联营办公室合作律所）合伙人王剑钊谈道，融资租赁资产本身，无论是通过证券化还是通过互联网实现融资，从法律专业的角度来说，律师最关注的还是租赁资产本身是什么样子的，是否符合作为证券化基础资产的要求，如租赁合同的有效性、租赁债权的可转让性等。基础资产是资产证券化的核心要素之一，如同厨师的原材料，厨师的手

---

① 影子评级是指资产证券化过程中信用评级的一种方法。它对进入资产地的每一笔贷款进行信用评级时，既考虑这笔贷款违约的概率，又考虑其实际损失的概率，即看其是否有抵押、担保以及这些抵押担保在降低损失方面的作用。

艺再高超，如果没有原材料，也做不出美味的佳肴。

"在金融创新过程当中，有一些机构就像油门，是要往前冲的，比如证券公司。但像律师事务所、会计师事务所这些机构，就如同刹车，是用来控制风险的，要在创新和风险中间取得平衡。"王剑钊打了一个形象的比方。

五、融资租赁登记　保护租赁物交易安全

在融资租赁的业务当中，可能会遇到这样一个问题，即出租人把租赁物租给承租人以后，租赁物的使用权和所有权分离，出租人失去了对租赁物的控制，承租人可能会对租赁物进行买卖、抵押等处置行为，但出租人并不知情。在这种情况下，法律是保护善意取得人的。所以，承租人如果恶意处置租赁物，到银行抵押，或将租赁物进行转让给其他人，如果利害关系人（接受租赁物抵押的抵押权人或者租赁物的买受人）没有一个可靠的途径去了解租赁物权属情况，基于动产占有即所有的原则，法律会保护善意第三人的权利。如果租赁物的买受人和抵押权人受到法律的优先保护，出租人就丧失对租赁物的所有权保护。

解决这个问题的有效途径就是让第三人能够方便地查明租赁物的权属关系，即融资租赁公司把租赁物的融资租赁关系在物权登记系统进行登记公示。融资租赁登记公示制度是世界各国解决租赁物占有和所有分离产生的权利冲突问题的普遍做法。中国人民银行征信中心（以下简称"征信中心"）的动产融资登记系统提供了这项服务。

征信中心是我国《物权法》确立的应收账款出质的登记机构。应中国外商投资企业协会租赁业委员会为代表的行业诉求，征信中心于2009年7月建成融资租赁登记公示系统。目前，融资租赁登记公示系统是征信中心建立的动产融资统一登记公示系统（以下简称"登记系统"）的组成部分。登记系统向公众提供应收账款质押和转让、融资租赁、存货和仓单质押、所有权保留等多项登记服务，并实现了以上动产登记信息的统一查询。交易当事人通过一次查询，可以了解该平台记载的各类动产担保权益状况。

经过多年实践，融资租赁登记服务已获得行业机构的积极使用和较为普遍的认同。截至2015年7月底，已有1197家租赁公司注册使用该系统，包含金融租赁公司35家，内资试点和外商投资融资租赁公司1162家；累计发生登记 28 万余笔。据悉，截至 2015 年 7 月底，全国的融资租赁公司注册量近 3000 家，但相当比例的机构还未开展业务，而已开展业务的租赁公司都已加入了登记系统。目前，登记系统已经全面覆盖租赁行业所需的租赁物登记与租金收益质押融资等动产融资登记服务。

"虽然融资租赁登记目前仍缺乏上位法的规定，但登记在很大程度上可以起到风险提示和信息服务的作用。登记系统的多数用户都是金融机构，银行在办理设备的抵质押贷款时，可以在登记系统查询拟接受的担保物的权属状况，判断其是否属于租赁物。融资租赁登记在物权上的对抗效力，特别是对出租人所有权的保护，只能由法律或者司法解释来明确。"中国人民银行征信中心动产融资登记部副总经理徐欣彦说。

从 2009 开始，征信中心就一直致力于推进融资租赁登记的法律效力，并在 2014 年取得实质性进展。2014 年 2 月 27 日，最高人民法院出台了《关于审理融资租赁合同纠纷案件适用法律问题的解释》，其中，第 9 条"租赁物的公示"规定，第三人未按照"行业或地区主管部门的规定在相应机构进行融资租赁交易查询的"，不适用善意取得的规定。为与该司法解释规定相衔接，同年 3 月中国人民银行发布了《关于使用融资租赁登记公示系统进行融资租赁交易查询的通知》（银发〔2014〕93 号），要求银行等金融机构在征信中心的登记系统查询融资租赁物的登记状况，避免发生物权冲突，防范交易风险。司法解释和中国人民银行规范性文件的配套，确立了融资租赁登记的所有权可以对抗金融机构抵押权的效力，大大增强了租赁企业在征信中心开展融资租赁登记的信心。

第五章　消费金融资产证券化热点问题

本章所研究的"消费金融证券化"并非狭义特指消费金融公司作为发起机构的个人消费金融贷款证券化,而是指从广义的"个人消费债权类资产证券化",即以个人作为主要债务人群体而开展的各类金融业务所产生的债权类资产作为基础资产的证券化,包括但不限于信用卡债权、个人消费分期、消费贷款等资产。另外,住房抵押物业贷款所涉及住房资产并不必然属于消费品,但鉴于其个人债务人属性,也纳入消费金融证券化体系进行分析。

一、怎样看待消费金融证券化的意义

1. 宏观经济需要消费金融行业的健康发展

金融危机过后,投资和出口这两驾国民经济的马车逐渐显露疲态,2015年我国GDP增长首次季度降至6.9%。实际上,我国政府早在"十二五"规划中就曾重申扩大内需战略,希望通过促进消费拉动GDP增长。

与发达国家消费者习惯"花明天的钱、享受今天的生活"不同,在勤俭持家、艰苦朴素的中国传统思想影响下,国人重储蓄、轻消费的观念根深蒂固,若想提高消费力、全面发展消费经济,尚需一系列政策保障与金融机制作为支撑,而发展消费金融正是扩大消费需求的长效机制之一。

所谓消费金融,广义上可以理解为所有与消费相关的金融活动,也即"消费者金融"。消费金融通常具有额度小、期限短、无担保[①]的特点;其独有

---

① 部分类别的消费金融具有抵押类担保品,比如汽车贷款、汽车租赁等动产消费金融以及住房抵押按揭贷款。

的跨期消费模式能够加速消费,进而拉动GDP。在我国当前由"投资主导型"经济向"消费主导型"经济转型的大背景下,消费金融对于刺激国内消费、拉动国民经济发展无疑具有重大意义。

在20世纪90年代我国消费金融发展之初,消费金融主要是指银行消费信贷,其中又集中在商业银行个人住房抵押贷款、购车贷款,解决了当时国人购房、购车的生活基本需求,开启了国人以金融助消费的观念。

纵观我国消费金融领域二十余年的发展历程,其脱胎于传统金融,助力实体经济,如今又依托互联网行业衍生出种类繁多的新模式,满足不同消费者的需求,促进了国民经济的发展。而与发达国家相比,我国的消费金融市场的发展潜力巨大。根据Wind数据[①],自2011年以来,国内生产总值与人均可支配收入同比增长。根据国家统计局公布的数据,2015年我国GDP为67.67万亿,人均可支配收入为21,966元。与此同时,根据艾瑞咨询发布的报告,2014年我国消费贷款占GDP占比则仅有24.2%,相比美国77.5%的占比,显然具有巨大的发展空间。据该报告进一步预测,未来几年我国消费贷款总量复合年均增长率将达到19.5%,于2019年达到37.4万亿;无担保消费贷款总量复合年均增长率将达到26.6%,于2019年达到11.4万亿。

2. 消费金融资产证券化的意义

在大力发展消费金融的同时,消费金融资产证券化也成为我国金融界热议的话题。通过消费金融资产证券化,发起机构/原始权益人以其持有的存量消费金融资产进行融资,在盘活存量的同时,释放增量、发放新的消费金融贷款,进一步促进了我国消费金融业的良性发展。因此,大力发展消费金融证券化,对于发起机构/原始权益人、消费者、国民经济都具有巨大意义。

下面我们从以下几个方面来分析消费金融资产证券化的意义:

---

① Wind数据,即万得信息技术股份有限公司(Wind资讯)提供的数据。

(1) 消费金融资产证券化对消费金融放款机构具有重要意义

资产证券化作为一种兼具资金融通与结构调整作用的融资手段，消费金融放款机构作为发起机构①/原始权益人②在开展该项业务时，通常具有除融资外更多层面的需求与动机，而这些动机恰恰显示了资产证券化对于发起机构/原始权益人的独特意义。

一是有利于提高资本充足率，满足监管要求。银行和汽车金融公司、消费金融公司等非银行金融机构，受到银监会严格的监督管理，资本充足率更是其不得突破的监管红线，因此，通过资产证券化可以实现风险资产出表，获得资本节约，提高资本充足率便成为银行、汽车金融公司、消费金融公司开展消费信贷资产证券化的首要动力。

以商业银行为例，不同风险资产在产在银行资产负债表上的风险权重是不同的。根据《商业银行资本管理办法（试行）》附件02《信用风险权重法表内资产风险权重、表外项目信用转换系数及合格信用风险缓释工具》，个人住房抵押贷款风险权重为50%；对已抵押房产，在购房人没有全部归还贷款前，商业银行以再评估后的净值为抵押追加贷款的，追加的部分风险权重为50%；对个人的其他债权，风险权重为75%；如果是资产证券化风险权重，根据《商业银行资本管理办法（试行）》附件09《资产证券化风险加权资产计量规则》，B+级以下或者未评级资产支持证券的风险权重为1250%，BBB+到BBB－资产支持证券的风险权重为100%，而AAA到AA－的资产支持证券风险权重仅为20%。

表 5-1　银行持有不同等级资产支持证券的风险权重

长期信用评级	AAA到AA－	A+到A－	BBB+到BBB－	BB+到BB－	B+及B+以下或者未评级
风险权重	20%	50%	100%	350%	1250%

注：长期评级在BB+（含BB+）到BB－（含BB－）之间的，发起机构不适用表中的350%风险权重，而适用1250%的风险权重。

根据《商业银行资本管理办法（试行）》，不同风险资产有不同的风险权重，商业银行开展消费贷款证券化，应按照自留的资产证券化各档次所对应

---

① 主要指消费金融公司、银行等发行的银行间信贷资产证券化产品。
② 主要指消费分期、汽车租赁等交易所资产证券化产品。

的风险权重计提监管资本,对于发行后高于发行前的监管资本部分,可以进行调整扣减。根据资本充足率计算公式,资本充足率＝(总资本－对应资本扣减项)/风险加权资产＊100%,作为分母的风险加权资产减少,资本充足率将提高,满足监管对于资本充足率的硬性指标;同时,作为分子的资本将得到节约,可用于发放新贷款或配置债券等其他资产。

二是有利于盘活存量资产,优化资产负债结构,降低流动性风险,提高资本回报率。随着国内投资理财市场的发展,个人和机构投资者的投资日趋多元化,银行存款受到冲击,负债波动性加大;汽车金融公司、消费金融公司融资限于向境内金融机构借款、发行金融债券、境内同业拆借,渠道单一、负债端受市场波动影响较大;各类开展类消费金融业务的非金融机构,亦缺乏稳定的融资渠道,使得其负债端不确定性加剧。特别是个人住房抵押贷款、汽车贷款等资产期限长达数年甚至 20～30 年。这种长资产、短负债的资产负债期限结构错配,产生了高度的流动性风险。

消费金融资产证券化可以将原本在银行、汽车金融公司、消费金融公司、互联网商家资产负债表中的缺乏流动性的存量消费信贷资产、消费应收账款债权作为基础资产,通过发行资产支持证券而在资本市场中获得流动资金,盘活存量资产,提高资产周转率,改善发起机构/原始权益人的资产负债期限结构错配问题,降低流动性风险。

对于商业银行而言,盘活存量、提高资产周转率意味着提高资本回报率。资本回报率＝存贷息差＊资产周转率＊杠杆率,在存贷息差受利率市场化改革而下降,杠杆率水平受《巴塞尔资本协议 III》银行业资本充足率要求而被限制的背景下,商业银行只能通过资产证券化加快资产周转率从而提高资本回报率。

三是有利于改变传统经营及盈利模式,创造新的利润增长点。20 世纪 80 年代以来,中间业务逐渐成为发达国家商业银行主要业务品种,并成为除存贷利差之外最主要的收入来源之一,在总收入中的占比达到 40%～50%,有的甚至超过 70%。反观我国,商业银行中间业务起步较晚,类型局限于手续费和佣金净收入,类型单一、占比较低,与发达国家形成了巨大的差异。伴随我国资本市场的快速发展、利率市场化进程的进一步加快,以存贷利差为主要收入来源的传统商业银行业务模式受到全面冲击。信贷资产证券化则与传统的信贷业务盈利模式存在根本的差异，它是一种"发起——销售"模式，即银行在发放贷款后不是等待借款人到期还贷，而是直接将贷款通过资产证券化进行结构化分层、销售给不同风险偏好的投资者。银行转变原有盈利模式，从持有型机构转为交易型机构，将期限长、利润薄、存在一定风险的信贷资产提前兑现，通过提高信贷资产周转率的方式提高资产的收益率，并将信用风险转移出银行的资产负债表，通过资本市场分散到整个金融体系之中。在这一过程中，银行将风险资产的利差收入转换为无风险的贷款服务费，虽然扣除证券化所需承担的成本后，贷款服务费收入低于存贷利差收入，但贷款服务费作为中间业务收入系持续性的无风险收入，且银行腾挪出风险资产额度后，还可以发放新贷款，持续进行发起——销售的证券化行为，实现了良性持续发展。

四是有利于拓宽融资渠道，降低融资成本，助力业务发展。国家信贷政策对于银行及非银行业金融机构的融资渠道约束较为严格，除银行吸存外，主要的融资渠道仅局限于发行金融债；而对于通过赊销等形式提供消费金融服务的非金融机构，其融资渠道更受限制，且中期票据、企业债等其可以选用的信用债券的存量余额不能超过发行人净资产规模的40%。同时，由于部分银行系消费金融公司及经营消费金融业务的非金融机构资本金和业务规模普遍偏小，导致主体信用资质有限，不具备在境内发行公募债券的条件，或因评级有限导致发行债券利率较高。

与此相比，资产证券化的发行规模主要取决于基础资产的现金流规模和质量，不受净资产规模的限制，可以为银行、非银行业金融机构、企业开辟一条新的直接融资渠道。另外，由于资产证券化属于标准化产品，且可以通过内部增信提升产品评级，因此有利于降低融资成本，优化负债结构，实现资产出表，满足监管要求。

（2）消费金融资产证券化对消费者具有重要意义

对于消费者而言，消费金融资产证券化对其也具有重要的意义。

一是消费金融资产证券化增加了消费金融供给量。商业银行、汽车金融公司、消费金融公司通过消费金融证券化释放了风险资产规模，腾挪了信贷额度；京东等提供赊销服务的商家也可通过存量应收货款证券化获得充足资金，增加了市场上消费金融的供给额度，使得消费者可以更迅速、便捷地获得消费金融服务。以房贷为例，由于商业银行房贷额度紧张，购房者往往需要轮候数月甚至半年直至银行释放了新的房贷额度后，方可获得贷款，购房计划经常被动受限；在商业银行通过个人住房抵押贷款证券化释放房贷额度后，购房者等待期即可相应大大缩短。

二是消费金融资产证券化通过降低发起机构/原始权益人融资成本进而降低消费者获取消费金融服务的成本。无论是商业银行、汽车金融公司、消费金融公司，还是提供赊销服务的商家，其向提供消费金融服务所收取的成本，都与其获得资金的成本息息相关。消费金融资产证券化作为一种标准化、市场化、持续性的以资产信用为支持的结构化融资方式，有效降低了发起机构/原始权益人的融资成本，促进这些机构降低消费金融服务的利息/费用，使得消费者能够以更低廉的成本获得消费金融服务，并可提高其通过消费金融方式进行超前消费的意愿。

三是消费金融资产证券化能够提高消费金融服务的效率。证券化的发展，使得各类从事消费金融的机构更容易转型为发起——销售的交易型消费金融模式，开发更加标准化、自动化的额度审批管理系统，简化消费金融服务的审批流程、加快审批速度，从而便利消费者。

(3) 对于资本市场及国民经济具有重要意义

通过消费金融证券化，商业银行、汽车金融公司、消费金融公司、提供赊销服务的商家等消费金融服务提供者，作为发起机构/原始权益人转型为发起——销售的交易型机构，提高了资产周转率，增加消费金融供给额度，使得消费者更加便捷低廉地获取消费金融，培养以金融促销费的新型消费习惯，刺激消费，促进国民经济发展，形成良性循环。

二、我国消费金融资产证券化的主要分布领域

截止到 2015 年 12 月 31 日，按照万得资讯统计口径，已发行设立并在银行间市场、交易所市场挂牌的消费债权资产证券化项目共有 42 单、总规模为

1207.1 亿元、存量规模 674.3 亿元，其中银行间市场发行的项目为 40 单，交易所市场发行的项目为 2 单。

从已发行项目看，我国消费金融资产证券化基础资产呈现多元化趋势。按照 Wind 的分类标准，消费债权资产证券化对应的消费金融资产涉及以下几个子类：个人住房抵押贷款、汽车贷款、信用卡贷款或信用卡应收款、个人消费贷款，以及互联网消费金融资产等。

(1) 个人住房抵押贷款证券化[①]

个人住房抵押贷款是我国消费金融领域起步最早、存量规模最大的资产类型。在 20 世纪 90 年代我国消费金融领域发展之初，消费金融主要是指银行消费信贷，其中又集中在商业银行个人住房抵押贷款，解决了当时国人购置房屋、改善居住环境的基本生活需求，"要买房、找建行"的广告宣传语甚至成为流传一时的时代印记，开启了国人以金融助消费的观念。

由于个人住房抵押贷款起步最早、单笔贷款余额大、期限长，成为各类商业银行存量规模最大的消费类贷款，也成为我国信贷资产证券化首批试点阶段最早被证券化的基础资产。

个人住房抵押贷款证券化（Residential Mortgage-Backed Securitization，简称 RMBS）系指商业银行等金融机构将其持有的流动性相对较差的个人住房抵押贷款重新打包形成抵押贷款资产池，信托予信托公司，设立特定目的信托作为特殊目的载体。经过结构化分层、政府担保和/或其他形式的内外部信用增级后，以资产支持证券形式出售给投资者的结构化融资过程。

2005 年 12 月 19 日，中国建设银行作为发起机构设立了建元 2005-1 个人住房抵押贷款证券化信托，由中信信托担任受托机构在银行间市场发行资产支持证券，发行总金额 3,016,683,138 元，法定最终到期日 2037 年 11 月 26 日，开创了我国信贷资产证券化、个人住房抵押贷款证券化的双先河。

[①] 本章第三部分将对我国住房抵押贷款证券化进行专题分析。

表 5-2　建元 2005 年第一期个人住房抵押贷款资产支持证券（Wind 统计口径）概况

资产支持证券	发行金额（元）	利率	评级（中诚信国际）	发行	转让交易
优先 A 级	2,669,764,500	浮动	AAA	在全国银行间债券市场发行	在全国银行间债券市场交易
优先 B 级	203,626,100	浮动	A	在全国银行间债券市场发行	在全国银行间债券市场交易
优先 C 级	52,791,900	浮动	BBB	在全国银行间债券市场发行	按照中国人民银行的相应规定进行转让
次级	90,500,638	—		向发起机构定向发行	不进行转让交易
总规模（元）	3,016,683,138				

2007 年，中国建设银行又发起设立了建元 2007-1 个人住房抵押贷款证券化信托。随后，受金融危机影响，我国信贷资产证券化试点陷入了停滞。2012 年，信贷资产证券化试点重启并迈入常态化阶段，才又涌现出一批个人住房抵押贷款证券化项目，截至 2015 年 12 月 31 日，个人住房抵押贷款证券化发行总规模已达 3,997,141.88 万元，详见表 5-3。

表 5-3　已发行个人住房抵押贷款资产支持证券（Wind 统计口径）一览表

资产支持证券	发起机构	发行人	发行总额（万元）	当前余额（万元）	计息起始日	法定到期日
建元 2015 年第二期个人住房抵押贷款资产支持证券	中国建设银行	建信信托	804,216.03	804,216.03	2015/12/24	2044/4/26
中盈 2015 年第二期个人住房抵押贷款资产支持证券	中国银行	中信信托	449,845.25	449,845.25	2015/11/25	2025/5/26
京诚 2015 年第二期个人住房抵押贷款资产支持证券	北京银行	华能贵诚信托	298,975.19	279,333.69	2015/10/21	2029/9/26

(续表)

资产支持证券	发起机构	发行人	发行总额（万元）	当前余额（万元）	计息起始日	法定到期日
建元 2015 年第一期个人住房抵押贷款资产支持证券	中国建设银行	建信信托	162,211.87	139,811.87	2015/9/29	2043/1/26
居融 2015 年第一期个人住房抵押贷款资产支持证券	江苏江南农村商业银行	苏州信托	84,827.07	75,774.64	2015/9/25	2034/12/28
和家 2015 年第一期个人住房抵押贷款资产支持证券	招商银行	华润深国投信托	404,962.50	360,855.69	2015/9/23	2027/6/26
企富 2015 年第一期个人住房抵押贷款资产支持证券	中国民生银行	中海信托	77,951.80	59,969.00	2015/7/15	2032/12/31
招元 2015 年第一期个人住房抵押贷款资产支持证券	招商银行	华润深国投信托	314,991.72	239,265.54	2015/3/10	2026/6/26
邮元 2014 年第一期个人住房抵押贷款资产支持证券	中国邮政储蓄银行	交银国际信托	681,423.77	515,934.40	2014/7/25	2039/12/31
建元 2007 年第一期个人住房抵押贷款资产支持证券	中国建设银行	中诚信托	416,068.37	47,329.45	2007/12/14	2039/1/26
建元 2005 年第一期个人住房抵押贷款资产支持证券	中国建设银行	中信信托	301,668.31	14,707.74	2005/12/19	2037/11/26
发行规模合计（万元）			3,997,141.88			

(2) 汽车贷款证券化

家用汽车伴随经济发展日益普及,个人购车融资需求也日益凸显,继个人住房抵押贷款之后,汽车贷款又成为我国商业银行早期开发的一种个人消费贷款产品,一经推出便因契合我国经济和消费的发展需求而获得了消费者的广泛认可,增速迅猛。

随着家用轿车的普及,仅以商业银行发放个人购车贷款已不再能满足市场的需求,2004年,我国首家专业汽车金融公司——上汽通用汽车金融公司成立,自此,不断发展壮大的汽车金融公司以其汽车厂商加金融机构的股东背景,迅速占领了汽车贷款市场,为消费者提供了全方位、多元化、高效便捷的汽车金融服务。

面对汽车金融公司的竞争,各家银行也利用自身优势拓展汽车贷款领域的多元化经营。部分信用卡业务领先的银行,还利用自身信用卡分期业务优势、根据汽车的耐用消费品属性、通过分支行网点联合大量汽车经销商,推出了信用卡分期汽车贷款业务,在市场占据了一席之地。

根据银行间市场交易商协会《个人汽车贷款资产支持证券信息披露指引(试行)》,个人汽车贷款资产支持证券,是指在中国境内,商业银行、汽车金融公司等金融机构作为发起机构,将个人汽车贷款(包括信用卡分期汽车贷款、汽车抵押贷款)信托给受托机构,由受托机构以资产支持证券的形式向投资机构发行受益证券,以该个人汽车贷款所产生的现金支付资产支持证券收益的证券化融资工具。

身为我国首家专业汽车金融公司的上汽通用汽车金融公司,于2008年作为发起机构率先发起了我国首单个人汽车贷款证券化,该产品由华宝信托担任受托机构和发行人,发行总金额1,993,462,461元,法定最终到期日2014年7月26日。

表 5-4 通元 2008 年第一期个人汽车抵押贷款资产支持证券（Wind 统计口径）概况

资产支持证券	发行金额（元）	利率	评级（大公国际）	发行	转让交易
优先 A 级	1,666,135,900	浮动	AAA	在全国银行间债券市场发行	在全国银行间债券市场交易
优先 B 级	235,228,500	浮动	A	在全国银行间债券市场发行	在全国银行间债券市场交易
次级	92,098,061	—		向发起机构定向交付	不进行转让交易
总规模（元）	1,993,462,461				

2012 年证券化试点重启后，汽车贷款证券化迎来了跨越式发展。特别是信贷资产常态化发展后，伴随《个人汽车贷款资产支持证券信息披露指引（试行）》的颁布，汽车贷款证券化呈现发行数量、发行规模同步增长的趋势，2012—2015 年，我国共发行 20 单汽车贷款证券化产品，基础资产既包括商业银行、汽车金融公司、集团财务公司发放的个人汽车抵押贷款，也包括商业银行发放的信用卡分期汽车贷款，按照 Wind 统计口径，截至 2015 年 12 月 31 日，联同 2008 年首批试点发行的通元 2008 年第一期个人汽车抵押贷款资产支持证券，汽车贷款证券化产品发行总规模已达 4,464,347.19 万元。

表 5-5 已发行汽车贷款资产支持证券（Wind 统计口径）一览表

资产支持证券	发起机构	发行人	发行总额（万元）	基础资产	计息起始日	法定到期日
企富 2015 年第五期信用卡分期汽车贷款资产支持证券	中国民生银行	中诚信托	103,022.66	信用卡分期汽车贷款	2015/12/25	2020/3/26
福元 2015 年第二期个人汽车抵押贷款资产支持证券	福特汽车金融（中国）	上海国际信托	299,249.32	汽车金融公司汽车贷款	2015/12/11	2021/7/26
和信 2015 年第二期汽车分期贷款资产支持证券	招商银行	华润深国投信托	527,383.36	信用卡分期汽车贷款	2015/12/1	2020/8/26

（续表）

资产支持证券	发起机构	发行人	发行总额（万元）	基础资产	计息起始日	法定到期日
德宝天元 2015 年第二期个人汽车贷款资产支持证券	宝马汽车金融（中国）	中粮信托	350,000.03	汽车金融公司汽车贷款	2015/11/24	2022/2/26
融腾 2015 年第二期个人汽车抵押贷款资产支持证券	上汽通用汽车金融	上海国际信托	300,000.00	汽车金融公司汽车贷款	2015/9/11	2021/10/26
唯盈 2015 年第一期个人汽车抵押贷款资产支持证券	东风日产汽车金融	上海国际信托	149,999.31	汽车金融公司汽车贷款	2015/8/13	2019/11/26
平银 2015 年第一期汽车抵押贷款资产支持证券	平安银行	华能贵诚信托	314,686.60	商业银行汽车抵押贷款	2015/8/11	2019/11/26
华驭第二期汽车抵押贷款资产支持证券	大众汽车金融（中国）	中信信托	189,051.77	汽车金融公司汽车贷款	2015/7/22	2022/2/26
德宝天元 2015 年第一期个人汽车贷款资产支持证券	宝马汽车金融（中国）	中粮信托	256,859.13	汽车金融公司汽车贷款	2015/6/16	2021/9/26
融腾 2015 年第一期个人汽车抵押贷款资产支持证券	上汽通用汽车金融	华能贵诚信托	400,000.00	汽车金融公司汽车贷款	2015/6/10	2021/5/26
福元 2015 年第一期个人汽车抵押贷款资产支持证券	福特汽车金融（中国）	上海国际信托	295,198.94	汽车金融公司汽车贷款	2015/2/13	2020/10/26
通元 2014 年第一期个人汽车抵押贷款证券化信托资产支持证券	上汽通用汽车金融	中粮信托	300,000.00	汽车金融公司汽车贷款	2014/10/29	2020/9/26
广汽汇通 2014 年第一期个人汽车抵押贷款资产支持证券	广汽汇理	广东粤财信托	79,999.92	汽车金融公司汽车贷款	2014/10/17	2020/12/31

(续表)

资产支持证券	发起机构	发行人	发行总额（万元）	基础资产	计息起始日	法定到期日
华驭 2014 年第一期汽车抵押贷款资产支持证券	大众汽车金融（中国）	中信信托	79,572.39	汽车金融公司汽车贷款	2014/8/1	2020/8/26
德宝天元 2014 年第一期汽车抵押贷款资产支持证券	宝马汽车金融（中国）	中粮信托	80,000.00	汽车金融公司汽车贷款	2014/6/17	2019/1/26
东风 2014 年第一期个人汽车抵押贷款资产支持证券	东风日产汽车金融	中诚信托	79,999.99	汽车金融公司汽车贷款	2014/6/10	2019/3/26
福元 2014 年第一期个人汽车抵押贷款资产支持证券	福特汽车金融（中国）	上海国际信托	79,980.89	汽车金融公司汽车贷款	2014/5/27	2018/10/26
丰元 2014 年第一期个人汽车抵押贷款资产支持证券	丰田汽车金融	对外经济贸易信托	79,999.00	汽车金融公司汽车贷款	2014/5/27	2019/11/26
上元 2012 年第一期个人汽车抵押贷款资产支持证券	上海汽车集团财务公司	上海国际信托	99,998.93	集团财务公司汽车贷款	2012/11/27	2016/6/30
通元 2012 年第一期个人汽车抵押贷款资产支持证券	上汽通用汽车金融	中粮信托	199,998.70	汽车金融公司汽车贷款	2012/10/26	2018/2/26
通元 2008 年第一期个人汽车抵押贷款资产支持证券	上汽通用汽车金融	华宝信托	199,346.25	汽车金融公司汽车贷款	2008/1/18	2014/7/26
发行规模合计（万元）			4,464,347.19			

此外，招商银行曾于 2014 年、2015 年发起过两期信用卡汽车分期贷款证券化产品，Wind 按照发行时统计口径将其归为信用卡贷款资产证券化。目前新发行的信用卡分期汽车贷款证券化产品则归属于汽车贷款证券化类别。

(3) 信用卡贷款证券化

伴随刷卡消费的习惯在我国消费者群体中逐渐形成，银行信用卡贷款资产存量也日益增长，信用卡贷款主要分为信用卡分期应收账款、信用卡循环应收账款两大类。由于我国信用卡贷款证券化正处于起步阶段，目前仅有的信用卡贷款证券化均为信用卡分期汽车贷款证券化、信用卡消费分期债权证券化，而未发行过信用卡循环应收账款证券化产品。

按照 wind 统计口径，截至 2015 年 12 月 31 日，我国已发行 3 单信用卡资产证券化产品，笔者对这 3 单产品的信息进行了分析，并将基础资产的具体类型进行了细化，详见表 5-6。

表 5-6　已发行信用卡贷款资产支持证券（Wind 统计口径）一览表

资产支持证券	发起机构	发行人	发行总额（万元）	计息起始日	法定到期日	基础资产类型	是否涉及持续购买
交元 2015 年第一期信用卡分期资产支持证券	交通银行	交银国际信托	502,227.58	2015-11-6	2019-5-31	信用卡消费分期债权	否
招元 2015 年第二期信贷资产支持证券	招商银行	华润深国投信托	1,054,695.52	2015-6-19	2021-1-26	信用卡分期汽车贷款	否
招商银行 2014 年第一期信贷资产证券化信托资产支持证券	招商银行	华润深国投信托	810,910.04	2014-3-25	2019-1-26	信用卡分期汽车贷款	否
发行规模合计（万元）			2,367,833.14				

（4）个人消费贷款证券化①

伴随个人房屋抵押贷款、汽车贷款的持续升温，着眼于个人耐用消费品、教育培训、出国旅游等用途的个人消费贷款也悄然成为银行个人贷款业务新的增长点。根据银行间市场交易商协会《个人消费贷款资产支持证券信息披露指引（试行）》，个人消费贷款资产支持证券，是指在中国境内，商业银行、消费金融公司等金融机构作为发起机构，将非循环资产类型的个人消费贷款

---

① 本章第五部分将对消费金融公司消费贷款证券化进行专题分析。

信托给受托机构，由受托机构以资产支持证券的形式向投资机构发行证券，以该个人消费贷款资产池所产生的现金支付资产支持证券本金和收益的证券化融资工具。

与个人住房抵押贷款、汽车贷款的证券化相比，消费贷款证券化起步较晚，直到2014年6月底才发行了首单消费贷款证券化产品"平安银行1号小额消费贷款证券化信托资产支持证券"，而该期资产支持证券与其他银行、非银行金融机构发起的消费金融证券化产品最大的区别在于其将交易场所定为上海证券交易所，而非传统的全国银行间债券市场，开创了信贷资产证券化产品跨市场发行的先例，在当时引发了业内的广泛关注。宁波银行于2015年7月、11月分别发起了两期个人消费信用贷款证券化，成为首家开展消费贷款证券化的城商行；厦门农村商业银行则于2015年11月发起了首单农商行消费贷款证券化产品。

按照wind统计口径，截至2015年12月31日，我国已发行银行消费贷款资产支持证券合计规模893,261.01万元，详见表5-7。

表5-7 已发行银行消费贷款资产支持证券（Wind统计口径）一览表

资产支持证券	发起机构	发行人	发行总额（万元）	计息起始日	法定到期日	交易场所
普盈2015年第一期消费信贷资产支持证券	厦门农村商业银行	中诚信托	60,256.49	2015/11/26	2020/10/26	全国银行间债券市场
永动2015年第一期个人消费贷款资产支持证券	宁波银行	安徽国元信托	200,000.00	2015/11/13	2018/11/26	全国银行间债券市场
永盈2015年第一期消费信贷资产支持证券	宁波银行	安徽国元信托	369,919.00	2015/7/17	2019/7/26	全国银行间债券市场
平安银行1号小额消费贷款证券化信托资产支持证券	平安银行	华能贵诚信托	263,085.52	2014/6/25	2019/6/26	上海证券交易所
发行规模合计（万元）			893,261.01			

与商业银行相比，消费贷款的另一大发放主体——消费金融公司则直至2016 年 1 月方作为发起机构发起首单消费金融公司个人消费贷款资产支持证券——中赢新易贷 2016 年第一期个人消费贷款信贷资产证券化信托资产支持证券，该产品概况详见表 5-8。

表 5-8　中赢新易贷 2016 年第一期个人消费贷款信贷资产证券化信托资产支持证券（Wind 统计口径）概况

资产支持证券	发行金额（元）	分层占比	利率	法定到期日	评级（联合资信）	评级（中债资信）
优先 A 档	561,000,000	80.26%	浮动	2019/2/28	AAA	AAA
优先 B 档	84,500,000	12.09%	浮动	2019/2/28	AA	AA
次级档	53,514,100	7.65%	—	2019/2/28		
总规模（元）			699,014,100			

（5）互联网消费金融资产证券化[①]

消费金融和互联网的有效结合主要体现在三个方面：第一，依托互联网嵌入情景金融，是消费金融核心竞争力之一；第二，互联网促进消费金融实现规模效应，降低每单成本；第三，大数据是整个消费金融的风险控制与业务开拓的基础。虽然我国首家互联网消费金融公司直到 2015 年才上线，但在此之前，各大电商借助互联网对于消费金融领域的探索从未间断，京东金融依托京东电商平台推出的"京东白条"、蚂蚁金服依托淘宝网推出的"蚂蚁花呗"、苏宁依托苏宁易购平台推出的"苏宁任性付"也以其申请便捷、审批高效、额度客观的特点，吸引力大批消费者，引领了互联网消费金融的新潮流。

除综合性电商消费金融之外，各类细分消费额场景与消费人群的互联网消费金融平台也赢得了众多消费者的青睐：大学生校园消费分期市场，以分期乐、趣分期、优分期为代表，推出了各类针对孝顺父母、发红包、旅游、请吃饭等用途的信用消费分期服务；蓝领消费分期市场，以买单侠、51 酷卡等公司或产品为代表，针对蓝领消费人群推出各类消费分期服务；购车消费分期市场，以优信拍、车易拍、力蕴二手车等公司或产品为代表，推出了各

[①] 本章第六部分将对互联网消费金融证券化进行专题分析。

类针对购车、二手车的分期消费服务；租房消费分期，以斑马王国、楼立方、房司令等公司或产品为代表。

随着互联网消费金融需求和市场的日益壮大，这些并非金融机构的互联网企业也急需将日益增长的互联网消费分期资产盘活，从而解决融资问题、助力业务发展。按照wind统计口径，截至2016年1月31日，我国已发行互联网消费分期资产支持证券合计规模420,000万元，详见表5-9。

表5-9 已发行互联网消费分期资产支持证券（Wind统计口径）一览表

资产支持证券	原始权益人	发行总额（万元）	计息起始日	基础资产	循环购买	交易场所
京东白条应收账款债权资产支持专项计划资产支持证券	京东	80,000	2015-9-15	应收账款	是	深圳证券交易所综合协议交易平台
京东白条二期应收账款债权资产支持专项计划资产支持证券资产支持证券	京东	120,000	2015-12-1	应收账款	是	深圳证券交易所综合协议交易平台
分期乐1号资产支持专项计划资产支持证券	分期乐	20,000	2016-1-19	应收账款	是	上海证券交易所固定收益证券综合电子平台
京东金融—华鑫2016年第一期白条应收账款债权资产支持专项计划资产支持证券	京东	200,000	2015-1-26	应收账款	是	深圳证券交易所综合协议交易平台
发行规模合计（万元）		420,000				

三、个人住房抵押贷款证券化为何推广困难

1. 个人住房抵押贷款证券化现状

目前，我国住房抵押贷款存量资产规模已超十万亿，且受城镇化进程持续推进、改善性住房需求持续增长等因素推动，居民购房及房屋抵押贷款需

求稳定增长，个人住房抵押贷款资产规模将不断增长。在这一背景下，由于房贷期限长、金额大，我国各类商业银行面对表内持续增长的住房抵押贷款资产规模，对于通过住房抵押贷款证券化方式盘活存量房贷资产、释放风险资产、腾挪房贷额度、以存量房贷资产进行融资并发放新房贷的需求，均非常旺盛。对于风险资本占用较多、房贷额度较为紧张的银行而言，面对市场购房者刚性借贷需求、监管机构硬性监管指标，便陷入两难境地，发起住房抵押贷款证券化的需求尤为强烈。

虽然个人住房抵押贷款证券化是我国最早试点的信贷资产证券化品种，首次试点至今已十年有余，然而，与我国巨大的房贷存量规模和发起机构旺盛的个人住房抵押贷款证券化需求相比，我国自2015年起住房抵押贷款证券化方迎来加速发展，已发行的个人住房抵押贷款证券化产品从数量上讲可谓屈指可数，从规模上讲更可谓九牛一毛。

而在个人住房抵押贷款证券化最为发达的美国，自1970年联邦政府抵押协会发行首支由联邦政府保险的RMBS（住户贷款抵押证券）产品，受房地美（联邦住宅抵押贷款公司，Freddie Mac）和房利美（联邦国家贷款协会，Fannie Mae）的推动，RMBS成为美国证券化乃至债券市场最为热门的产品，在上一轮金融危机发生前，截至2007年底，美国发行RMBS产品为7.2万亿美元，占债券总量的1/4；金融危机过后，美国RMBS的发行也逐步复苏。与美国的成熟市场相比，个人住房抵押贷款证券化在我国无疑具有巨大的发展空间和广阔的市场前景。

2. 个人住房抵押贷款证券化推广困难的原因探析

（1）监管思路和相关政策方面的原因

无论在我国这种证券化处于起步阶段的国家，还是在美国等证券化业务较为发达的国家，个人住房抵押贷款证券化都具有较强的政策性金融属性，政府的大力支持是个人住房抵押贷款证券化行业健康发展的重要基础。

虽然我国个人住房抵押贷款证券化起步最早，但进展却较为缓慢。在2005—2008年的首轮试点阶段，仅发行建元2005-1个人住房抵押贷款证券化、建元2007-1个人住房抵押贷款证券化2单产品，且发起机构均为建设银行。值得一提的是，虽然这一阶段我国个人住房抵押贷款证券化试点产品发行数量和规模都较为有限，但原建设部（现住房和城乡建设部前身）为解决个人住房抵押贷款证券化规程中房屋抵押登记变更问题而颁布的《建设部关于个人住房抵押贷款证券化涉及的抵押权变更登记有关问题的试行通知》（建住房〔2005〕77号）明确了个人住房抵押贷款证券化操作过程中发起机构与受托机构可批量办理个人住房抵押权变更登记，为个人住房抵押贷款证券化日后发展打下了坚实的基础。

受金融危机影响，我国一度暂停了个人住房抵押贷款证券化；在2012年信贷资产证券化试点重启后，受房地产调控等国家政策性因素影响，个人住房抵押贷款证券化也而未立即重启，直至2014年7月才又发行了邮元2014年第一期个人住房抵押贷款资产支持证券。

2014年下半年起，我国政府逐渐转变房地产市场调控思路，出台了一系列住房保障政策；与此同时，人民银行、银监会也接连发布了一系列简化信贷资产支持证券备案、注册、发行的规定，银行间市场交易商协会也适时推出了《个人住房抵押贷款资产支持证券信息披露指引（试行）》，进一步规范了个人住房抵押贷款证券化信息披露。在这种大环境下，我国个人住房抵押贷款证券化产品发行数量、发行规模增幅明显，这也从一个侧面充分体现了个人住房抵押贷款证券化受国家政策影响较大的政策性金融属性。

(2) 产品结构和操作技术方面的原因

除了政策性因素影响之外，技术性因素也是制约个人住房抵押贷款证券化发展的重要因素。个人住房抵押贷款具有规模大、笔数多、期限长、政策对利率影响大等特点，与此相对应，个人住房抵押贷款证券化的技术难度也大，产品结构比较复杂，基础资产数据提取、尽职调查、现金流测算与切分、交易文件撰写、产品发行等环节都需要较高的技术水平，并需要通过较为完善的机制设计缓释基础资产逾期、违约、早偿、降息等风险。在我国信贷资产证券化起步阶段，具备上述高水平技术的机构和人员数量都相对有限，这无疑在很大程度上制约了我国个人住房抵押贷款证券化的发展。

除了上述软性技术因素，个人住房抵押贷款证券化对于发起机构、受托机构IT系统的硬件要求也非常高。个人住房抵押贷款的分散度高、归集频率高的热点也决定了个人住房抵押贷款证券化不能单纯依靠发起机构/贷款服务机构、受托机构手动记账，而必须有强大的IT系统进行支撑，所有入池贷款均需要在发起机构IT系统内进行标记，并通过相关程序实现资金自动归集。实现上述功能需要对银行贷款管理IT系统进行较大规模的改造和完善，在我国信贷资产证券化起步阶段，受证券化技术与IT系统技术的双重制约，具备上述高水准IT系统的银行数量较少，且限于大型国有和全国性股份制商业银行，这也在操作层面制约了我国个人住房抵押贷款证券化的发展。

受个人住房抵押贷款特点、个人住房抵押贷款证券化信息披露要求的影响，贷款服务机构对入池贷款进行后续管理、资金归集、信息披露的工作量和工作难度均较大，这也在一定程度上降低了部分银行特别是中小银行尝试个人住房抵押贷款证券化的积极性。

（3）收益率方面的原因

个人住房抵押贷款实际利率普遍较低，除部分基准利率上浮10%—15%的贷款外，大量房贷执行基准甚至基准下浮10%—30%的利率，即使挑选不同利率的房贷组成资产池，基础资产加权平均收益率仍然较低。

受市场整体利率水平影响，此前我国信贷资产支持证券发行利率处于较高水平，个人住房抵押贷款证券化易出现资产支持证券票面利率与基础资产加权平均收益率倒挂的情况，直接阻碍了大量银行开展个人住房抵押贷款证券化的脚步。

3. 个人住房抵押贷款证券化的前景分析

在发起机构主观意愿层面，由于个人住房抵押贷款规模大、存续期限长、风险资本占用高、利息收益低，在我国银行业监管日趋规范化、严格化的大背景下，发起机构通过个人住房抵押贷款证券化盘活存量、降低风险资本占用、腾挪房贷额度、满足监管指标要求的内在动力强劲，为个人住房抵押贷款证券化发展提供了积极的主观基础。

在国家政策层面，中央反复强调通过各种途径改善城乡居民住房条件，通过资产证券化盘活存量、支持实体经济发展，这种利好政策对商业银行开展个人住房抵押贷款证券化起到了极大的鼓励、支持与引导作用，也为个人住房抵押贷款证券化发展提供了坚实的政策基础。

在监管制度层面，信贷资产证券化产品备案和发行注册制的推出、《个人住房抵押贷款资产支持证券信息披露指引（试行）》的颁布，一方面放宽了银行作为发起机构开展个人住房抵押贷款证券化的准入标准、简化了操作流程，另一方面也规范了发起机构和发行人的流程与行为，为个人住房抵押贷款证券化的标准化、规范化、常态化发展提供了有利的制度基础。

在技术层面，伴随我国信贷资产证券化从业人员水平的提升，无论是发起机构、受托机构、还是各类中介机构，其信贷资产证券化技术均日益成熟，可以胜任结构复杂的个人住房抵押贷款证券化产品的高难度设计工作。信息技术的进步也为发起机构房贷管理IT系统改造提供了极大的便利，并大幅降低了改造成本。产品设计水平与IT系统改造技术的同步提升，为个人住房抵押贷款证券化的规模化发展提供了良好的技术基础。

在发行利率层面，宽松的货币政策、良好的市场流动性带动发行利率不断走低，这种持续的利率环境变化减轻了个人住房抵押贷款资产支持证券的发行压力，降低了票面利率，解决了利率倒挂问题并能为发起机构留出收取贷款服务报酬的空间，为个人住房抵押贷款证券化长远发展提供了正面的利率基础。

四、信用卡证券化何时能够全面发展

1. 海外信用卡资产证券化的基本情况与模式

信用卡资产证券化作为海外资产证券化的重要类别，在美国等发达国家的证券化市场上占据重要地位。在美国，依托强大的IT系统，信用卡证券化资产池基本是每日均进行一次信用卡应收账款的销售，实现发起机构信用卡资产的快速周转，为其大大节约风险资本占用。

从财务角度，持卡人每次用信用卡付费或提款，就是一次向发卡银行的贷款行为；除持卡人在消费之前或之后向银行专门申请按照约定的期数和每期金额进行分期还款之外，绝大多数持卡消费并无固定的还款日期或金额，持卡人在保证自身信用记录的前提下，可在规定的付款日之前向发卡人支付全部或高于最低还款金额①的部分应付款项，如持卡人选择部分还款，则余下金额可据自己的意愿决定偿还金额和时间，通常并不设置明确的每期还日和分期金额。

由于信用卡贷款具有同一授信账户下循环发生、短期、无担保、浮动余额和无预定还款期等特点，美国的信用卡证券化核心在于解决资产负债期限错配问题。通过对短期应收账款的循环购买，支持一个中期或长期债券发行。在具体的产品设计上：

首先，入池资产为信用卡循环应收账款而非信用卡分期贷款。通常选定符合标准的特定信用卡账户，依托该等账户下可循环使用的信用额度产生持续的循环资产，一旦产生即被自动纳入资产池，该等信用卡循环应收账款无明确还款期限与分期金额，无法亦无需预先予以逐笔特定化。

其次，每日通过IT系统持续自动购买循环资产。

再次，采取统和信托模式（master trust）、双层信托模式，而不是单一信托模式。为了避免每次资产转让都要设立一个新信托的问题，信用卡公司一般采用统和信托模式，统和信托不是封闭的，可以长期不停地购买信用卡应收款，并以汇集的信用卡应收款资产池作为支撑，多次发行系列证券。系列中每支证券均可分享该统和信托里的信用卡应收款的权益。虽然统和信托可以直接发行信用卡证券，但更多的发行人采用了双层信托的方式来进行证券化。在双层信托模式下，发起机构一般先把信用卡资产转让给一个统和信托，然后由统和信托发行信托权益凭证（certificate），并把凭证卖给一个发行信托，最后由发行信托以信托权益凭证的现金流作为基础资产来发行证券。

2. 我国信用卡证券化的探索

我国已发行3单信用卡资产证券化产品。虽然其底层资产均与发起机构信用卡业务相关，但又与严格意义上的信用卡应收账款存在一些差别：

招行两单产品在证券名称中为体现基础资产信息，其基础资产实际为招行个人信用卡汽车分期业务项下发放的信用卡分期汽车贷款，非循环资产类

---

① 最低应缴金额是根据持卡人的新消费额、未偿余额、发卡人垫付余额、融资费用和年费等因素决定。

型，部分贷款（本金余额占比分别为 26.94%、21.07%）甚至附带汽车抵押，且按照银行间市场交易商协会 2015 年 5 月 15 日发布的《个人汽车贷款资产支持证券信息披露指引（试行）》，信用卡分期汽车贷款属于个人汽车贷款的子类别，以信用卡分期汽车贷款为基础资产的资产支持证券应执行个人汽车贷款资产支持证券的信息披露要求。而招行作为发起机构、华润深国投信托作为受托机构/发行人于 2015 年 12 月 1 日发行的和信 2015 年第二期汽车分期贷款资产支持证券，其基础资产同为信用卡分期汽车贷款，则在证券名称中明确披露了"汽车分期贷款"，亦被 Wind 归类为汽车贷款证券化产品。

交行作为发起机构的交元 2015 年第一期信用卡分期资产支持证券在名称中明确披露了"信用卡分期"字样，其基础资产实际为交行个人信用卡分期业务所产生的信用卡消费分期债权，债权具有明确的还款计划表，非循环资产类型，具有个人消费贷款的相关特点。

此外，这 3 单产品除底层资产均为非循环资产类型外，亦均为单次交易、未设计持续购买结构，这与国外信用卡应收账款证券化不是单笔交易，包含持续购买和多次发行，设计持续的循环资产转让与服务的结构，具有较大差异。

3. 信用卡证券化在我国全面启动的障碍

（1）政策层面的问题

在监管部门对信贷资产证券化大开通路的背景下，一则暂停商业银行信用卡资产证券化的消息引起市场关注，据《第一财经日报》2014 年 11 月发表的《银监会暂停信用卡资产证券化项目的申报》报道[①]，银监会继发文提醒信用卡风险后，又明确告知银行业金融机构：出于风险防控的考虑将暂停银行信用卡资产证券化项目的申报。与此同时，上海银监局也对辖内 7 家商业银行信用卡中心存在未按规定审查资料和确定授信额度、未采取有效措施管控异常交易等违规行为进行了处罚。

在这一背景下，几家正在积极研究筹备信用卡资产证券化的商业银行均受到影响，除信用卡汽车分期贷款、信用卡消费分期贷款这两类具有明确还

---

① 参见和讯网 2014 年 11 月 17 日转载《第一财经日报》的报道《银监会暂停信用卡资产证券化项目的申报》，http://bank.hexun.com/2014-11-17/170471555.html。

款计划、且需按照汽车贷款、消费贷款进行信息披露的非循环资产之外，外国市场较为普遍的、基于特定信用卡账户具有持续购买结构的循环型信用卡资产证券化一直未能在我国面市。

(2) 制度层面的问题

目前在法律法规层面，我国并未限制银行开展信用卡资产证券化，一些国有大型银行和股份银行也利用信用卡消费分期贷款、信用卡分期汽车贷款，对于信用卡资产证券化进行了有益的尝试，并探索出非循环型信用卡汽车分期贷款持续购买的新结构，成功用于和信 2015 年第二期汽车分期资产证券化信托资产支持证券的设计。

然而，在具体操作制度层面，我国尚未制定针对循环型信用卡资产证券化产品的具体规定和自律规范。银行间市场交易商协会颁布的《个人消费贷款资产支持证券信息披露指引（试行）》对商业银行、消费金融公司作为发起机构，将非循环资产类型的个人消费贷款信托给受托机构，由受托机构向投资机构发行个人消费贷款资产支持证券的信息披露行为进行了规范。

该《个人消费贷款资产支持证券信息披露指引（试行）》同时规范了"持续购买""循环资产"的定义。"持续购买"系指受托机构在信托设立后的存续期间内，将本金回收款（可以包括超额收益）根据交易合同规定的标准再次或多次购买新的合格基础资产纳入资产池，不包括基础资产本身为循环资产的情形。"循环资产"系指基于特定账户、授信合同或类似授信安排项下可循环使用的信用额度所产生的信贷资产，根据基础资产入池标准或安排，该特定账户、授信合同或类似授信安排一旦被确定，其项下现存及未来产生的信贷资产将在其产生后被自动纳入资产池；但持续购买该账户、授信合同或授信安排项下已经产生的特定信贷资产，仍应适用该指引关于持续购买基础资产的相关规定。

上述定义明确体现了循环资产基于特定账户、授信合同或类似授信安排项下可循环使用的信用额度所产生，一旦产生即被自动纳入资产池，无法预先予以逐笔特定化的特点；而信用卡循环应收账款作为一种典型的循环资产，恰恰具有上述特点。《指引》指出，交易商协会将根据需要另行制定适用于循环资产证券化交易的信息披露规则。

由于此等循环资产证券化交易的信息披露规则尚未正式出台，发起机构在设计信用卡循环应收账款证券化产品时，自然而然地受到制度缺失的影响，增加了产品设计难度、降低了产品设计的规范性，顺势增加了相关监管部门对产品进行备案审查时的工作难度和工作量，也大大增加了投资者投资相关产品时的投资审查工作量、抑制了投资意愿，减缓了我国信用卡循环应收账款证券化产品面市进度。

（3）技术层面的问题

信用卡循环应收账款资产具有一系列复杂、多变的特点，这使得信用卡循环应收账款证券化的交易结构和产品设计较其他证券化产品更为复杂，技术难度高，形成了一定的技术壁垒，限制了信用卡循环应收账款证券化在我国的发展。

除预先设定每期还款计划的信用卡分期贷款之外，绝大多数的信用卡应收账款是基于信用卡账户的循环型债权，即信用卡现金流量取决于特定信用卡账户刷卡人的消费和还款，事先并无固定的本金额度，亦未设定固定的还款时间表，现金流量具有较大的不稳定性。

同时，信用卡应收账款按日计息、期限不固定、绝大多数贷款期限较短，未来使得这种具体期限不固定的相对短期贷款具备长期性，在设计信用卡循环应收账款证券化产品时，需要引入持续购买结构，基于证券化产品设立时确定的特定账户，持续买入该等特定账户下不断产生的新资产以保证资产池在未来特定期间能够维持一定的规模。这些持续购买的资产，在资产支持证券发行时并不存在、系未来债权、无法提前予以特定化，因而需要对入池信用卡账户予以特定化，并约定该等信用卡账户项下现存及未来产生的信贷资产将在其产生后被持续自动纳入资产池。

这种复杂的结构，不仅需要发起机构、受托机构/发行人、主承销商在进行产品设计时具有更高的资产支持证券交易结构设计水平；高频率、大金额持续买入循环资产对于发起机构 IT 系统也是巨大的考验。

4. 信用卡证券化在我国全面发展的展望

伴随我国证券化市场今年大踏步地发展，各类新产品、新结构应运而生；交易商协会也在根据市场需要研究制定适用于循环资产证券化交易的信息披露规则；在各项条件齐备后，我国全面启动信用卡证券化指日可待，除现在已具有成功发行经验的信用卡分期消费贷款证券化之外，基于特定信用卡账户的信用卡循环应收账款证券化也有望面世并发展壮大。

五、消费金融公司的资产怎样证券化

1. 消费金融公司证券化需求迫切

2009年8月，中国银监会颁布《消费金融公司试点管理办法》，根据该《办法》，消费金融公司是指经银监会批准，在我国境内设立的，不吸收公众存款，以小额、分散为原则，为我国境内居民个人提供以消费为目的的贷款的非银行金融机构。该《办法》确定北京、天津、上海、成都作为全国4个试点城市，2010年1月国内首批3家消费金融公司北银消费金融有限公司、中银消费金融有限公司、四川锦程消费金融有限公司正式成立。自此，消费金融公司成为消费金融领域的新生力量，且不同于传统银行消费贷款用途较为单一，消费金融公司对于家庭装修、家电家具、出国旅游、教育培训、数码产品、甚至美容健身等个人生活时尚类消费需求均可提供具有针对性的金融服务，将消费金融从帮消费者解决生活基本问题推向了帮消费者享受生活，较好地发挥了消费金融拉动消费的作用。2015年，消费金融公司试点推向全国，审批权下放到省级主管部门，鼓励民间资本、国内外银行业和互联网公司参与。截至目前，共有9家消费金融公司开业，以及一家互联网消费金融公司上线。

由于消费金融公司不得吸收公众存款，其传统融资渠道仅限于发行金融债券、向境内金融机构借款、境内同业拆借，且同业拆借不得高于资本总额的100%。狭窄的融资渠道严重影响了消费金融公司的业务拓展，进而影响了消费金融公司拉动消费的功能。消费金融公司消费贷款证券化，以消费金融公司存量消费贷款资产进行融资，无疑是消费金融公司未来融资的方向。

消费金融公司就其资产的性质而言，与其他消费信贷资产基本相同，因此，其资产证券化也与其他的消费信贷资产证券化基本相同。但是消费金融公司和由银行所做的住房抵押贷款、汽车金融公司所做的汽车抵押贷款也有所不同,那些个人消费信贷是用于购买同类消费品的贷款,在基础资产的选择上标准比较容易统一,而消费金融公司的信贷资产涉及面比较广泛,选择标准不易统一。这使得消费金融公司的资产证券化需要作为一个不同的类型进行操作。

2. 消费金融公司证券化的成功实践

2016年1月20日,由中银消费金融有限公司作为发起机构、华能贵诚信托作为受托机构/发行人的首单消费金融公司消费贷款证券化产品"中赢新易贷2016年第一期个人消费贷款信贷资产证券化信托资产支持证券"(以下简称"该期资产支持证券")在全国银行间债券市场成功发行,发行总规模699,014,100元,实现了消费金融公司消费金融资产证券化零的突破。

表5-10 中赢新易贷2016年第一期个人消费贷款信贷资产证券化
信托资产支持证券(Wind统计口径)概况

资产支持证券	发行金额(元)	分层占比	利率	法定到期日	评级(联合资信)	评级(中债资信)
优先A档	561,000,000	80.26%	浮动	2019/2/28	AAA	AAA
优先B档	84,500,000	12.09%	浮动	2019/2/28	AA	AA
次级档	53,514,100	7.65%	—	2019/2/28		
总规模(元)	699,014,100					

该期资产支持证券由受托机构于簿记建档日面向银行间债券市场机构以公开簿记建档方式发行,优先A档资产支持证券、优先B档资产支持证券将在全国银行间债券市场交易;发起机构按照监管要求部分持有该期资产支持证券,具体为持有该期资产支持证券全部次级档,占全部资产支持证券发行规模的7.65%,次级档资产支持证券将以人民银行规定的方式进行流通转让。

下面,我们以此项探索为例,分析一下消费金融公司资产证券化的具体操作过程:

(1)关于消费公司资产证券化的操作流程

消费金融公司资产证券化的主要操作流程如图5-1所示,本节将针对其中几项关键性流程,以该期资产支持证券为例,分析消费金融公司如何将表内资产进行证券化。

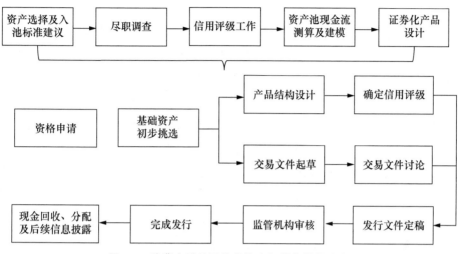

图 5-1 消费金融公司信贷资产证券化操作流程

(2) 关于发起机构业务资格申报

在业务资格申报阶段，发起机构除了向主管银监部门进行资产证券化业务主体资格申报，还需要确定中介机构，并在中介机构的协助下启动内部证券化IT系统改造、初步数据提取与试算等工作。由于信贷资产证券化需要发起机构各部门的通力配合，因此发起机构如首次开展证券化业务，还应在这一阶段开展公司内部动员，确保各部门对证券化项目具有一致的认识和目标。

(3) 关于基础资产的筛选和资产池的分析

消费金融公司消费贷款信贷资产证券化的基础资产筛选标准和分析维度具备普遍适用性，本节以中赢新易贷2016年第一期个人消费贷款证券化信托资产支持证券为例，介绍消费金融公司证券化过程中基础资产筛选与分析的基本做法：

一是进行基础资产的初步筛选。在尽职调查过程中，需要确定基础资产池、收集基础资产的数据包和历史数据。其中，最核心的步骤即从借款人的标准、贷款的标准、发放贷款的标准等方面拟定入池资产的合格标准，对入池资产进行筛选并确定基础资产池。

借款人的标准：中国公民，在贷款发放日时至少为年满18周岁，年龄与该贷款的剩余期限之和小于 65，不是与发起机构签订劳动合同的雇员，不存在违反其在借款合同或其他相关文件下的偿付义务或其他主要义务且尚未补救的行为，在初始起算日借款人在发起机构只有一笔贷款或所有贷款均入池。

贷款的标准：全部为正常类贷款，已经全部发放完毕，并由发起机构提供服务，并且同一借款合同项下全部贷款的未偿款项（包括但不限于本金和利息）全部入池；贷款所有应付数额均以人民币为单位；借款合同适用中国法律且单笔贷款余额在 5 万元以下，借款合同合法有效并构成相关借款人合法、有效和有约束力的义务，债权人有权根据借款合同向借款人主张权利，借款人单次逾期最高不超过 7 天，累计逾期最高不超过 30 天（该项目的贷款到期日不晚于 2017 年 3 月 31 日，贷款发放日不晚于 2015 年 4 月 30 日）；初始起算日贷款的未偿本金余额不低于人民币 1,000 元，且不超过人民币 50,000 元；贷款为有息贷款，贷款需每月还本付息（包括贴息及分期手续费，贴息由贷款服务机构按实际利率法于每个回收款转付日转付至信托收益账，分期手续费由贷款服务机构按照实际收取情况转付至信托收益账）；除借款合同以外，发起机构和相关借款人之间关于该贷款不存在其他协议（关于该贷款的委托扣款协议除外），除非借款人或商户全部提前偿还了所有的应付款项，任何借款人均无权选择解除或终止该借款合同；借款合同中不存在对债权转让的限制性条款，发起机构将全部或部分贷款设立信托以及转让该等贷款的行为不会由于任何原因而被禁止或限制，且不需要获得借款人或任何其他主体的同意；发起机构未曾放弃其在借款合同项下的任何重要权利，发起机构已经履行并遵守了相关的借款合同的条款（如有发起机构需承担的其他义务），针对该贷款而言，发起机构和相关的借款人之间均无尚未解决的争议；贷款不涉及任何诉讼、仲裁、破产或执行程序，除法定抵销权外借款人对贷款不享有任何主张扣减或减免应付款项的权利，每笔贷款的借款合同文本在所有重要方面与《信托合同》附件所列借款合同范本相同。

发放贷款的标准：贷款为发起机构在其日常经营中根据其标准信贷程序及其他与消费贷款业务相关的政策、实践和程序所发放。

二是对资产池资产进行分析。在按照合格标准对入池资产进行初步筛选后，需要对资产池进行分析。针对消费金融公司消费贷款的特点，通常采用的分析维度为：资产池基本情况、期限特征、利率特征、集中度、信用状况、借款人特征、贷款用途，在每一具体维度内，还设有若干具体分析指标，参见表5-11。

表5-11 中赢新易贷2016年第一期个人消费贷款信贷资产证券化信托资产池基本情况

资产池基本情况	金额
资产池未偿本金余额总额（万元）	69,901
资产池合同初始金额总额（万元）	118,172
借款人数量	40,531
贷款笔数	40,531
单笔贷款最高本金余额（万元）	5
单笔贷款平均本金余额（万元）	1.7
借款人贷款平均本金余额（万元）	1.7
期限特征	
加权平均贷款合同期限（月）	23.3
加权平均贷款剩余期限（月）	15.5
加权平均贷款账龄（月）	8.3
单笔贷款最长剩余期限（月）	22
单笔贷款最短剩余期限（月）	6
利率特征	
加权平均贷款年利率	14.43%
单笔贷款最高年利率	17.90%
单笔贷款最低年利率	11.97%
浮动利率贷款剩余本金占比	0
集中度	
借款金额最高的前五名借款人集中度	0.036%
贷款最集中的前三个城市	上海，深圳，北京
信用状况	
正常类贷款占比	100%
借款人特征	
借款人加权平均年龄（岁）	29.08
30—40岁（含）借款人贷款余额占比	24.79%
借款人加权平均年收入（元）	76,888.32
借款人加权平均收入债务比	427.49%
贷款用途	
教育贷款占比	95.07%

(4) 进行交易结构设计

为保证时间进度，在基础资产筛选与分析阶段进行尽职调查的同时，即可进行交易结构搭建与交易条款设计。由于消费金融公司为银监会主管的非银行业金融机构，其目前的证券化模式主要属于信贷资产证券化，需适用信贷资产证券化的特殊目的信托型交易结构。这包括：

发起机构与受托机构签订《信托合同》，将发起机构发放的信贷资产委托给受托机构成立资产证券化信托；

发起机构、受托机构和主承销商签订《承销协议》，由受托机构担任发行人在银行间债券市场公开发行资产支持证券；

发起机构与项目贷款服务机构（初始贷款服务机构即为发起机构）以及资金保管机构分别签订《服务合同》和《资金保管合同》，委任其分行分别担任本项目的贷款服务机构和资金保管机构；

主承销商/承销团将证券发行收入交付给受托机构，由受托机构将发行收入扣除相关费用后交给发起机构作为资产支持证券的发行对价。

中赢新易贷 2016 年第一期个人消费贷款信贷资产证券化的交易结构如图 5-2 所示：

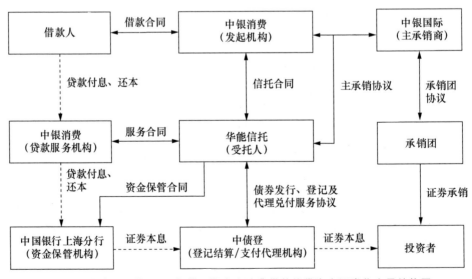

图 5-2 中赢新易贷 2016 年第一期个人消费贷款信贷资产证券化交易结构图

(5) 采取信用增级措施

资产证券化产品的信用增级措施主要分为内部信用增级、外部信用增级两大类。消费金融公司消费贷款证券化因其基础资产分散度高等特点，通常采用内部信用增级方式，而无需引入外部信用担保机构提供外部信用增级。消费金融公司消费贷款证券化内部信用增级措施通常包括以下几个方面：

进行优先/次级安排。优先/次级安排是证券化项目中最常见的内部信用增级安排。根据项目安排的各档级证券本金/利息的受偿顺序，劣后受偿档级的投资者为优先档级投资者提供信用增级。从资产池回收的资金将会按照事先约定的现金流支付顺序支付，如资产池资金回收因基础资产损失而减少，则排序在现金流支付顺序最后面的证券档将承担最初的损失，由排名在后的证券档为高一级别的证券档提供信用增级。

超额利差分配安排。消费金融公司消费贷款利率通常较高、可形成超额利差。以中赢新易贷 2016 年第一期个人消费贷款信贷资产证券化为例，其入池资产年化加权平均利率为 14.43%，高于优先档资产支持证券化发行利率和资产支持证券税费之和。当基础资产发生损失时，首先由超额利差部分进行吸收，超额利差可为优先档证券的还本付息提供有力保障。

信用触发机制设计。为保证某些特殊情况发生后，资产支持证券投资者的利益仍能得到保护，消费金融公司消费贷款证券化交易需设置信用触发机制。通常而言，与各参与机构履约能力相关的"加速清偿事件"，以及同资产支持证券兑付相关的"违约事件"是最常见的两类信用触发机制，信用事件一旦触发将引致基础资产现金流支付机制的重新安排，以保证投资者利益。

(6) 进行产品要素设计

在完成前述产品设计的"预备性"阶段后，需根据之前入池标准设定、资产池分析、交易结构搭建、信用增级措施设计的情况，完成最后的产品要素设计，完成由消费金融公司消费信贷资产转化为消费贷款资产支持证券的最关键步骤。

在中赢新易贷 2016 年第一期个人消费贷款信贷资产证券化中，消费金融公司消费贷款证券化的产品要素如表 5-12 所示：

表 5-12 中赢新易贷 2016 年第一期个人消费贷款信贷资产证券化产品要素

发行总额（元）	699,014,146.92		
初始起算日	2015 年 4 月 30 日		
计息起始日	2016 年 1 月 20 日		
法定到期日	2019 年 2 月 28 日		
证券分档	优先 A 档	优先 B 档	次级档
金额（万元）	561,000,000.00	84,500,000.00	53,514,146.92
规模占比	80.26%	12.09%	7.65%
信用等级	AAA	AA	无评级
预期到期日	2016 年 6 月 26 日	2016 年 8 月 26 日	2017 年 4 月 26 日
加权平均期限	0.11 年	0.47 年	不适用
利率类型	浮动利率	浮动利率	无票面利率
发行票面利率	3.29%	4.10%	不适用
基准利率	1 年期定存利率，基准利率调整日为人民银行调整该利率生效日后的第 3 个计息日		不适用
基本利差	根据公开簿记建档结果确定		不适用
还本付息频率	按月支付	按月支付	不适用
还本方式	过手型	过手型	不适用

通常，消费金融公司消费贷款资产支持证券的优先 A 档、优先 B 档资产支持证券为过手型证券，若提前还款率上升，加权平均期限将缩短，上表中列示的加权平均期限系不考虑清仓回购、提前偿还、违约、拖欠等情况的测算期限。

(7) 向监管部门备案

在完成交易文件定稿，获得会计处理文件初稿、法律意见书及尽调报告初稿、评级报告初稿后，准备申报材料，上报银监会进行产品备案。

一是产品申报发行。 在获得银监会批文后，组织承销团，制作向央行申报文件，组织路演。

在获得央行批文后，向中央结算公司提交挂网披露材料，公告发行，组织簿记发行，一般在拿到央行批文后两周内完成。

二是进行信息披露。 根据《个人消费贷款资产支持证券信息披露指引（试行）》，个人消费贷款资产支持证券受托机构、发起机构及为证券化提供服务的机构应根据该指引及相关表格体系要求，在注册环节、发行环节及存续期通过交易商协会信息披露服务系统、中国货币网、中国债券信息网、与交易商协会信息披露服务系统直连模板化披露的北京金融资产交易所官方网站及交易商协会认可的其他方式充分披露个人消费贷款资产支持证券相关信息。

由于目前个人消费贷款证券化的信息披露是一种持续性信息披露安排，且与产品设计及交易、发行文件制作密切相关，故发起机构和发行机构在从事个人消费贷款证券化的过程中，应在各个阶段注意遵循披露要求准备相关文件。

注册环节信息披露： 披露注册申请报告，受托机构、发起机构应在个人消费贷款资产支持证券接受注册后10个工作日内，披露注册申请报告等文件。

发行环节信息披露： 受托机构和发起机构应至少于发行日前5个工作日，披露信托公告、发行说明书、评级报告、募集办法和承销团成员名单等文件。

重大事项信息披露： 发生可能对个人消费贷款资产支持证券投资价值有实质性影响的临时性重大事件时，受托机构应在事发后3个工作日内披露相关信息，并向交易商协会报告。

六、"互联网＋"消费分期资产怎样证券化

1. 互联网消费分期证券化市场潜力巨大

互联网消费分期市场份额迅猛增长。仅以2015年"双十一"为例，"蚂蚁花呗"和"京东白条"交易量引人注目，淘宝全网共46700万笔交易中，使用"蚂蚁花呗"的达6048万笔，占总交易数13％；京东商城3200万笔交易中，使用"京东白条"的达1280万笔，占总交易数40％。迅猛增长的互联网消费分期业务，也创造了互联网消费分期证券化的巨大需求。

消费金融是所有金融行业中，通讨场景金融模式与互联网走得最近的，

而且互联网消费分期业务存在轻资产特征对资产证券化依赖更高，资产盘活带来的资金是互联网消费分期机构的生存之泉。通过资产证券化可以盘活互联网消费金融模式，嫁接到消费金融模块中，进一步提高消费金融运营效率、运营杠杆、表内表外财务综合杠杆。

"互联网＋"一方面是技术/产品创新，一方面是渠道/市场创新，"互联网＋"消费金融离不开资产证券化。消费金融以及在互联网概念下消费金融在未来发展空间会很大，相伴而来的互联网＋消费金融证券化也蕴含巨大的发展潜力，呈现出三个方面的导向：

（1）资产导向

消费金融相对于传统银行和企业资产证券化，具有典型特征就是轻资产。一个优质的消费金融公司可以在合规、风险可控或者风险可识别的前提下实现"资产表外化、利润表内化"。

（2）数据导向

消费金融资产证券化本身看的是商业模式下的统计概率问题，而不完全看每个借款人的资信。

（3）模式导向

或称为模型导向。所谓模型体现在两方面，一是整体商业模型，消费金融公司怎么运营的，核心利润点、风控点以及核心创新点在什么地方；二是消费金融资产所进行评估或者进行信用测量的模型，这就关系资产证券化产品设计以及风险导向，以及评级过程中所使用的模型。

2. 基础资产界定、筛选与分析

（1）基础资产界定

纵观我国已成功发行的这几单互联网消费金融证券化产品，其原始权益人均非金融机构，所谓"京东白条""分期乐"亦非消费贷款，而是原始权益人推出的商品销售过程中的赊购（先消费、后付款）的支付服务。

这几单互联网消费金融证券化产品的基础资产应界定为《资产买卖协议》项下计划管理人以认购人交付的认购资金及循环期内计划管理人利用专项计划资金，自专项计划设立日（含该日）起，向原始权益人购买的符合合格标准的应收账款资产（包含已计提但用户尚未支付的应付货款、服务费和/或其他应付款项）。

这种界定，清晰地体现了这几单互联网消费金融证券化产品基础资产的本质——原始权益人作为货物销售方对于用户开展赊销业务而产生的应收货款；明确了该等基础资产系企业应收账款资产而非金融机构的消费金融资产；消除了公众对于互联网消费金融是消费贷款的误解，也从根本上解答了公众对于互联网消费分期机构是否有资格开展消费信贷业务的疑惑。

（2）基础资产筛选

基于互联网消费金融证券化产品基础资产的法律属性界定，筛选基础资产的合格标准也应体现相应的特点。通常而言，就每一笔基础资产而言，在计划管理人购买基础资产的交割之时，其应符合以下标准：

一是基础资产仅限原始权益人在销售商品时提供赊销服务所产生的针对用户的应收账款资产；

二是原始权益人真实、合法、有效拥有基础资产，且基础资产上未设定抵押权、质权或任何第三方的其他有效的权利主张；

三是基础资产对应的买卖合同合法有效；

四是该基础资产对应的最后一期还款日不晚于自专项计划设立日起第24个月届满之日；

五是该基础资产上无限制转让规定；

六是该基础资产不涉及诉讼、仲裁。

除上述定性的合格标准外，基础资产的筛选还需根据产品设计满足其他量化标准。

（3）基础循环购买结构的动态资产池分析

互联网消费金融证券化产品通常以基础资产产生现金流在循环期循环购买新的符合合格标准的基础资产的方式构成动态资产池。原始权益人通过IT系统在现有应收账款资产中抽取了部分资产组成模拟基础资产池，计划设立前，法律顾问以合格标准为条件，对该模拟资产池进行法律审查；评级机构依据模拟资产池进行评级；管理人/财务顾问依据模拟资产池进行现金流的切分与产品设计。

3. 产品结构设计

(1) 交易结构搭建

互联网消费金融证券化产品的交易结构与其他应收账款资产证券化产品并无本质区别，其交易结构如图 5-3 所示：

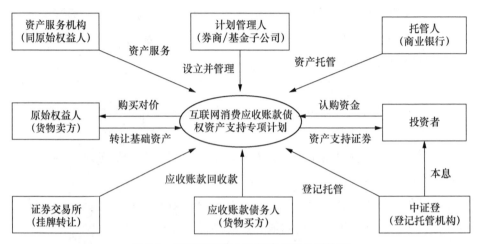

图 5-3 互联网消费金融证券化交易结构图

A. 认购人与计划管理人签订《认购协议》并缴付认购资金，计划管理人设立并管理专项计划，认购人取得资产支持证券，成为资产支持证券持有人；

B. 计划管理人运用专项计划资金购买原始权益人（基础资产转让方）应收账款资产，即原始权益人在专项计划设立日转让给专项计划的、原始权益人对用户的应付货款及服务费的请求权和其他附属权利；

C. 计划管理人委托基础资产转让方作为资产服务机构，对基础资产进行管理，包括但不限于基础资产资料保管、对用户应收账款进行催收、运用前期基础资产回收款滚动投资后续资产包等；

D. 托管人依据《托管协议》的约定，管理专项计划账户，执行计划管理人的划款指令，负责办理专项计划名下的相关资金往来；

E. 计划管理人按照合同的约定将基础资产的收益分配给专项计划资产支持证券持有人。

(2) 循环购买结构

由于互联网消费金融应收账款存在单笔金额小、期限短的特点，如简单地设计成常规摊还型产品则资金沉淀较大，如设计成过手型产品则限制了某些投资者的投资意愿。为解决这一问题，针对基础资产单笔金额小、期限短、每日新增量大、同质化程度高的特点，为减少专项计划资金沉淀、增加专项计划资金运用效率、提升专项计划收益，互联网消费金融通常设计循环购买安排，将专项计划存续期间划分为循环期和分配期，循环期内，资产服务机构应于每一循环期转付日从证券化服务账户中将费用储备账户及收益储备账户内记录的金额所对应的资金全额划入专项计划账户；专项计划收款账户内的剩余资金应记入基础账户用于循环购买符合合格标准的应收账款债权资产。具体操作上，可采用以下设计：

在循环期内，基础资产产生的回收款应先记入税金储备账户，直至税金储备账户内记录的资金与资产服务机构预估的当月应缴税金及自专项计划设立日至前一个自然月月末期间应补足的税金之和相等。

之后，基础资产产生的回收款应记入费用储备账户，直至费用储备账户记录的资金达到以下额度：费用储备账户储备额度＝根据《标准条款》预估的当年应支付费用总额＋自专项计划设立日至当时应补足的费用储备金－当年累计已由费用储备账户转入专项计划账户的金额。

之后，基础资产产生的回收款应记入收益储备账户，直至收益储备账户记录的资金与当月优先级资产支持证券应计预期收益及自专项计划设立日至前一个自然月月末期间应补足的储备金之和相等。

之后，基础资产产生的回收款应记入基础账户用于循环购买符合合格标准的应收账款债权资产。

(3) 信用增级措施

A. 优先/次级安排。无论哪种基础资产，优先/次级的分层结构都是资产证券化最常见的信用增级措施，由偿付顺序劣后的资产支持证券为偿付顺序优先的资产支持证券提供信用增级。

B. 信用触发机制。由于互联网消费分期机构通常主体资质较弱，故需要设置信用触发机制，即同原始权益人和参与机构履约能力相关的加速清偿事件。加速清偿事件一旦触发将引致基础资产现金流支付机制的重新安排，基础账户①内记录的资金不再用于购买原始权益人符合合格标准的资产，计划管理人应立即指令资产服务机构将证券化服务账户②的全部余额划付至专项计划账户。如证券化服务账户之后进一步收到任何金额，则计划管理人应授权或定期指令资产服务机构在受到该等金额后将该等金额划付至专项计划账户，用以向资产支持证券持有人进行分配。在分配顺序上，在偿付相关税费后，优先清偿优先预期收益，再清偿优先级本金，最后再对次级进行分配。

C. 流动性支持机制。 如果因为循环购买或各方面的原因导致在优先级证券约定的收益分配日，账户中没有足够资金用于分配当期收益，则由原始权益人或指定机构为收益分配提供流动性支持。后续应收账款债务人人的还款可以用于偿还流动性支持机构提供流动性支持所垫付的资金。

D. 外部担保（视评级与市场情况而定）。 鉴于目前部分互联网金融公司的消费分期业务运营时间和可追溯数据都相对有限，且运营公司规模尚小导致难以获得理想的资信评级，为了提高资产证券化产品评级、提高投资者的接受度进而控制发行利率，部分案例选择了使用专业担保公司对优先级资产支持证券的本息支付进行担保增信。以嘉实资本—分期乐1号资产支持专项计划为例，其引入AAA级担保机构中合中小企业融资担保股份有限公司为优先级资产支持证券提供增信，使优先级资产支持证券获得了AAA评级，提高了产品安全性并降低了发行成本。鉴于专业担保公司提供增信需要原始权益人付出一定的担保费且可能需要反担保措施（如信用反担保），因此需要综合衡量担保对于交易所审核通过率、市场接受程度及发行利率降低程度等因素，以确定是否采用此增信措施。

（作者：陈耀光　摩根士丹利证券）

---

① "证券化服务账户"下设的子账户，在循环期用于记录用作循环购买原始权益人符合合格标准的应收账款资产的资金；在分配期用于记录基础资产回收款在完成税金储备账户和费用储备账户的资金储备后留存的剩余资金。

② 计划管理人依照网银在线公司相关服务规则为专项计划专门开立的账户，主要用于归集专项计划资产现金流，向专项计划账户转付回收款，同时循环购买应收账款资产，下设"税金储备账户""费用储备账户""收益储备账户""基础账户"4个子账户。

第二部分

企业资产证券化热点问题

第六章　租赁资产证券化热点问题

一、租赁资产与资产证券化

随着我国资产证券化的重启与扩容，越来越多的企业采用证券化的形式进行融资、资产管理。目前我国的资产证券化业务主要分为以人民银行、银监会为监管机构的信贷资产证券化业务；以证监会、交易所、基金业协会等为主负责的证券公司及基金子公司证券化业务（又称企业资产证券化业务）；以保监会为监管的资产支持计划业务以及交易商协会主导的资产支持票据业务。从目前的市场规模与发展速度来看，信贷资产证券化业务以及在交易所挂牌的企业资产证券化业务占证券化市场的主导地位。

在企业资产证券化众多的基础资产中，租赁资产又是最适合进行证券化操作的基础资产类型。这主要是因为租赁资产依据租赁合同产生，是一种既有债权，具备权属明确，可以产生独立、可预测的现金流且可特定化的财产权利或者财产的特征；其次，租赁资产与信贷资产类似，在基础资产的笔数、加权剩余期限、利率、地域、金额、行业等众多的指标上可以构建充分分散性的资产池，从而有效地降低因基础资产集中度过高导致的违约风险，这一点相比物权收益权，租赁资产优势明显；再次，相比其他原始权益人，租赁公司无论从发展的历史、当前的规模以及管理的经验、对证券化业务内在需求等方面都具备相当的优势。

目前，我国有关租赁资产证券化业务根据租赁业务的性质不同又分为融资租赁资产证券化和金融租赁资产证券化。前者在交易所挂牌交易，适用《证券公司及基金管理公司子公司证券化业务管理规定》等规则的调整；后者在银行间市场发行，适用《信贷资产证券化试点管理办法》的规范。这两类资产证券化业务的差异不仅体现在二者的业务类型上，更多的差异存在于企业资产证券化与信贷资产证券化适用的相关规范上。重要的区别之一在于金融租赁证券化业务的交易结构采用特殊目的信托为载体，适用信托法的管理规定；而融资租赁资产证券化业务采用的资管计划的模式，适用证券法以及证券投资基金法等的相关的规定。信贷资产证券化业务具备包括业务规范、参与主体、会计处理、税务处理、信息披露等在内的比较完善的制度规范，而企业资产证券化规范相比还不尽完整，例如会计处理、税务处理等，在实践中，只能参照信贷资产证券化的相关制度执行。

从证券化操作的目的而言，可以分为出表型资产证券化以及融资型资产证券化。前者如工银海天 2015 年第一期租赁资产支持证券；后者在目前已发的租赁资产证券化项目占比更高，无论是金融租赁还是融资租赁项目，例如苏租 2015 年第一期租赁资产证券化信托项目、融汇 2015 年第一期租赁资产证券化信托项目以及交易所已发行的多数融资租赁项目均是表内融资。相比融资型证券化，出表型证券化不但希望通过证券化融资还有调整资产结构、改善资本占用的需求。例如因为租赁业务的快速发展，租赁公司的杠杆率已达或接近上限，则此时出表型证券化操作就比较适合。如果租赁公司刚刚发展不久，租赁资产规模十分有限，此时租赁公司主要想以较好的成本融入资金，而不希望将仅有的租赁资产做表外处理，这时融资型资产证券化操作更有意义。

二、租赁资产证券化发行现状

根据 Wind 的数据统计，自 2012 年证券化业务重启以来，截至 2015 年年底，我国合计发行租赁资产证券化产品约 706 亿元；其中金融租赁资产证券化共 6 单合计 78.47 亿；融资租赁证券化 389 支合计 627.56 亿元。

对于证监会监管下的租赁类资产支持证券，2012 年未有发行；2013 全年只发行了 1 单，发行规模为 11.14 亿元；2014 年发行了 4 单，发行规模为 44.75 亿元；2015 年租赁类企业资产支持证券业务出现井喷式发展，全年共发行 63 单，发行规模 566.20 亿元，较 2014 年增长了 11.65 倍。

2013—2015 年三年中，租赁类企业资产支持证券共发行了 68 单，按优先、次优、次级分层后相当于 389 支，合计发行 627.56 亿元，其中发行规模最大的一单为远东五期，发行了 38.5 亿；最小的一单为先锋租赁一期，只发行了 1.49 亿，平均每单发行规模为 9.23 亿。

利率类型上仅有 2 单采取的是浮动利率，其余全部是固定利率。从发行利率的角度来看，评级为 AAA 的加权平均发行利率为 5.49%，最高 7.50%，最低 3.70%；评级为 AA+ 的加权平均发行利率为 6.89%，最高 8.30%，最低 5.40%。

从发行期限上看，近三年加权平均发行期限为 2.36 年，最长期限 8.04 年，最短期限 0.01 年。

从发行规模的评级分布角度来看，近三年来发行的租赁类企业资产支持证券中，AAA 的占比最高，共发行了 487.97 亿，占总发行规模的 77.76%；其次为未评级的次级，共发行了 57.63 亿，占比 9.18%；评级为 AA 的，发行了 34.88 亿，占比 5.56%；而 AA+ 的发行了 22.09 亿，占比 3.52%，评级在 AA 及以上的合计占比为 86.83%。从发行支数的评级分布角度来看，基本亦是如此，AAA 共发行 237 支，占比 60.93%；未评级的次级共 66 支，占比 16.97%；评级为 AA 的和 AA+ 的分别发行了 34 支和 30 支，评级在 AA 及以上的合计占比 77.38%。

对于每单项目，评级为 AAA 的规模占总规模超过 80% 的，共有 28 单，占比 41.18%；次级占比低于 15% 的，共有 44 单，占比 64.71%。

对于银监会监管下的租赁类资产证券化业务：2014 年发行了 2 单，发行规模为 16.56 亿元；2015 年发行了 4 单，发行规模 61.91 亿元，较 2014 年增长了 2.74 倍。已发行的 6 单项目中，发行规模最大的一单为融汇 2015 年第一期租赁资产支持证券，发行了 28.56 亿；最小的一单为华租稳健租赁资产支持证券，只发行了 6.44 亿，平均每单发行规模为 13.08 亿。

与融资租赁证券化产品形成鲜明对比的是，金融租赁证券化产品的利率类型多为浮动利率，仅有 2 支采取的是固定利率。从发行利率的角度来看，评级为 AAA 的加权平均发行利率为 4.46%，最高 5.95%，最低 3.00%。

从发行期限上看，近两年加权平均发行期限为 2.18 年，最长期限 4.78

年,最短期限 0.04 年。

从发行规模的评级分布角度来看,近两年来发行的金融租赁类资产支持证券中,共发行了 59.68 亿 AAA 级证券,占总发行规模的 76.06%;其次为未评级的次级,共发行了 10.42 亿,占比 13.28%;评级为 AA+的,发行了 2.37 亿元,占发行总规模的 3.02%;评级在 AA 及以上的合计占比为 79.08%。

三、租赁资产证券化业务中的几个热点问题

1. 何种租赁资产适合证券化

从法律角度而言,适合进行资产证券化的租赁资产,必须符合以下条件:租赁合同依法成立,租赁债权及附属担保债权合法有效,权属明确;合同中有关租赁资产的转让方面没有禁止或限制性的规定;其次从入池标准而言,租赁资产还需满足合格性要求,例如有关单笔金额的大小、剩余期限的长短、所涉行业的规定、一定的账龄要求、承租人的资质等;再次从资产的规模而言,由于涉及证券化的操作可行性与经济性考虑,租赁资产还应具备一定的笔数与发行规模,这也意味着作为原始权益人的租赁公司应具备一定的经营基础,而不建议刚刚开展租赁业务即进行证券化操作。

2. 如何处理融资租赁证券化中的税务问题

目前金融租赁业务的税务规定比较清晰,在证券化业务中也有明确的税务规章执行适用。但是融资租赁资产证券化业务中的税收规定尚不清晰。首先,前文提到,与信贷资产证券化业务不同,企业资产证券化业务由于原始权益人以及基础资产的同质性较差,存在较大的差别,因此至今也没有制定并出台统一的会计和税收管理规定,以至于包括融资租赁资产在内的证券化业务在涉及会计和税务处理的问题均无明确的规定可以作为依据,只能参照信贷资产证券化业务的相关规范。其次是营改增所导致的融资租赁证券化操作难题。财政部、国家税务总局《关于在全国开展交通运输业和部分现代服务业营业税改征增值税试点税收政策的通知》(财税〔2013〕37 号)规定:

"有形动产融资租赁,是指具有融资性质和所有权转移特点的有形动产租赁业务活动。即出租人根据承租人所要求的规格、型号、性能等条件购入有形动产租赁给承租人,合同期内设备所有权属于出租人,承租人只拥有使用权,合同期满付清租金后,承租人有权按照残值购入有形动产,以拥有其所有权。不论出租人是否将有形动产残值销售给承租人,均属于融资租赁。"同时,由于我国金融行业的"营改增"还没有实现以及我国的税务管理规定对于诸如专项资产管理计划是否可以作为税务主体一直没有规定,直接影响到融资租赁证券化业务有关基础资产选择的范围或交易方案的设计。租赁公司如果发行资产证券化产品单纯为满足融资需求还好,如果希望调整资产结构,进行出表处理,则由于上述问题的存在只能以不涉及增值税项下的资产入池,这对于很多租赁公司以及资产池的组建而言都是一个重大的障碍。与此问题类似,在信贷资产证券化业务中也存在着特殊目的信托在收取借款人贷款利息后无法开具利息发票的问题,不得不在具体的业务过程中与信托监管所在地的银监与税务机构进行一一沟通,实在不行只能由原来的发起机构继续代为开具。所以,针对上述问题的解决,笔者认为,一方面期待着我国营改增进程的进一步加速推进,同时还希望税务监管机构对于证券化业务中的专项计划以及特殊目的信托直接或由管理人与受托人代为开具上述票据是否可以作出明确的规定,以便有法可依。值得关注的是,国家税务总局于 2015 年 12 月发布的《关于营业税改征增值税试点期间有关增值税问题的公告》(国税公告 2015 年第 90 号)对融资租赁行业进行了特别的关注,明确了保理业务项下租赁债权的转让与增值税发票的开具问题。根据该《公告》第 4 条的规定,提供有形动产融资租赁服务的纳税人,以保理方式将融资租赁合同项下未到期应收租金的债权转让给银行等金融机构,不改变其与承租方之间的融资租赁关系,应继续按照现行规定缴纳增值税,并向承租方开具发票。简而言之,此条可以概括为"保理不破租赁",显示了国家税务机关已经注意到融资租赁公司在进行不同金融创新过程中所遇到的与税务相关的问题。但是,我们希望不仅仅关注银行等金融机构保理过程中的增值税发票问题,诸如资产证券化项下的租赁资产转移所涉及的类似问题能进一步得到明确。

3. 融资租赁资产证券化采取何种信用增级措施

对于金融租赁证券化，目前采用的信用增级措施与银行间市场其他证券化产品类似并无重要的区别，一般多为优先次级结构、超额利差与本金收益账互补安排等。而融资租赁资产证券化信用增级除上述措施外，一般还有外部增级或者超额抵押的设置，例如由第三方机构或原始权益人作为差额补足机构在资产池的现金流与预期相比出现差额时及时承担补充的义务。超额抵押主要是以证券化发行规模少于入池资产的规模。在已发行的融资租赁项目中，差额补足或流动性支持的结构设计比较普遍，且多数差额补足或流动性支持机构由原始权益人自己承担，但笔者认为这样的外部增级安排与实际效果有待时间检验。

对于次级证券的持有情况，已发行的6单金融租赁证券化项目中，工银海天2015年第一期证券化项目与招金2015年第一期证券化项目的持有比例分别为次级规模的5%与5.07%，媒体报道工银海天是我国首单完成资产出表的租赁资产证券化项目，其余4单，根据说明书显示，均为发起机构全部持有次级。而对于融资租赁资产证券化项目，由于均为非公开发行，因此没有直接的资料显示次级证券的持有情况说明，但是根据行业内的了解，目前的结构次级多数也是有融资租赁公司自己持有。当然，也有例外，第一创业聚信租赁一期资产证券化项目中，作为原始权益人的聚信租赁按照交易安排并没有持有任何份额的次级证券。这表明，在杠杆率还有一定空间的情形下，证券化的融资功能对租赁公司更为重要，再加上次级证券的高收益率导致目前发行的众多租赁资产证券化产品的次级大部分被原始权益人自己持有（当然也有外部投资者不愿持有次级的因素）。

4. 如何进行租赁资产证券化产品的信用评级

根据上文提到的数据，在融资租赁证券化产品中，评级为AAA的证券规模为487.97亿，占发行规模的77.76%；全部未评级的次级厚度为57.63亿，占已发行融资租赁资产证券规模比9.18%；评级在AA及以上的合计占比为达到86.83%。就单个项目而言，评级为AAA的规模占某单总规模超过80%

的，共有 28 单，占全部发行单数的 41.18%；次级占比低于 15% 的，共有 44 单，占比 64.71%。

再来看一下金融租赁资产证券化的评级状况，AAA 的规模共发行了 59.68 亿，占总发行规模的 76.06%，低于融资租赁证券化 AAA 级产品的规模；全部未评级的次级厚度为 10.42 亿，占整个发行规模的 13.28%，高于融资租赁次级产品比例；评级在 AA 及以上的合计占比为 79.08%，与融资租赁证券化业务中同比数值相差近 7 个百分点。

即使与包括住房抵押贷款、汽车金融贷款等十分优质资产在内的银行间市场 2012—2015 年底发行的全部信贷资产证券产品的信用评级分布情况对比，融资租赁资产证券化产品的评级也处于高位。根据 Wind 的公开数据，2012—2015 年底，银行间市场已发行 7097 亿 ABS 产品（不含 ABN），其中 AAA 级的规模为 5820 亿，占比 82%，比融资租赁 ABS 规模略高 4 个百分点。需要说明的是，这里的 5820 亿是在双评级下二者取其高等级的结果，因此，如果单纯以某一评级机构给出的评级统计，银行间市场 AAA 级 ABS 的规模与比例都还会更低；银行间市场证券化产品的次级总规模约为 10%，同比高于融资租赁近 1 个百分点；评级 AA 以上规模占比为 85%，同比低于融资租赁 ABS 近 2 个百分点。

由于融资租赁资产证券化项目均为非公开发行，因此，无法获得全部有关这些项目的完整资料，只能从公开数据进行对比分析。上述数据给人们的印象是，银行间市场 ABS 产品优先级所能获得的信用增级要高于融资租赁 ABS 产品的信用支持。这大体上反映出一个事实，即融资租赁资产证券化项目中入池资产的信用质量应整体上高于、至少不低于绝大多数银行间信贷资产证券化项目（包括金融租赁资产证券化项目）的资产质量。另外一个可能的情形是融资租赁证券化项目中的其他增级措施卓有成效，例如有强有力的外部担保、流动性支持、差额支付承诺机构均能提供强有力的信用支撑。当然还要有更多的项目信息与资料后才能作出更为准确的结论。

5. 如何处理关于保证金的问题

对于保证金的问题，除少数项目在交易文件中根本没有涉及外，多数租赁资产证券化项目无论是融资租赁还是金融租赁均对此作了安排。与以往要求在租赁资产债权转让时需将保证金一同转移不同的是，目前的交易结构多将转移的时间与原始权益人（或发起机构）作为资产服务机构的长期主体信用等级挂起钩来，证券化项目设立时通常不将保证金随之转移，当上述评级不再高于或等于设定等级时，则作为服务机构的原始权益人或发起机构应及时将保证金转至证券化项目托管账户下的保证金科目。

四、融资租赁资产证券化的操作步骤

1. 发行流程

（1）前期准备（1周）
- 选择中介机构，与各中介机构签署服务协议
- 召开项目启动会

（2）资产组建与尽职调查（2周）
- 主承销商协调原始权益人及各中介，确定基础资产选择标准
- 原始权益人选取基础资产及备选基础资产，形成初步资产池
- 提供主体尽调清单及访谈提纲，现场主体尽职调查
- 提供资产池尽调清单，收集资产池基础资产全套资料
- 资产池尽职调查
- 确定最终资产池

（3）交易结构与产品方案设计（1周）
- 分析资产池，建立分层模型，设计交易结构并分层，设计产品发行条款
- 与评级机构就评级问题沟通，与会计师就会计、税务问题沟通
- 确定产品交易结构及发行条款

（4）材料制作（2周）
- 完成申请报告、计划说明书等文件；各中介机构出具相关报告
- 各项申报文件定稿、盖章（除交易合同）
- 出具有权机构决议

(5) 推广发行阶段（2周）

- 进行推广与路演
- 簿记建档
- 验资，专项计划正式设立，募集资金划付至指定账户

(6) 备案与挂牌阶段

- 专项计划设立5个工作日内全套备案材料提交中国基金业协会，并抄送资产管理机构住所地中国证监会派出机构
- 全套备案材料盖章（含交易合同）
- 完成备案
- 交易场所进行挂牌
- 开始交易流通

(7) 项目存续期间

- 资产服务机构提供本息回收和后续管理相关信息和资料的维护服务
- 托管银行按约定划付资金
- 计划管理人按约定管理计划资产、进行现金流分配，并公布有关报告和信息
- 管理人、托管人每向资产支持证券投资者披露上年度资产管理报告、年度托管报告（同时向中国基金业协会报告，抄送管理人住所地中国证监会派出机构）。每次收益分配前，管理人向资产支持证券投资者披露专项计划收益分配报告。

2. 申报材料目录

1. 专项计划申请书
2. 计划说明书
1）受益凭证的发行规模、品种、期限、预期收益率、资信评级状况、登记、托管、交易场所等基本情况
2）专项计划的交易结构
3）资产支持证券的信用增级方式；
4）原始权益人、管理人和其他服务机构情况；

（续表）

5）基础资产情况及现金流预测分析；
6）专项计划现金流归集、投资及分配；
7）专项计划资产的构成及其管理、运用和处分；
8）专项计划的有关税务、费用安排；
9）原始权益人风险自留的相关情况；
10）风险揭示与防范措施；
11）专项计划的设立、终止等事项；
12）资产支持证券的登记及转让安排；
13）信息披露安排；
14）资产支持证券持有人会议相关安排；
15）主要交易文件摘要；
16）《证券公司及基金管理公司子公司资产证券化业务管理规定》第17条、第19条和第20条要求披露或明确的事项；
17）备查文件（包括与基础资产交易相关的法律协议等）存放及查阅方式
3. 主要交易合同文本
4. 法律意见书
5. 受益凭证推广方案
6. 原始权益人募集资金用途专项说明与承诺
7. 原始权益人最近3年经审计的财务会计报告及融资情况说明（未满3年的自成立之日起）
8. 证券公司、托管人有关防范利益冲突的特别说明
9. 证券公司分管企业资产证券化业务的高级管理人员、部门负责人和项目主办人的情况登记表
10. 证券交易所出具的专项计划论证报告和统一专项计划受益凭证挂牌交易的意见

五、金融租赁资产证券化的操作步骤

1. 发行流程

项目执行共由七个阶段组成，每个阶段的主要工作与时间安排如下表：

前期准备阶段 （1周）	选择中介机构，签署与各中介机构的服务协议； 召开项目启动会
资产池选取与 尽职调查 （2周）	主承销商协调发起机构及各中介，确定基础资产选择标准； 发起机构选取基础资产及备选基础资产，形成初步资产池； 提供主体尽调清单及访谈提纲，现场主体尽职调查； 提供资产池尽调清单，发起机构收集资产池信贷资产全套资料； 资产池尽职调查； 确定最终资产池
交易结构与 产品方案设计 （1周）	分析资产池，建立分层模型，设计交易结构并分层，设计产品发行条款； 与评级机构就评级问题沟通，与会计师就会计、税务问题沟通，与银监会进行项目沟通； 确定产品交易结构及发行条款
文件制作 （2周）	起草相关合同文本，讨论修改并定稿； 起草发行说明书等申报文件，讨论修改并定稿； 中介机构出具申报所需出具的文件
备案与审批 （4—6周）	业务资格评定； 制作申报材料并报送银监会；对监管机关提出的问题及时反馈； 获得银监会批复函，向人民银行注册； 跟踪资产池中贷款，对可能发生的变动并对申报文件作动态更新； 准备发行工作，组建承销团，准备投资价值分析报告及产品推介材料。
发行与上市 （2周）	安排组织路演推介； 各方签署交易文件，披露相关公告； 定价及投资者缴款；验资； 募集款项划付发起机构； 证券托管登记及上市； 向主管机关反馈销售情况，投资者答谢及项目总结等

(续表)

项目存续期间	贷款服务机构提供本息回收和贷后相关信息和资料的维护服务； 资金保管银行按约定进行资金划付； 受托机构按约定管理信托财产、进行现金流分配，并公布有关报告和信息

2. 申报文件

与融资租赁资产证券化不同，金融租赁资产证券化适用银行间市场信贷资产证券化业务的相关规定。因此，在业务的准入以及监管流程上还是存在较大的差别。以下为金融租赁公司开展证券化业务所需准备的基本申报资料清单：

(1) 业务资格审定资料

根据《中国银监会非银行金融机构行政许可事项实施办法》的规定，监管机构对于非银行业金融机构取得资产证券化业务资格进行了明确的规定，非银行金融机构申请资产证券化业务资格，应当具备以下条件：

A. 具有良好的社会信誉和经营业绩，最近3年内没有重大违法、违规行为；

B. 具有良好的公司治理、风险管理体系和内部控制；

C. 对开办资产证券化业务具有合理的目标定位和明确的战略规划，并且符合其总体经营目标和发展战略；

D. 具有开办资产证券化业务所需要的专业人员、业务处理系统、会计核算系统、管理信息系统以及风险管理和内部控制制度；

E. 监管评级良好；

F. 银监会规章规定的其他审慎性条件。

在程序上，金融租赁公司向银监分局或所在地银监局提交申请，由银监分局或银监局受理并初步审查，银监局审查并决定。银监局自受理之日或收到完整申请材料之日起3个月内作出批准或不批准的书面决定，并抄报银监会。

(2) 报银监会的备案材料清单

A. 信贷资产证券化项目备案登记表；

B. 由发起机构与受托机构联合签署的项目备案报告；

C. 信贷资产证券化项目计划书；

D. 信贷合同、贷款服务合同、资金保管合同及其他相关法律文件草案；

E. 执业律师出具的法律意见书草案、注册会计师出具的会计意见书草案、资信评级机构出具的信用评级报告草案及有关持续跟踪评级安排的说明；

F. 受托机构在信托财产收益支付的间隔期内，对信托财产收益进行投资管理的原则及方式说明；

G. 发起机构信贷资产证券化业务资格的批复或相关证明文件；

H. 特定目的信托受托机构资格的批复；

I. 银监会要求的其他文件材料。

(3) 向人民银行申报的材料清单

A. 申请报告；

B. 发起机构章程或章程性文件规定的权力机构的书面同意文件；

C. 信托合同、贷款服务合同和资金保管合同及其他相关法律文件草案；

D. 发行说明书草案；

F. 承销协议；

G. 中国银监会的有关批准文件；

H. 执业律师出具的法律意见书；

I. 注册会计师出具的会计意见书；

J. 资信评估机构出具的信用评级报告草案级有关持续跟踪评级安排的说明；

K. 中国人民银行规定提交的其他文件。

（作者：王学斌　第一创业摩根大通证券）

实践前沿

资产证券化：融资租赁的下一棵"摇钱树"*

文/闵文文　骆　露

谢秋平	中诚信证券评估有限公司副总裁
王学斌	一创摩根证券投行部创新业务联席主席、资产证券化负责人
徐欣彦	中国人民银行征信中心动产融资登记部副总经理
沈炳熙	中国人民银行金融市场司原巡视员、中国农业银行董事
陈春艳	中国证券投资基金业协会资管产品部主任
张巨光	北京市租赁行业协会会长
宋光辉	博人金融CEO

"租赁资产比较标准，能产生稳定的现金流，是比较适合资产证券化的。"一创摩根证券投行部创新业务联席主席、资产证券化负责人王学斌表示。王学斌是从专项资产管理计划管理人的角度来作出判断的。对融资租赁企业本身而言，资产证券化也是其拓宽融资途径、实现资产出表的有效手段。据中国证券投资基金业协会资管产品部主任陈春艳介绍，从2011年远东二期专项资产管理计划的成功发行，到2015年5月，在中国证券投资基金业协会备案的融资租赁资产支持专项计划共有16支，占所有49支资产支持专项计划的32.6%，规模为400多亿元。

一、另一条有效的融资途径

据北京市租赁行业协会会长张巨光透露，目前在北京注册的内资融资租赁企业有28家，总资产规模760亿，在这28家企业的全部负债中，银行贷款占到了48.3%，对股东的负债占27.2%。与此同时，北京地区的137家外资融资租赁企业的银行贷款也占了其全部负债的39.6%，对股东负债占比20.3%。由此可以看出，目前融资租赁企业的融资途径主要依靠银行贷款和股东负债两种方式，比较单一。

---

* 本文原载《当代金融家》2015年第8期。

"对银行贷款依赖这么大,是不可持续的,一方面,中小融资租赁企业一般很难获得银行信贷的支持。另一方面,这种融资结构必然造成融资租赁公司资金成本高,盈利空间小,因为银行信贷的成本和融资租赁企业的租息之间的差额非常有限,这就在很大程度上制约了融资租赁业务的发展。"张巨光说。

"因此,通过证券化把一部分租赁资产打包出售取得资金来源,是一种非常必要的途径。"中国人民银行金融市场司原巡视员沈炳熙认为。沈炳熙说,这种方式既不受证券化发起机构净资产的约束,也不受融资公司资产负债比例的制约,他和发债不一样,发债是以融资租赁公司本身的信用和实际收入作为基础,总规模不能超过净资产的40%;而证券化是以租赁资产将来的收益为基础,所以租赁公司本身的资产负债情况并不会对其发行证券化产品产生制约(见表6-1)。

资产证券化对租赁公司而言的确是另一条融资途径,但博人金融CEO宋光辉却认为,租赁公司不应该仅仅把资产证券化作为补充式的融资手段,他说,中国的金融市场目前正处在从无效到有效的过程,现在看到的问题,站在三年之后的角度来看,就会完全不一样,那时租赁机构会成为另一条信贷链条,与银行形成平行的竞争关系,所以租赁公司向银行借贷相当于是与虎谋皮。随着市场化的推进,今天银行看不上的客户,明天银行会去争夺;今天很多客户找融资租赁公司做业务,明天可能会通过银行解决他们的融资需求,所以站在一个市场充分竞争的角度来看,资产证券化的融资解决方案是未来租赁公司的必然选择。

二、成本是"硬伤"

不过,目前融资租赁资产证券化与股票、债券等证券相比,其标准化和规范化的程度还比较低,而且真正参与租赁资产证券化的融资租赁公司还非常少。据陈春艳透露,目前在基金业协会有备案产品的融资租赁公司只有12家,其中外资8家,内资4家。这当然与融资租赁公司资产规模普遍比较小,适合做资产证券化的资产有限也有关系。参与机构少,产品规范化程度低,直接导致了交易不是很活跃,登记托管与债权相比存在困难,所以租赁资产证券化的二级市场也很难形成。

表 6-1 2011年至今发行的部分融资租赁资产支持专项计划

序号	项目名称	原始权益人	规模（亿）	优先/次级	发行利率%（不同期限）	优先级评级	计划管理人	流动性安排
1	远东二期专项资产管理计划	远东国际租赁有限公司	12.79	10.89：1.90	6.1*7	AAA	中信证券	上交所
2	远东三期专项资产管理计划	远东国际租赁有限公司	24.19	20.4：3.79	6.3*6.9	AAA	中信证券	上交所
3	远东2015年第二期租赁资产支持专项计划	远东国际租赁有限公司	10	—	—	AAA	国信证券	深交所
4	南方骐元·远东宏信（天津）1号资产支持专项计划	远东宏信（天津）融资有限公司	6.29	—	—	—	南方资本管理有限公司	深交所
5	国泰一期专项资产管理计划	国泰租赁有限公司	11.96	10.2：1.76	6.3*7.0	AAA	齐鲁证券	深交所
6	宝信租赁一期资产支持专项计划	宝信租赁	4.05	优先次级4：0.55	6.15*7.8	宝信01、02：AAA；宝信03：AA	恒泰证券	上交所
7	宝信租赁二期资产支持专项计划	宝信租赁	3.15	优先级A、B和次级 2.13：0.60：0.42	6.10*9.30	优先A：AAA；优先B：AAA*	恒泰证券	上交所
8	宝信租赁三期资产支持专项计划	宝信租赁	6.81	优先A、B和次级 4.54：1.27：1.00	—	优先A：AAA；优先B：AA*	西部证券	上交所
9	中航租赁资产收益专项资产管理计划	中航国际租赁有限公司	4.55	0.4：0.005	7	AA*	广发证券	上交所
10	港联租赁资产支持专项计划	港联融资租赁有限公司	6.7	—	—	优先级：AAA；次级：AA	恒泰证券	上交所
11	聚信租赁一期资产支持专项计划	聚信租赁	4.73	优先A：3.32；优先B：07；次级：0.71	5.5-7.2	优先A：AAA；优先B：AA；次级：不评级	第一创业证券	上交所

作为租赁公司在银行贷款、股东负债之外的另一条融资渠道，租赁公司最为关心的是资产证券化的融资成本问题。资产证券化的成本是否比银行贷款低？如果高一些，是否在可接受的范围之内？

一创摩根证券资产证券化负责人王学斌告诉记者，根据他们的统计测算，融资租赁资产证券化的成本优势目前还没有完全显现出来，发行直接成本再加上评级、律师、托管、承销商等中介机构的费用，综合成本相比还是有些偏高。

"但随着资产证券化产品规模的不断扩大，市场投资者对证券化产品熟悉程度的加深以及增强证券化产品流动性相关措施的逐步推进和实施，相信资产证券化作为融资租赁公司的一种重要融资渠道，会越来越受融资人的欢迎。"王学斌说。

对于目前的综合融资成本，很多融资租赁公司都认为偏高，这使得他们做资产证券化的动力不是很足。北车投资租赁有限公司总经理陆建洲表示："融资租赁目前的成本对我们来说显得有点高，与银行贷款相比，没有优势。而且有些地方的政策是允许融资租赁公司做同行保理业务的，这个成本和证券化比起来也低一些，所以我们没有强烈的愿望去做资产证券化。"

北京国资融资租赁股份有限公司副总裁夏平也有此看法，她说："银行给我们的融资成本可能比资产证券化的成本还低，一些保理、外债的成本也可能更有优势，所以成本是目前我们最关心的问题。"

但夏平表示，成本问题其实是可以解决的，她建议监管机构做一个专门的资产证券化指引，把业务流程标准化，这样就可以降低一些中间的附加成本。

"成本问题是我们要考虑的问题，但并不是说成本偏高我们就不做，因为要考虑整个资产的结构问题，我们不可能完全从银行负债，我们也需要资产证券化来拓宽融资渠道。"夏平说。

大成律师事务所高级合伙人刘菲也表示，从这几年做证券化的经验来看，中介机构的收费都在降低，尤其是融资租赁资产证券化已经有特别成熟的模式和业务流程了，中介的费用其实是可控的，成本也会随之降低。

三、如何获得好的评级

从投行的角度来理解，资产证券化就是将流动性差的基础资产预期的现金流分割重构，并施以一定的信用增级，将其转换成可流通的标准化证券或者受益凭证并出售的过程。可以看出，在整个过程中，优先、次级能够获得的评级级别直接影响了该证券的发行成本、销售和流通，所以评级在资产证券化中尤为重要。

中信富通融资租赁有限公司副总经理强红在资产证券化业务中就遇到了评级方面的疑惑，强红说，"我们现在正在发资产证券化产品，遇到的问题是银行给我们的评级和评级机构给的评级不一样，银行给我们的级别很高，评级机构却给得很低，级别低肯定会影响发行成本，我们希望成本能够控制在6%，但评级算下来要8%。"

租赁资产如何获得更好的评级？评级公司主要看重哪些因素？是所有参与资产证券化的租赁公司都想问的问题。

中诚信证券评估有限公司副总裁谢秋平解答了这个疑问，谢秋平介绍，银行内部评级与外部评级的差异是一直以来都存在的。银行评级包括主体信用评级和债项评级，简单来说，在主体信用评级上，差异主要源于内外部评级的评级体系及参照标准不同；而在债项评级方面，银行对抵押、质押、担保较为看重，而外部评级基于违约定义更看重的是主体本身的信用和有效保证担保。

而资产证券化产品结构设计原理是希望通过特定的法律架构来实现有效的破产隔离，因此，资产证券化是一种基于"资产信用"的融资方式，这与一般的银行借款、企业债、中票、公司债等基于"主体信用"的融资方式不同（见图6-1）。

中诚信证评针对不同的基础资产特征，基于蒙特卡洛模拟方法（见图6-2）或静态池分析法建立组合信用风险分析模型对基础资产池组合信用风险进行分析，结合对资产支持产品交易结构的分析，并充分考虑了项目相关参与方对资产证券化产品的影响。鉴于资产证券化产品的特殊结构化特征，中诚信证评主要考量产品交易结构、基础资产的组合信用风险、现金流分析与压力测试以及重要参与方等四方面，综合考虑各方面并给予相应级别。

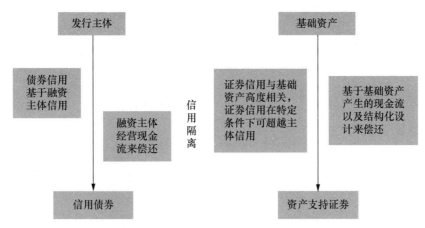

图 6-1　资产证券化产品结构设计原理是通过特定的法律架构来实现有效的资产隔离

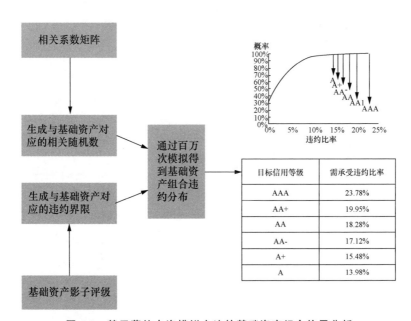

图 6-2　基于蒙特卡洛模拟方法的基础资产组合信用分析

交易结构设计是资产证券化过程中的重要一环，评级会对证券化交易结构的有效性、可靠性和完整性等方面进行综合分析与考查，主要考量因素包括破产隔离或风险远离、优先次级分层、信用触发机制、权利完善事件、内外部增级等。通过交易结构的设计，资产支持证券能够以基础资产信用质量为支撑获得明显的信用提升，这就是为什么说资产证券化是基于"资产信用"融资的原因了。

基础资产的组合信用质量分析分为两个步骤，首先是对资产池中单笔债券资产或单笔债务人的信用质量进行分析，然后在此结合单笔债权资产的影子评级和其他信息基础上，并考虑资产池的各项统计特征，以确定资产池的组合信用质量；在对基础资产的组合信用考量中，评级公司首先会对每一笔基础资产的承租方（债务人）做影子评级，确定资产池中每笔债券的信用质量。然后结合影子评级和其他信息，并考虑资产池的各项统计特征，尤其是入池租赁债权的分散度情况，包括客户分散度、区域分散度和行业分散度等，以此确定资产池的组合信用质量。不少融资租赁公司的租赁资产存在单一或分散度不高的情况，对于此类融资租赁公司开展资产证券化业务，则对入池基础资产的每笔资产的基础信用要求较高。

现金流分析主要根据基础资产的现金流入状况、相关税费、交易费用等优先支出项目、资产支持证券的本息流出状况，针对交易文件约定的交易结构、现金流支付机制及信用触发机制，以此构建现金流分析模型。同时，通过预设一些外部模拟情景进行现金流分析与压力测试。以融资租赁债权资产证券化为例，具体的压力测试场景包括基准利率变化、早偿或延迟、提前触发机制、违约提前发生或违约率提高、违约回收率降低、发行利率升高等，以测试在不同压力情景下，基础资产现金流在各个支付时点对资产支持证券本息的偿付情况。

此外，原始权益人、资产服务机构、计划管理人，即券商和基金子公司，托管人等重要参与方在整个评级里面也会考量到。尤其是原始权益人，谢秋平表示，虽然资产证券化是一个资产信用的产品，但原始权益人的管理能力、运营情况、风险控制能力以及市场选择情况也是评级机构考核的一个重点，因此，评级公司普遍在对实力相对较弱的原始权益人资产证券化业务评级时会比较谨慎。"目前租赁资产证券化产品的信用并不是完全来源于资产，而是与原始权益人的整体经营管理能力及信用有很大关系，在交易结构上，多体现为第三方或原始权益人需要承担差额支付承诺人的角色，所以它现在其实是一个半资产信用的结构。"王学斌的观点，参见图6-3。

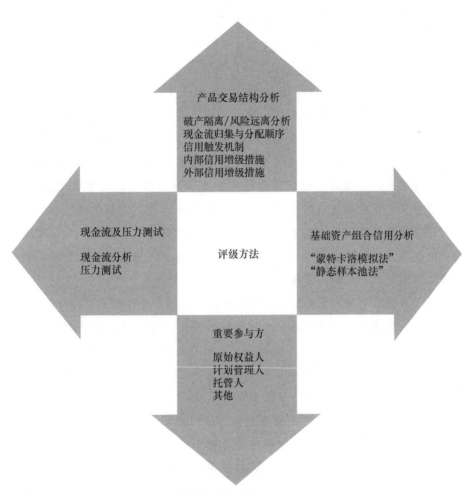

图 6-3 影响租赁资产证券化评级的因素

四、未来发展的可行方向

除了成本和评级问题外,税收政策也是融资租赁资产证券化不小的障碍。营改增后,融资租赁资产证券化主要会受到两方面的影响,一是收益,因为按照现行增值税的规定,租赁活动中租赁资产购入价和租金收入总和之间的差额要缴纳增值税,但购入价当中包含了资金的融入成本,目前的规定是允许自有资金占 10%,按理来说,应该扣除这部分的成本,而且规定只能按照银行的利息来扣,所以实际上的融资成本要高于这个。二是租赁资产证券销售出去后,租赁公司便不能为承租人开具增值税的专业发票,而承租人因为要凭发票去抵税，如果因此拿不到发票，承租人肯定不愿意实施资产证券化。

中国人民银行征信中心是由中国人民银行设立的专门负责企业和个人征信系统（金融信用信息基础数据库，又称企业和个人信用信息基础数据库）的建设、运行和维护的机构，据该中心动产融资登记部副总经理徐欣彦介绍，征信中心目前已开通了融资租赁的登记服务，登记租赁物的权属信息。徐欣彦说，在融资租赁关系中，承租人占用租赁物，可能会对租赁物进行非法处置，进而对出租人的所有权造成影响，特别是在银行抵押贷款中，从目前的司法实践来看，承租人对租赁物的抵押融资会对出租人的所有权造成侵害。而租赁物登记能解决租赁物之上并存的权利公示问题，即如果将承租人、出租人以及租赁物在征信中心融资租赁登记系统进行登记，查询人可以看到租赁物的所有人，以避免承租人对租赁物的恶意处置。根据最新的数据，目前已有上千家租赁公司加入了征信中心融资租赁登记系统。

关于融资租赁资产证券化下一步的发展方向，沈炳熙提出了两点思考。

首先，他建议把融资租赁资产证券化和金融租赁资产证券化作为一个整体来研究和处理，不要因为其分属两个不同的主管部门，就把它们的问题完全割裂开来，其实二者的业务性质是一样的，应该作为一个整体来考虑，其中要重点解决融资租赁资产证券化的困难，比如税收问题，要按照税收中性的原则来处理，证券化以后不要增加租赁公司的税负。还有发票的问题，虽然是技术问题，但也要想办法尽快解决。

其次，沈炳熙还提出，可以考虑让金融资产证券化专门的机构来收购租赁资产，即让融资租赁公司主动发起证券化，如果该公司足够大，也可以让专门的机构收购融资租赁的资产来做证券化，目前已经有一些机构有这方面的想法，在市场化的过程中这种方式是可以进行探索的。

第七章　中国的 REITs 实践

一、REITs 与商业地产证券化

1. 商业地产证券化是房地产金融的重要方式

随着中国证监会新政出台,在基金业协会、两大证券交易所的积极推动和指导下,中国内地的交易所资产证券化市场自 2014 年下半年以来得到了蓬勃发展,ABS 发行数量跨越式提升,基础资产类型不断丰富,2015 年全年发行量超过 1900 亿元,存量超过 2000 亿元。这其中就包括各类以商业物业租金、棚改/保障房、物业管理费、不动产信托贷款受益权以及准房地产信托投资基金(REITs)概念的基金或股权资产。商业地产证券化产品的创新有力拓宽了内地地产行业的融资渠道,推动地产行业更为稳健、持续地转型,迈向持有型、管理型地产和 REITs 时代。

广义房地产行业,包括开发性房地产、持有型和管理型房地产乃至持有物业资产的商业连锁或物流等企业,是一个资本密集型的行业。现金流是否充足是决定一个房地产企业能否持续经营的关键,在现金流不足的情况下,多项目同时建设或运营将存在很大经营风险,因此,房地产企业及各类物业持有人随时需要计划、保持足够的资金运营。房地产企业的现金流入主要依靠房地产销售及运营、股性融资和债务融资。而对于持有型或管理型房地产企业,由于主营业务收入来自于租金、管理费和物业费以及运营收益,而非房地产销售收入,因此更需要稳定且成本可控的资本市场或借贷市场的融资。

这些资本属性决定了商业地产证券化是商业地产企业盘活存量资产、管理资金流动性的有效工具和必备手段。商业物业持有人既可以通过租金、物业费等收费权益的资产证券化实现未来预期收益的直接回笼和较低成本融资，还可以通过 REITs 方式，实现物业资产上市，在获取物业增值收益的同时更有利地把握资金和流动性。

2. 现阶段国内 REITs 以资产证券化作为重要载体

REIT 是英文 "Real Estate Investment Trust" 的缩写，国际常用定义是一种以发行收益凭证的方式，汇集特定多数投资者的资金，由专门投资机构进行房地产投资经营管理，并将投资综合收益按比例分配给投资者的一种信托基金。因为 REITs 强调入池基础物业的资产属性，而非发起人的主体资信，因此具有广义证券化特征，属于结构化房地产金融产品。

就国际经验来看，REITs 严格意义上不属于资产证券化的分支，而是独立的一类投资配置资产。REITs 产品分为权益型 REITs、混合型 REITs 和债务型 REITs，其中权益型是 REITs 最主要形式。无论采取公司型、契约型或其他模式[①]，国际资本市场上的 REITs 本质是一种持续运行的类公司实体，由房地产资产管理公司对 REITs 进行持续管理与运营，使得 REITs 可以成为一个类似于上市公司的商业物业运作平台，而不是狭义的资产证券化所代表的债务型融资工具。

而在国内市场，尽管内地物业在 10 年前就开始尝试在香港和新加坡等离岸资本市场发行 REITs 产品，不过受政策法规、税务等多方面的影响，完全符合国际惯例的 REITs 产品始终没有正式亮相。鉴于交易所挂牌的资产支持专项计划具有一定的流通能力，且直接或者间接持有物业公司股权，因此从中信启航资产支持专项计划开始，交易所的资产证券化逐步成为国内准 REITs 的重要运作载体，这就使得国内 REITs 与资产证券化的关系更为紧密。

2015 年前海万科 REITs 基金以公募封闭式证券投资基金的形式出现，也意味着未来内地资本市场 REITs 推广与创新具有更为多元化的载体选择。

---

① REITs 法律结构模式的选择主要由上市地点的资本市场法规等因素影响。

3. 国内多种商业地产证券化与 REITs 并行

除了 REITs 产品外，以商业物业相关资产作为基础资产的资产证券化产品主要包括商业物业按揭抵押贷款证券化（CMBS）以及租金、酒店经营、物业费、不动产信托贷款受益权等作为基础资产的资产支持证券。

从国际资本市场上看，房地产相关资产始终是资产证券化领域的最重要资产类型。海外资产证券化起源于 20 世纪 80 年代的住房按揭抵押贷款证券化，并随着房地产市场的繁荣而蓬勃发展，个人住房按揭抵押贷款证券化 RMBS 在资产证券化市场上的比重超过 70%，商业地产按揭抵押贷款证券化 CMBS 更是在后金融危机时代带动了美国商业地产乃至经济的复苏。

在国内资本市场，以商业物业租金等收益作为还款来源的信托受益权以及物业债权、保障房销售权益、购房尾款等房地产相关资产为基础资产的证券化创新层出不穷，成为地产企业进行债务融资的重要金融工具。产品类型包括交易所市场的资产支持专项计划和银行间市场的信贷资产证券化和资产支持票据（ABN）。其中，不动产信托贷款受益权的资产证券化初步具备了 CMBS 性质，有效实现了非标转标、降低企业融资成本的效果；而物业租金、物业管理合同债权等资产证券化产品则具有资产担保债券（covered bond）的特性，为资产支持证券优先级预期收益的偿付提供了现金支持，开拓了债务融资渠道。

4. REITs 与私募房地产信托、基金产品的区别

REITs 正式出现之前，国内房地产金融市场十年前就已经出现初具结构化特点的私募房地产信托产品或房地产融资基金产品。私募房地产信托产品的出现一方面是由于国家房地产宏观调控背景下银行房地产信贷收紧、房地产企业资本市场融资受限倒挤出房地产多元化融资需求，另一方面也说明国内房地产金融开始从房地产企业主体（信用）融资开始向基于物业资产和项目融资扩展，其中部分私募房地产信托产品及私募基金产品已经初步具备 REITs 的股权投资、分红安排等特征和属性。

私募房地产信托、基金与REITs（及商业地产证券化）仍存在明显区别，主要体现在如下方面：

（1）标准化程度的区别

REITs及商业地产证券化产品为在交易所挂牌的标准化产品，在证券交易所及证监会规定的其他交易场所进行交易流通，并由证券登记结算机构进行统一登记，具有相对较好的流动性，因此可以是期限较长甚至永续的金融产品；而私募房地产信托、基金属于场外私募类产品，不能在交易所挂牌交易且尚无统一的登记结算机构，流通能力较弱，因此期限通常较短，比如私募房地产信托的期限通常为1~2年。

根据银监会《商业银行资本管理办法》《关于规范商业银行理财业务投资运作有关问题的通知》（2013年8号文）、保监会《关于保险资金投资有关金融产品的通知》（2012年91号文）等金融监管部门法规规定，国内主要机构投资者投资标准化与非标准化产品的要求和限制不同，旨在鼓励标准化程度和信息透明度高的标准化产品投资，这就使得REITs和商业地产证券化产品受到更为广泛的机构投资者青睐，利率（或预期收益、分红率）要求更低。

（2）基础资产状态的区别

REITs基础资产主要是从发起人自建或购入的建好并运营的商业物业，通过持有出租管理，租金及管理费为其主要的收入，尽管部分REITs可以收购未完工或未实现租赁收入的物业，但通常要求未完工物业占比较小（如不超过10%），且完工进度满足较高比例（如90%）。对于REITs以外的商业地产证券化产品，除了保障房证券化以外，也均需要选择已经完工并实现租金收入或物业收入的物业作为基础资产。截至2015年1月底的负面清单明确规定"因空置等原因不能产生稳定现金流的不动产租金债权；待开发或在建占比超过10%的基础设施、商业物业、居民住宅等不动产或相关不动产收益权"不得作为资产证券化基础资产。除少数证券化类型外，REITs和商业地产证券化的投资回报主要来自于租金、物业管理收入等商业物业经营收入。

私募房地产信托、基金的实施目的更多是为了为在建项目提供融资，因此私募房地产信托项目基础资产通常是处于建设期乃至四证尚未完全办理完毕的房地产项目，部分私募房地产信托、基金募集资金是为了缴纳土地出让金或用于收购具有未开发土地的项目公司。私募房地产信托、基金的贷款还款来源或投资回报普遍来自于所投资房地产项目未来的销售收入或处置收益。

（3）管理及经营模式的区别

国外 REITs 以及参考国际模式搭建的准 REITs 基金多采用"基金管理人 FMC＋资产管理人 AMC＋物业管理人 PMC"经营模式，类似于公司制企业的董事会的法人财产所有权、经理层法人财产经营权和财务监督部门的法人财产占有权之间的"三权分立"治理结构以实现证券投资者权益的最大化。优秀的管理团队是一个成熟 REITs 的核心竞争力，体现在基金、房地产投资组合、物业管理及设施维护等各层面上。

私募房地产信托、基金更多以融资为目的，其中以债务融资为主。因此信托公司和基金管理公司在向信托项目投放信托贷款或基金投资后，通常不会深入涉足项目的开发与经营策略，而是以财务监督和账户监管等方式进行期间管理。

二、境内物业 REITs 操作路径简析

如前章节所述，尽管境内物业在 10 年前就开始尝试在香港和新加坡发行 REITs 产品，不过受政策法规和融资牌照通道等多方面的影响，完全符合国际定义的 REITs 产品（公募＋物业产权/股权）始终没有正式亮相，我国国内的房地产投资信托基金仍以各种"准 REITs"的形式存在，这就使得境内物业进行 REITs 操作路径分为海外资本市场上市的 REITs（以及相似属性的房地产资产信托（REAT）、商业信托（Business Trust）和合计单位）和境内证券交易所的准 REITs，本节在简析境内物业 REITs 操作路径的基础上，偏重于简介海外资本市场运作方式，下节集中介绍境内证券交易所资产证券化模式的准 REITs 的产品设计细节。

1. 境内物业 REITs 路径分析

近几年来以境内商业地产作为基础资产运作的 REITs 或准 REITs 产品主要体现为：

（1）在境内证券交易所挂牌的股性准 REITs 资产证券化产品（如中信启航、华夏苏宁云创资产支持专项计划）、债性房地产证券化产品（如海印股份信托受益权、金科股份委托贷款债权、世茂天成物业、中南建设物业债权、扬州保障房信托受益权等资产支持专项计划，以及天津房信 ABN 等）。

（2）在境内证券交易所挂牌的公募封闭式证券投资基金产品（如鹏华基金管理的前海万科 REITs 基金）。

（3）在香港联交所上市的标准 REITs 产品（如开元产业信托基金、越秀房托、富豪房托、汇贤房托、北京华联 REITs 等）和具有 REITs 相似属性的合订信托单位（如金茂股份合订信托单位）。

从上述几种产品可以看出，国内商业物业进行 REITs 或准 REITs 操作主要分为两大类途径：

一是通过发行符合国内法规的资产证券化或公募基金产品，在国内证券交易所挂牌上市。具体来说，国内产品可以（1）以资产支持专项计划作为牌照通道，通过资产证券化方式发行资产支持证券，实现准 REITs 挂牌上市的目的，在操作过程中可以选择搭建双层 SPV 结构（股性产品通常为专项计划＋私募基金，债性产品通常为专项计划＋信托贷款/委托贷款）。（2）以公募证券投资基金为载体的产品，比如鹏华前海万科 REITs 封闭式混合型证券投资基金（基础资产为 50％投资于万科前海企业公馆股权，以获取商业物业稳定的租金收益，另外 50％为公开流通的有价证券）。

二是通过搭建跨境架构，将境内的商业物业（如酒店、写字楼等）权益转移到海外进行融资，即在香港或新加坡等国际市场实现 REITs 上市。这种 REITs 能够更好地满足资产权属真实出售和永续融资的目的，有利于提高地产企业的财务稳定性和再融资能力，不过结构较为复杂，涉及的房地产金融技术范围更广，对基础物业的要求也更高。

另外，在不考虑挂牌上市的情况下，可以借鉴 REITs 金融技术通过信托计划、专项资产管理计划、保险不动产计划、合伙企业、契约型私募基金等载体，以私募、非标准化的方式运作房地产信托基金类产品，尽管可能导致融资成本略高，不过仍可以实现地产企业融资、估值及财务报表优化等多方面的目的。

REITs 产品具体交易结构需要综合衡量融资人需求进行具体搭建，即股性、债性、混合型准 REITs 均有若干种具体设计方式，这也是 REITs 能够通过高专业水平的结构搭建实现地产企业多重财务及战略目的的原因，也是兼具资产证券化和房地产金融特性的 REITs 产品设计的乐趣之所在。

2. 海外资本市场发行 REITs 路径介绍

(1) 周边主要 REITs 市场基本情况

美国是全球最大的 REITs 市场，而在亚太区 REITs 市场方面，最大的则是日本，然后是新加坡以及中国香港等。从历史经验看，境内物业的境外 REITs 发行主要集中在新加坡和中国香港。

表 7-1　周边主要 REITs 市场分析

监管要求	美国	日本	中国香港	新加坡
管理人	外部或者内部	外部或者内部	外部或者内部	外部
杠杆率	一般不超过 50%	不同类型通常 40%~70%	不超过资产总值的 45%	目前 35%（2016 年后提高到 45%），有资信评级后可以不超过 60%
不动产开发	可以从事符合规定的房地产开发业务，但要体现经营的被动性，否则不属合格收入的部分要缴税。	不同类型不同	禁止，但是香港不动产信托基金可以收购低于资产净值 10% 的未完工的单位	对未完工的不动产的开发与投资不应该超过 10%
托管人要求	由董事会或基金托管人管理	要求	要求	要求

(续表)

监管要求	美国	日本	中国香港	新加坡
上市要求	分为公开上市和不上市两种。	日本 J-REITs 有三种形式：直接契约型 REITs、间接契约型 REITs 和公司制 REITs。三者均可在东京证券交易所（TSE）上市交易。	强制性的	如果不上市，则无法享受税务优惠
分红要求	95%的收入必须作为红利分配	90%以上收益用于分配	至少是税后年净收入的 90%	至少是 90%才可以享受企业税免除
税务	如果 REITs 以现金红利方式将每年度大部分盈利回报给投资者，公司所得税则不需缴纳	(1) 1.4%的房地产税；(2) 5.3%的营业税金及附加；(3) 42%的所得税，但分红部分计入税前成本	16.5%的所得税，租金收入用于分红的部分免税	免税，如果分红比例是 90%以上

以新加坡市场为例，根据新加坡交易所网站及其披露的新交所 REITs 介绍材料，目前有 9 支 REITs 涉足中国大陆业务（39 个不动产，包括凯德 MALL、诺富特三元酒店等）。新加坡的 REITs 分为房地产投资信托（REIT）、合股式房产投资信托、地产商业信托（BT），其中房地产投资信托为主流。目前新加坡房地产投资信托的平均分红率为 7.0%。

（2）境外 REITs 常见交易结构

整体上讲，境内证券交易所准 REITs 交易结构已经与境外 REITs 大同小异，区别更多是在投资文化以及由之产生的产品设计上，因为国内投资者的投资属性、期限与风险偏好使得境内准 REITs 产品债性特征较强、有效期限较短。同时，相对于境外 REITs 投资者以物业本身资质和物业管理能力为投资第一关注点而言，目前多数境内准 REITs 产品对于发起机构（原始权益人）的资信水平较为看重，对于物业本身的关注度相对较低，国内产品设计的市场化程度相对略低。

常见的境内物业境外 REITs 产品的交易结构如下：

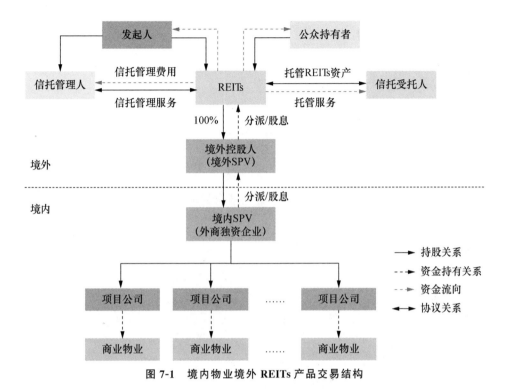

图 7-1 境内物业境外 REITs 产品交易结构

REITs 可以视同为一个独立法人，另有"信托管理人"（通过由独立信托公司或金融集团下属信托公司担任，也可以由发起人选定相关具有资格机构担任）、"信托受托人"（类似于托管银行）、物业管理人（提供专业的物业管理服务）等重要主体。

为了提高海外 REITs 对投资者的吸引力（具体表现为实现优质分红率），抹平物业租售比带来的净收益率与投资者期望分红率之间的差异，REITs 通常会在境外搭建财务杠杆，常见的方式为引入银团贷款或债券融资。因此，REITs 交易结构设计中的融资设计非常重要，需要充分考虑拟上市地的法律法规、融资环境与利率水平、汇率风险及管理工具、债务的形式和来源以及权益与债务的比重。

正因为财务杠杆的存在，REITs 分红率既然不是利率或保证收益，也不是租售比所带来的净收益率，分红率＝实际分红额/股票市值，实际分红额＝物业总资产（含债务杠杆买入）净租金收益（NOI）－国内税收－海外贷款利息。由于税后 NOI 大于海外贷款利息，所以可以理解为海外银团贷款是

REITs 投资人的财务杠杆，所以 REITs 分红率会高于国内物业本身租售比带来的净收益率。

(3) 境外 REITs 物业选择与产品设计

不同物业发行 REITs 的方案不同。例如核心地段的商超、写字楼租金较为稳定，可以直接重组发行，也可以安排部分整租处理，然后发行；酒店的未来盈利可预测性相对略差且收入来源不是 REITs 所需要的租金，所以做 REITs 通常先由关联公司进行整租，再由关联公司整租后进行分租经营，起到类似于差额补足的效果。整组模式常见结构如下：

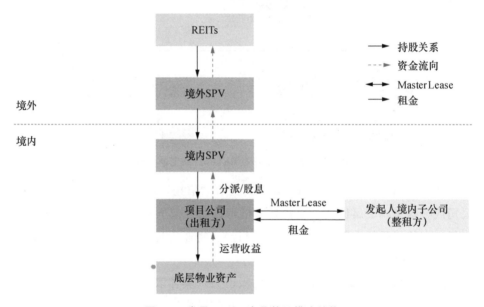

图 7-2 常见 REITs 产品整组模式结构

境外资本市场 REITs 通常采取多基础物业组合的方式来分散风险，提到基础物业组合的租金稳定性。成熟资本市场的 REITs 投资者在关注每一单体物业资产的质量的同时，也会关心基础物业组合设计，比如物业类型占比、地理区域占比、租户分布与占比等，以及 REITs 整体的杠杆率。从既往 REITs 的案例来看，单体 REITs（主要房地产为一栋物业，或者几栋物业地理位置在一起）比地域分散的 REITs 的风险更大，因此在其他条件一样的情况下，单体 REITs 分红率要求可能更高。整租 REITs 在存续期内可以本着保护投资人的目的、按照市场化原则出售基础物业，也可以通过增发股份或发债来收购新物业资产。所以REITs本身是一种资产管理的概念。

(4) 境内物业境外REITs的跨境架构实现

目前来看，境内物业到境外资本市场进行REITs的难点，除了达到成功发行所需要的分红率（不考虑财务杠杆的话，归根到底是物业的租金收益率）外，主要就是通过合适的方式搭建跨境搭建。

常见的跨境结构搭建主要可以分为：利用现有架构、通过关联并购搭建新结构、通过搭建红筹架构实现新结构等方式。需要充分考虑商务部的若干境外投资者并购境内企业的相关规定，以及外汇管理局对于境内企业设立海外SPV以及设立外商独资企业架构的外汇问题以及关联并购的返程投资问题等法律事务，实际操作中通常需要聘请有丰富经验的法律顾问及投资银行操刀。

(5) 境外REITs的"增信措施"

尽管境内REITs以股性产品为主，通常不会设计担保或者约定价格回购等债性保障条款来保证投资者的本金安全，不过为了增信公众投资者对于REITs基础物业经营稳定性的信心，进而降低要求的分红率（等同于提高发行价格），部分境外上市REITs存在通过特定期限内收益补足、整体租赁等方式进行增信的情形，部分如下：

表7-2 部分境外上市REITs"增信措施"

产品	基础物业	"增信措施"
开元产业REITs	浙江开元萧山宾馆、杭州千岛湖开元度假村、宁波开元名都大酒店、长春开元名都大酒店等	(1) REITs与开元酒店管理公司订立长期酒店租赁及管理协议，并设有最低保证每年租金金额的条款；开元旅业为开元酒店管理公司的租金支付义务提供产品存续期担保；中国银行浙江分行为前5个年度的租金保证提供担保；争取中国银行浙江分行为第6～20年的基本租金提供担保，如果争取失败，则开元旅业每年支付"基本租金＋2000万"的抵押保证金 (2) 在管理协议的前5个年度，开元酒店管理公司每年支付不低于设定标准的最低保障租金（2.16亿/年），第6～10个年度每年由独立物业评估师指定市场租金并由开元酒店管理公司支付，且不得低于前四个年度平均租金的85％，第11～20个年度每年按照独立物业评估师指定市场租金水平进行支付

（续表）

产品	基础物业	"增信措施"
越秀房托REITs	广州国际金融中心等（增发收购）	（1）越秀地产、越秀房产基金管理人与受托人订立补贴款项契约。越秀地产于2012年6月起至2016年12月31日止提供经营毛利差额补足支持，使越秀房产基金减轻所承担酒店及服务式公寓有关的初期营运风险，并确保越秀房产基金于有关期间获得稳定的经常性收入 （2）具体约定为项目公司经营毛利低于向酒店及服务式公寓提供的协定经营毛利支持时，越秀地产需要向越秀房产基金支付刻度等于有关不足金额。每年的协定经营毛利支持为2.684亿元。越秀地产根据上述安排向越秀房产基金支付的全部补贴款项总额不超过人民币6.1亿元
汇贤REITs	北京东方广场写字楼、重庆大都会广场等	就重庆大都会广场，长实与和黄向汇贤房托给予承诺，保证交易完成五个财政年度（预计为2014年至2018年，如收购完成于2015年，则为2015年至2019年）每年项目公司总收入水平不少于每年人民币2.9928亿元。卖方与整个有关期间就不足收入时作出的所有付款的总额将受最高金额人民币1亿元规限
北京华联REITs	位于北京、成都、合肥、大连及西宁的五个华联购物中心	为保障公众投资者收益，战略投资者在锁定期内放弃分配直至2021年1月1号，不过放弃分配的基金份额比例每年递减（由30%逐年递减到5%）

三、境内准REITs产品设计模式分析

目前境内准REITs产品主要以资产支持专项计划作为特殊目的载体，以资产证券化方式在证券交易所发行。这些项目根据《证券公司及基金管理公司子公司资产证券化业务管理规定》设计并设立资产支持专项计划，募集合格投资者的资金，用以直接或间接收购持有基础商业物业的项目公司股权，并以基础商业物业的租金或其他运营收益向合格投资者进行收益分配。其中，间接收购是指资产支持专项计划通过契约式私募基金或其他合格载体，间接持有项目公司的全部股权，或通过股权＋委托贷款的方式投资与项目公司。

准REITs产品的常见交易结构如下：

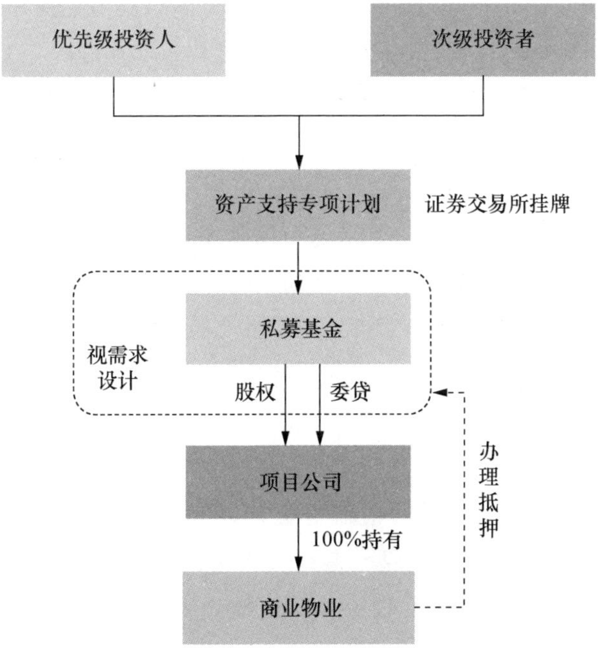

图 7-3　准 REITs 产品的常见交易结构

与国际资本市场的主流 REITs 相比，境内准 REITs 主要具有如下特征：

第一，基础资产的差异。国际主流 REITs 可以直接持有基础物业产权，也可以通过项目公司等方式持有物业产权。境内股性准 REITs 目前主要直接或通过契约型私募基金份额间接持有项目公司股权，进而持有基础物业产权；商业地产证券化及债性准 REITs 则通过信托发放信托贷款或持有相关收益权益，并不持有物业产权或项目公司股权。

第二，期限设计的差异。国际主流 REITs 以股性证券为主，因此多数产品没有具体期限，属于永续产品，与股票相近。受国内制度与当前投资者偏好的影响，国内准 REITs 产品通常具有固定的存续期限，且存续期限通常在 5 年以内，或者尽管法定期限较长但在 5 年以内给予投资者选择退出的权利。

第三，投资者退出途径的差异。国际主流 REITs 以公开发行并交易的永续型证券为主，因此通常并不存在到期清算或分配，投资者的退出主要通过二级市场交易完成。国内准 REITs 产品通常安排在未来政策允许时发行公募

REITs 实现专项计划退出，同时安排固定期限届满时采取基础资产出售、发起人回购、交易流动性支持等多元化途径实现投资人退出。

第四，增信措施的差异。国际主流 REITs 以权益型证券为主，因此通常不会在证券本金进行担保或其他增信，不过仍可以采取售出返租、整租基础物业或者由资产出售方为物业收入提供一定期限的补足承诺等进行特定期间的收益增信。国内准 REITs 除了采取与国际主流 REITs 相似的增信方式外，还补充了债性 ABS 常用的增信措施，如发起人对整个产品存续期提供最低收入承诺、差额支付或证券回购安排、流动性支持等。

上述差异在存量①准 REITs 产品设计中得到体现，现作如下分析：

1. 基础资产分析

目前国内准 REITs 产品的基础物业类型已经覆盖了写字楼、连锁门店、商业广场、酒店等多种资产类型，最终收入来源既包括境外 REITs 产品常见的租金收入，还包括商业运营收入和其他物业经营收益，产品本质属性已经与境外 REITs 接近。由于制度缺陷和税务方面的考虑，准 REITs 产品均未直接持有物业产权，多数产品是通过搭建双 SPV 等方式持有对项目公司的股权或债权，同时通过"股+债"的结构安排通过债务利息方式抽取基础物业租金以缓解税务成本的影响。

（1）关于契约型私募基金份额

契约型私募基金份额是目前交易所准 REITs 最主要的基础资产类型，在"中信启航""苏宁云创""海航浦发大厦""彩云之南酒店"等诸多项目中均采取"资产支持专项计划+契约型私募基金"的双 SPV 架构，并由契约型私募基金持有项目公司股权，向项目公司发放委托贷款或收购对项目公司的债权。

契约型私募基金具有设立便利、投资灵活、税收中性等特征，可以有效缓释国内资产支持专项计划投资的诸多限制。另外，通过搭建契约型私募基金可以实现境外 REITs 常见的"基金管理人+资产管理人"的有效治理结构，并初步具备未来政策允许时发行公募 REITs 的基础架构与条件，有利于

---

① 由于准 REITs 受到市场关注并不断有新产品发行，为了避免误会，本节所称"存量"主要指截至 2015 年底成立、在上海证券交易所或深圳证券交易所挂牌交易的产品。

实现公募 REITs 退出。

（2）项目公司股权

"REITs 持有项目公司股权、项目公司持有基础物业"是内地物业赴香港、新加坡市场发行境外 REITs 的主要形式。深圳证券交易所挂牌的"招商创融—天虹商场资产支持专项计划"采取此种架构，即由资产支持专项计划通过现有"招拍挂"模式下的国资转让程序直接收购深南鼎诚百货项目公司股权，这一模式的推出实现了准 REITs 交易结构层面的进一步突破，资产支持专项计划直接投资有限公司股权的安排有助于未来权益类资产证券化的开展与实施。

（3）信托受益权

鉴于信托计划在《信托法》体系下具有完备的破产隔离和信托机制，能够灵活地使用股权投资、信托贷款等方式进行项目投资，信托公司可以作为抵押权益人接受房地产资产抵押，监管部门明确将信托受益权纳入资产证券化基础资产后，"资产支持专项计划＋信托受益权"模式成为准 REITs 的可选架构，2013 年"海印股份专项资产管理计划"通过信托计划向商业物业发放信托贷款，并以信托受益权作为基础资产成功在交易所发行资产支持证券，具有了境外债性 REITs 的一些特征。

（4）收益权益

深圳证券交易所公开发行的"鹏华前海万科 REITs 封闭式混合型证券投资基金"则已经具备了租赁权益型 REITs 的特征，成为国内第一支公募发行的租赁型 REITs 产品。

此外，以资产支持专项计划作为载体在沪深交易所挂牌的商业地产资产证券化的基础资产也包括租金、物业管理费等合同债权等收益权益。此类产品中，资产证券化载体并未持有基础物业的产权，而是通过合同买卖方式获取未来特定期间基础物业获取租金或物业管理收入的权利。对于直接持有租金或物业管理收入权益的资产证券化产品，如"世茂天成物业资产支持专项计划""中南建设物业债权资产支持专项计划"等仍属于债务融资的范畴。

2. 期限设计分析

国际成熟资本市场的大部分 REITs 是权益属性产品，可以通过增发或借债等方式吸收新晋物业资产，没有固定的存续期限。由于准REITs产品目前主要以证券交易所的资产支持专项计划作为载体发行，因此产品属性为固定收益类证券；同时准REITs产品属于静态产品，即产品发行后持有的是特定的静态物业，尚没有成熟机制供其通过增发或借贷等方式吸收新的基础物业，考虑到特定物业产权期限以及境内固定收益市场对于超长久期产品接受程度的不确定性，国内目前还没有永续或超长久期的准REITs产品，存量及推进中的产品主要分为两类："中短期限"产品和"长期限＋期权"产品，两类产品根据产品设计采取不同的证券投资人退出途径。

(1) "中短期限"产品

国内发行的准REITs产品中，"中信启航"和"天虹商场"等产品采取了类似于一般资产证券化产品的中短期限设计安排，总期限控制在5年左右或以内，采取"固定存续期＋资产处置期"的交易安排，固定存续期为证券投资者定期分配期间收益，处置期通过直接或间接处置基础物业或项目公司股权实现证券投资本金的退出。

相对于一般证券化产品，中短期限的准REITs设计的关注点之一在于资产支持证券本金的实现及保障，目前存量产品的本金回收来源均为基础资产的处分变现，具体措施包括但不限于在将来政策允许的情况下发行公募REITs、市场化出售契约基金份额或项目公司股权或基础物业产权、原始权益人或指定机构按照届时公允价值回购项目公司股权或基础物业产权等。国内采取交易所准REITs方式运作的项目之基础物业通常位于直辖市或省会城市的核心地段，具有地产领域相对较好的处置能力，当前物业评估值能够对优先级资产支持证券本金形成显著的超额覆盖。另外，通过合同约定的市场价回购条款或者因物业属性对原始权益人的难以替代价值所形成的原始权益人回购预期也能对资产支持证券投资人形成保护。而B档或次级投资者在承担劣后于优先级证券的项目处置风险的同时，也能够获得核心地段商业物业的增值潜力所带来的高收益机会。

(2) "长期限＋期权"产品

自"苏宁云创"系列长租模式准REITs产品诞生后，业内整租模式物业普遍效仿了这种期限结构设计模式，期限设置为18～20年，对于优先级资产支持证券授予每三年或固定期限回售的权利或高评级主体流动性支持，对于次优级证券则给予了很高的权利金保障及期限预期，在保障证券投资人利益的同时降低了发行成本。

具体来说，长期限设置既是源于商业物业产权期限因素，也是从物业评估方法上考虑的结果，使原始权益人可以通过资产证券化手段获得约等于物业评估值的融资规模。

国内固定收益市场长久期品种的匮乏，导致机构投资者对于超过 10 年期产品的接受度偏低，为了便于销售并降低发行成本，长期限的准 REITs 资产支持证券可以通过以下途径：第一，向优先级证券投资人授予回售期权：每三年或固定期限设置开放期，优先级资产支持证券持有人在开放期都有权申请退出计划，或称回售资产支持证券，原始权益人或高评级关联机构有义务回收或提供交易转让的流动性支持，实现优先级资产支持证券投资者的退出。这样，优先级资产支持证券投资人在产品发行时将按照三年期产品的可比价格要求预期收益水平。第二，对于对外发行的 B 档证券，则通常设立原始权益人或高评级关联机构对证券的收购权，并要求其支付较高的收购权利金，使其具有较强的提前收购意愿，进而给予 B 档证券投资人很强的产品将被按时回购的预期，实现 B 档证券定价参考短久期产品。

为了保证原始权益人对于基础物业的控制力，应对未来利率风险，长期限设计中通常会给予原始权益人或指定机构提前回购资产支持证券并终止产品的权利。

这种期限设计相对更适用于高信用主体作为整租客户、长期租约的情形，除非具有极强的区位优势或垄断型竞争力，散租模式或弱租赁主体可能难以保持 18～20 年的租赁稳定性。

3. 增信措施分析

由于存量准 REITs 产品属于资产支持证券，在产品发行之前需要进行资信评级，且当前国内主要投资者为商业银行、债券型基金、券商资管等固定收益类投资者，这就决定了准 REITs 具有很强的债性特征，需要用债性思路安排增信措施以保证投资者预期收益的实现。国内准 REITs 的增信措施明显高于境外 REITs，资产支持证券投资者的债性权益得到了更好地保护。

（1）覆盖产品期限的整租模式

整租模式在境外 REITs 中也常有发生，主要出现在发行人的经营物业知名度有限或经营稳定性未能很好获得市场认可的情形、或者基础物业为酒店等非租金收入型商业物业情形，通过发行人关联机构整租之后再出租的模式可以提高租金稳定性，或将非租金收入型物业的收入来源转化为 REITs 所要求的租金收入，这种模式在香港上市的开元产业基金 REITs 等案例中均有出现。

部分准 REITs 采取的整租模式与上述情形有所不同，实质是采用基础物业卖出回租的模式构建了资产证券化基础资产，即原始权益人或关联机构整租之后不再将物业对外出租，而是完全或大部分自用。通过"卖出返租＋资产证券化"操作可以使原始权益人在获得自有物业出售形成的增值收益的同时，推进轻资产运作，提高权益收益率和资产周转率，具有商业模式上的战略意义。

目前国内存量准 REITs 的整租租户（或租约担保人）均为拥有 AA＋至 AAA 评级的高等级信用主体，且整租协议期限能够完整覆盖资产支持证券法定存续期限，有效保障了产品存续期租金的获取。

（2）物业运营收益承诺

部分境外 REITs 在产品发行初期或新收购资产时，会有发行人或大股东作出特定期间的运营收益承诺，在特定期间基础物业无法达到承诺值时由发行人或大股东予以补齐。为了避免过高的财务成本，这种收益承诺通常会附加特定期间的补足最高额，即如果该期间累计补足额已经达到最高额，则豁免补足承诺人剩余期间的补足义务。这种收益承诺安排在越秀房托 REITs 收购广州国际金融中心物业、汇贤 REITs 收购重庆大都会广场物业等交易中均有出现。

国内存量准 REITs 除了上述整租模式，均采用具有运营收益承诺性质的保障条款，并将运营收益承诺覆盖产品存续期间。这是由于在散租模式下，商业物业出租率存在波动，租户履约具有不确定性，原始权益人及运营商通常会对自身运营和招商能力具有较强的信心，而证券投资者倾向于保守预测未来物业运营情况，而运营收益承诺则是解决信息不对称性和预期偏差的有效手段。通过高资信主体提供运营收益承诺，可以增强证券投资者的信心以实现扩大募集资金规模及降低发行成本的作用，而这种承诺在项目正常运营达到承诺人预期的情况下并不会真正造成财务成本，又能约束运营方的道德风险，有利于达到双赢效果。

法律形式上，具体运营收益承诺人可以直接由高信用评级的集团公司直接出具，也可以由项目运营商出具并由集团公司对运营收益承诺的履行提供担保。

(3) 基础物业产权的拥有或抵押

境外 REITs 是通过收购项目公司股权的方式持有基础物业的产权，或者通过发放贷款、购买债券方式对项目公司拥有债权，在债券模式下基础物业往往被作为抵押品以保证债权的安全。在这一点上，国内准 REITs 产品的增信安排基本相同。

存量准 REITs 产品主要采取直接持有股权、通过"股权＋债权"的方式两种方式控制项目公司，项目公司持有基础物业资产。"股权＋债权"结构安排主要出于税务筹划和现金流提取可行性等因素，在这种模式下，准 REITs 管理人会要求将基础物业产权抵押给委托贷款银行，以获得唯一抵押权人或至少是第一顺位抵押权人的保障，同时要求成为基础物业商业保险的第一顺位受益人，以充分保护证券投资人的权益。

(4) 大股东或基础投资者放弃分红权利

部分境外 REITs 为了在产品设立初期保障公众投资人的分红稳定性，会承诺大股东或/和基石投资者在特定期间的特定情形下放弃分红权，以实现在特定期间内运营收益不足以支付所有投资者预期分红的情况下优先保障公众投资人获得预期的分红水平，保障 REITs 证券价格的相对稳定性。在新加坡上市的北京华联 REITs 等就有类似安排。

准 REITs 产品设计也借鉴了此类做法，将产品设计成分层结构，用劣后级证券作为安全垫保障优先级证券投资人权益本身就体现了这一措施的实质。同时，次级证券投资者的期间收益分配顺序劣后于优先级证券预期收益分配，有些产品甚至约定次级证券期间收益分配率较低或不分配以将收益留存以保障产品未来期限内优先级预期收益的实现。

(5) 证券预期收益的差额补足

境外 REITs 多属于权益类产品，公众投资人持有的 REITs 是股票，获得的预期收益是分红，因此通常不存在证券层面设置措施为公众投资人保障确定分红率的实现。国际资本市场上各种基础物业类型的 REITs 分红率保持相对稳定是 REITs 价格变动的结果，即如果某 REITs 基础物业当年预期实现经营收益不足以在当前股票价格下支撑满足市场要求的分红率，则其股票价格就会下降，以在预期实现经营收益水平下获得市场要求的分红率水平。

国内存量的准 REITs 产品也未设置资产支持证券层面的差额补足措施，不过基于物业租金或物业费发行的一般资产证券化产品（与准 REITs 的区别在于未最终持有物业产权）普遍安排了证券预期收益的差额补足措施，即如果资产支持证券在分配期获得的现金收益不足以支付证券投资者约定的预期收益，由差额补足承诺人直接将差额资金支付到计划托管账户用以保障证券投资者预期收益的实现。这一举措在功能上类似于债券的担保，据了解目前处于执行阶段的部分准 REITs 产品可能添加了此类增信措施。

四、商业地产资产证券化的财务影响分析

国际成熟资本市场上的 REITs 分为股性 REITs、债性 REITs 和混合型 REITs，其中股性 REITs 市场份额最大，通过持有项目公司股权等方式持有物业资产，体现为被投资商业地产项目的股东；债性 REITs 则是通过向商业地产持有人发放贷款或持有地产债券而间接享有物业租金收益，体现为商业物业持有人的负债；混合型 REITs 则是综合使用股权投资、发放贷款和投资债券相结合的方式获取商业物业所产生的收益。

与之类似，国内证券交易所挂牌的商业地产资产证券化产品（包含准 REITs 在内）根据其对原始权益人/物业持有者[①]财务报表的影响，属性可以分为股性产品、债性产品、混合型产品等类别。其中以准 REITs 是直接或间

---

① 如未特别说明，下文按照证券交易所资产证券化业务惯例，统称"原始权益人"。

接从原始权益人收购物业产权或项目公司股权，不增加原始权益人负债；以信托贷款、未来租金或物业债权等作为基础资产的商业物业资产证券化产品会增加原始权益人的负债，属于债性产品；以混合型准REITs为代表的混合型产品对原始权益人的影响介于两者中间或兼具两者部分特征，故我们不对混合型准REITs作单独分析。

1. 不同属性产品对原始权益人整体财务影响

（1）从会计记账的角度讲，原始权益人通过股性准REITs融资，其资产负债表整体变化（进行必要的会计细分科目及流程合并，下同）为"增加现金，减少投资性房地产或固定资产或股权投资"，交易前后并未影响原始权益人的负债总量或资产负债率，同时因为资产（投资性房地产、固定资产或股权投资）出售所产生增值计入当期损益并造成若干税务成本。从另一方面说，股性准REITs产品的投资人获得的是基础资产物业股性权益，类似于投资于持有基础物业的项目公司股权。

（2）原始权益人进行债性资产证券化融资，其资产负债表整体变化为"增加现金，增加长期应付款或长期借款或信托借款"，交易前后原始权益人负债总量和资产负债率会增加（除非原始权益人将融到的资金全部用于偿还其他负债），而交易行为并未引发资产处置所产生的税务及其他影响。从另一方面说，债性资产证券化产品的投资人获得的是基础资产业务的债性权益，类似于向项目公司发放贷款或投资于项目公司的债权。

2. 不同属性产品对原始权益人的财务报表科目影响

（1）股性产品

第一，股性产品会对原始权益人资产负债表的资产端造成影响，导致流动性资产（现金或银行存款）增加，非流动性资产（如投资型房地产、固定资产或物业）减少；在暂不考虑应付税务的情况下，通常不会对资产负债表的负债端造成实质影响（如果原始权益人使用增加的现金偿还存量债务，则会造成负债端的减少）。

第二，股性产品的交易实质是所持物业产权或项目公司股权出售，视同销售，会产生资产处置损益（通常是物业增值的正收益），进而影响企业损益表的非经常性损益科目，并产生税收方面的影响。

第三，由于股性产品已经实现了物业的出售，因此物业未来产生的租金收益原则上不再对原始权益人造成影响。在实际操作中，如果原始权益人仍持有部分资产支持证券，甚至是次级资产支持证券，则物业未来产生的租金收益仍可以对融资人的财务报表产生影响。

(2) 债性产品

第一，债性产品会对原始权益人资产负债表的资产端和负债端同时造成影响，具体表现为流动性资产（现金或银行存款）增加，以及长期负债（长期应付款或长期借款）的增加。

第二，债性产品实质是一种类似于债券的债务融资，因此其应付的期间利息或期间预期收益会增加原始权益人的财务费用。

第三，由于债性产品并未引发交易或产权转让等行为，因此其对损益表产生的税务科目影响显著小于股性产品。

3. 不同属性产品对原始权益人的税务成本影响

(1) 股性产品

由于股性产品交易实质为基础物业产权或项目公司股权转让，涉及物业交易产生的多种税项，可能涉及的税种包括（所列法规仅为准REITs项目涉及税收法规的小部分，且税收法规可能随经济发展及税制完善不断修缮，具体项目视需要咨询专业税务顾问意见）：

第一，土地增值税：物业持有人将自有物业产权出售属于土地增值税的税基范畴，因此股性REITs产品需要根据《关于企业改制重组有关土地增值税政策的通知》（财税字〔2015〕5号）及财政部、国家税务总局《关于土地增值税若干问题的通知》（财税〔2006〕21号）等相关规定进行有效结构设计，以实现缓释土地增值税影响的目的。

第二，企业所得税：根据《企业所得税法》《关于促进企业重组有关企业所得税处理问题的通知》（财税〔2014〕109号）及国家税务总局《关于企业处置资产所得税处理问题的通知》（国税函〔2008〕828号）等条文的规定，股权 REITs 搭建中的股权转让行为视同销售，因此需要就产权增值获利部分缴纳所得税。在具体交易中可以通过混合型结构设计等方式适度缓解税务负担。

第三，营业税：根据财政部、国家税务总局《关于股权转让有关营业税问题的通知》（财税〔2002〕191 号）、国家税务总局《关于以不动产或无形资产投资入股收取固定利润征收营业税问题的批复》（国税函〔1997〕490 号），股性 REITs 需要合理设计项目公司租金利润的上收方式和实现形式，以最大限度缓解营业税影响。另外，如果准 REITs 产品设计中包含了通过委托贷款等方式抽取现金流的安排，则利息部分涉及营业税。

第四，契税：根据《契税暂行条例细则》《关于进一步支持企业事业单位改制重组有关契税政策的通知》（财税〔2015〕37 号）等规定，股性产品的房屋权属转让涉及契税的缴纳。

第五，其他：根据具体交易结构以及物业实际属性，或考虑中国税制下部分税收与附加的关联性，REITs 运作可能会影响企业所面临的其他税种。

（2）债性产品

由于债性产品本身是一种债务融资行为，不属于资产出售或交易，通常不会产生房产交易环节所形成的各种税收成本。

如果采取委托贷款或信托贷款等方式创建债权债务关系的产品，贷款利息涉及营业税。

部分债性产品可能会涉及成"资产出售＋约定回购"等具有资产出售形式但实为债性的产品结构，尽管会计处理按照债性产品操作，但由于涉及法律形式上的资产转让，因此还可能面临房产交易环节的各种税收成本，具体税务处理方式需要征询税务顾问意见，并与所属税收管理部门进行必要沟通。

4. 不同属性产品对原始权益人的融资效率影响

（1）股性产品

由于股性产品实质上是将物业产权从物业持有人出售给投资人，因此发行规模约等于物业评估值，大于基于抵押融资原理的债性融资产品。由于国内资产证券化产品为了降低融资成本，发行的产品通常为分级产品，而且要求未来租金收益对优先级收益率形成一定的超额覆盖,如果物业租金收入的现金流较小,准REITs融资规模也可能对评估值产生一定折扣。

由于股性产品涉及基础物业产权的转让,因此需要履行相关的资产出让审批流程。在物业持有人为国有企业时,可能需要履行本级国资委对于国有资产转让所需履行的程序。

(2) 债性产品

债性产品的融资规模主要基于抵押融资原理和租金折现计算,即产品设计时需要考虑LTV(债务融资额与评估价值的比值,通常控制在50%上下)以及在产品存续期的预期租金收益折现值,特别是当原始权益人自身信用资质较弱的情况下,融资规模只能按照等额本息折算的方式计算,这就导致债性产品的融资规模通常显著小于物业的评估值。不过如果原始权益人或增信机构的信用资质较强,可以通过产品设计适当提高债性产品的融资规模。

5. 不同属性产品对原始权益人的战略价值影响

(1) 股性产品

股性REITs可以视作持有型物业企业的轻资产战略的一部分,原始权益人通过股性REITs可以实现物业资产出表,即将物业资产从资产负债表剥离,并通过租金、管理费等中间业务收入将部分收益保留在利润表中,在合理控制财务与经营杠杆的情况下,提高公司的净资产收益率和资本周转率,进而提升企业估值。这在持有型物业、银行及金融机构、酒店等领域的O2O(online to offline)转型中颇为有效。

另外,通过搭建准REITs,完善交易结构,可以保持准REITs产品的延展性或可复制性,为未来发行公募REITs吸纳新资产,或通过准REITs结构复制于新资产,将REITs作为上市公司稳定利润、缓释业绩波动的有利工具。

(2) 债性产品

债性产品本质是具有物业资产或收益质押的债务融资产品,目的是实现成本可控基础之上的长期稳定融资,主要价值在于通过产品设计开拓融资渠道、降低综合融资成本。债性产品适合单体运作，并且因交易结构相对简单而适合复制性操作。

（作者：李耀光　摩根士丹利证券）

实践前沿

中国版 REITs 进化论：房地产创新金融*

文 / 屈　燕　闵文文

沈炳熙	中国人民银行金融市场司原巡视员、中国农业银行董事
罗桂连	中国保监会保险资金运用监管部博士
刘　薇	财政部财政科学研究所金融研究中心博士
罗霄鸣	中信金石基金管理有限公司投资部负责人兼执行总经理
杨广水	北京市奋迅律师事务所合伙人
周以升	高和资本执行合伙人
邓大为	中诚信证券评估有限公司结构融资部总经理助理
王海天	中昂地产商业副总裁
尹作斌	中粮置地财务部副总监

在REITs产生前，只有机构投资者和少数富裕的个人投资者能够分享投资商业地产项目和权益产生的高收益。而在REITs产生后的半个多世纪以来，由于吸引了众多中小投资者参与，其已经成为发达国家经济和投资市场的重要组成部分。

REITs作为一种重要的房地产投资金融产品，比起中国房地产市场的现有融资方式，无疑提供了一种更好的金融创新选择。但是，如何将REITs的特点与中国的具体市场状况结合起来，稳妥地推进金融创新，同时维护房地产市场的稳定长远发展，值得我们继续进行深入的研究和探索。

---

* 本文原载《当代金融家》2015年第10期。

按照国际上的定义，房地产投资信托基金（Real Estate Investment Trust，REITs）是一种以发行收益凭证方式汇集投资者资金，由专业投资机构进行房地产投资经营管理，并将投资综合收益按比例分配给投资者的信托基金，绝大多数公开募集，既可以封闭运行，也可以上市交易流通。

在 REITs 产生前，只有机构投资者和少数富裕的个人投资者能够分享投资商业地产项目和权益产生的高收益。而在 REITs 产生后的半个多世纪以来，由于吸引了众多中小投资者参与，其已经成为发达国家经济和投资市场的重要组成部分。以美国为例，过去二十年在股票交易所上市的 REITs 市值年平均增长 16%，从 400 亿美元上升到 9800 亿美元，资产价值增加了 1.6 万亿美元。

目前，我国正处在"三期叠加"（增长速度换挡期、结构调整阵痛期、前期刺激政策消化期）的关键时期，一方面，社会拥有大量闲散资金无处可投，另一方面，大量实体经济产业却面临高达 10%～15% 的融资成本。作为我国经济基础和先导性产业的房地产业以及大量持有优质物业的实体经济产业，无法通过一个合适、有效的金融渠道与大量可投资的流动性资金直接对接的融资难问题亟待解决。

而 REITs 作为专门投资优质持有型物业的金融产品，能否弥合供需错位，同时成为国内房地产融资乃至实体经济产业获取高效融资的重要工具，为机构投资者提供资产配置的新方向，拓展金融机构投行及投资业务收入来源，是十分值得探讨的内容。

一、目前国内发展阶段

从时间上看，资产证券化业务试点十年，已经臻于成熟；对融资方来说，REITs 作为商业地产证券化中的特殊产品，有利于完善中国房地产业的融资渠道；对投资方来说，当前国内房地产开发从银行贷款受到的制约较多，其他投资渠道则主要是通过信托公司设立房地产信托计划，资金成本居高不下。"可见，当前已经到了将 REITs 作为一种商业地产证券化产品正式推出的最好时机。"中国人民银行金融市场司原巡视员沈炳熙认为。

事实上，中国 REITs 的推行进程堪称一波三折，最早可以追溯到 2002 年，其间虽有进展，却未取得实质性突破。2005 年 12 月，广东越秀集团设立的越秀房地产投资信托基金在香港联交所挂牌上市，成为第一只真正意义上以国内物业设立、并在香港上市的房地产投资信托基金。但自此之后的7年时间，尽管国内房地产业一直在上升通道中震荡上涨，但国内真正意义上的REITs却并未破茧而出。

自2013年以来，关于REITs的推进步伐开始有所加快。从当年8月，瑞银环球资产管理（中国）宣布将与上海市虹口区公租房公司、太平资产管理和国投瑞银基金联合设立中国首只投资于公租房并持有其所有权的投资基金；到2014年4月，中信证券（16.830，0.49，3.00%）成功设立中信启航专项资产管理计划，并将于发行后3年内在政策允许的情况下通过公募方式上市流通，成为国内首只接近真正意义上REITs的权益型房地产投资产品；再到近期万科、万达等发行的准REITs产品，迹象显示国内REITs正逐渐步入产品爆发时期。

今年6月8日，国内首只公募REITs——鹏华前海万科REITs正式公开发行，发行规模为30亿元，基础资产是确定的目标公司股权。发行期间单个投资者的单笔认购门槛为10万元，在产品成立并上市后，在二级市场出资10000元即可参与交易。据产品资料显示，鹏华前海万科REITs将拿出12.67亿元以增资方式持有万科前海公司50%的股权。基金增资入股后将依据相关文件的约定，通过持有目标公司股权、获得目标公司利润分配以及万科回购目标公司股权方式，获取自2015年1月1日起至2023年7月24日期间目标公司就前海企业公馆项目实际或应当取得的除物业管理费收入之外的营业收入，营业收入将通过业绩补偿机制和激励机制进行收益调整。基金将主要通过目标公司逐月以对项目的营业收入（不含物业管理费收入）代深圳万科支付部分股权回购价款以及目标公司利润分配的方式实现项目收益。此外，鹏华前海万科REITs还可投资固定收益类资产、现金，以及法律法规或中国证监会允许基金投资的其他金融工具。基金同时可参与股票、权证等权益类资产的投资。其投资组合比例为：投资于确定的、单一的目标公司股权的比例不超过基金资产的50%，投资于固定收益类资产、权益类资产等的比例不低于基金资产的50%。

奋迅律师事务所合伙人杨广水认为，就投资人认购门槛而言，鹏华前海万科REITs作为公募产品的创新试点，10万元即可认筹；期限和流动性方面，鹏华前海万科REITs基金在10年存续期内将采用封闭式运作方式，能够有效保证基金在存续期对标的公司权益的投资持续性；基金成立后，场内份额可在深圳证券交易所上市交易，给持有人提供流动性便利。可见，该项目的最大亮点在于：一是突破了私募REITs产品的限制，公募的形式让更多投资者参与进来，达到了公开募集的效果；二是针对不动产降低了投资门槛，真正使得房地产投资实现了小额化和动产化；三是在封闭期内可上市交易，具有流动性。

而鹏华万科REITs的发行也意味着，房地产作为大类资产，在经过证券化后，可以被分割为1000元或10000元等金额较小的投资份额，从而让大众购买投资，也意味着更多的人可以成为房地产项目的"股东"。

二、为什么要做REITs

"从投资者角度看，国内商业地产目前的投资模式仍处于近乎'原始'的阶段。"中粮置地财务部副总监尹作斌认为。在国内，个人投资者想投资商业地产项目，只能通过购买房地产开发商散售的商铺才能实现，而机构投资者则需要单独成立物业管理部等部门，再雇用相关人等管理、运营，浪费了大量人力、物力，也未必能达到最佳运营效果。

"现代企业制度的一条重要原则就是所有权和经营权的分离，但这一点在目前国内的商业地产领域并没有充分体现出来。如果经营权能够与所有权得到更好的分离，实际上能够助推国内商业地产迅速摆脱原始状态，进入下一个发展阶段。从这个角度看，REITs通过将资金集中起来委托给专业的机构或团队进行房地产投资和经营管理，并使得投资者共同分享房地产投资收益的方式，恰能实现对商业地产所有权和经营权的分离，进而助推商业地产领域的专业化分工。"尹作斌认为。

国内最早一批试点REITs的北京某地产公司副总经理对此表示认同："如何解决现有资产的资本化问题，包括如何实现商业地产行业的持续滚动和发展，对任何一个大型的商业地产持有商来说都是一个大问题。"

他认为，从长远来看，REITs能够在很大程度上推进房地产业和国民经济的长远繁荣。

首先，商业地产作为资本密集型行业，加上当前整个土地成本的高启，需要实现持续的快速发展。而且，目前国内除了万达等仍拥有强大的金融资本支持，很难再诞生一个真正意义上纯粹依靠商业地产持有而发展的公司。

其次，从资本配套的角度，一方面，民众只能购买收益率为4%、5%的理财产品，另一方面，实体经济产业开发商融资又面临10%~15%的融资成本，两边资金配置的错位状态急需引进更好方式进行解决，才会有利于整个行业和资本市场的共同发展。

最后，国外经验证明了REITs能够推动实体经济产业的整体发展，推动社会资本的有效配置。但是，其与国内现行政策却存在很多冲突，如何能促使政府通过税收、政策导向合理将持有人利益、投资人利益、国家税收部门的相关利益进行良好对接，考验政府的决心和智慧。

一般意义上，商业地产开发一旦散售之后将面临较大的经营管理问题，一方面，不能保证业态的合理规划和设定，即开发商不能对业态进行统一的管理和布局，另一方面，在分散的产权商铺里，业主对租金期望值和业态选择等很难统一，经营能力也各不相同。"这会直接导致空置率较高，商业级次低，影响整体商业氛围，已经租出去的商铺经营业绩也不会理想，多数地产项目经营惨淡，最后淡出人们视野，长期形成恶性循环。"中昂地产商业副总裁王海天指出，而REITs则可以保证商业地产的整体运作，仅在投资人层面拆小份额实现分散化投资。

事实上，散售作为一种常见的商业地产运作模式，是否合适和有效，长期以来一直是业内争论的焦点之一。王海天就认为，做得好的商业地产项目一定是自持的，或者是整体持有型的。借助REITs，能否将散售后运营失利的商业地产"起死回生"？散售型的地产开发项目，如商业街或街区型商业等，是否都适合做REITs？REITs是否更适合租金收入比较稳定的社区型商业？是国内商业地产开发商关注的重点所在。

中信金石基金管理有限公司投资部负责人兼执行总经理罗霄鸣则进一步指出，在单纯的为房地产商提供高效融资之外，REITs作为一种投资于优质持有型物业的金融产品，原则上可以服务于包括广大实体经济产业在内的一切优质物业持有方。当前许多优秀的实体企业在做好企业经营时，往往同时面对如何在保障财务安全的前提下解决快速扩张伴随的物业融资需求以及如何分享企业经营带来的正外部经济效应的问题，中信苏宁项目即为更好地利用REITs工具为实体经济服务提供了一个良好的示范。苏宁通过对前期购置自持门店的REITs化，分享了努力经营带来的物业资产增值，同时进一步利用REITs及其衍生而来的基金链工具彻底实现了其主营业务的轻装上阵，为其快速扩张门店资产以及物流仓储设施提供了高效的资金支持。

这其中，理性看待自持物业的金融投资属性，并对其进行独立的REITs运作，使其成为企业高效经营的助推器，而不被其表观上的"减轻企业经营租金负担"这一似是而非的经营理念所左右，从而最终使自持物业成为沉淀企业资金而非拖累企业发展的绊脚石，正是将REITs作为广大实体企业（而绝非仅仅针对房地产企业）的战略金融工具，实现轻重资产分离、高效安全提升企业经营效率的核心理念。

三、投资者角色

从国际上看，截至2015年3月末，全球资本市场上的REITs市值近1.7万亿美元，其中，美国上市REITs约267只，市值接近9800亿美元，占全球市场市值近60%；欧盟上市REITs约100只，市值约1900亿美元，占全球市场市值11%；亚洲市场上市REITs主要集中在日本、新加坡、中国香港等国家和地区，市值接近1700亿美元，占全球市场市值10%。以美国REITs发展经验来看，权益型REITs是REITs的主体，而从权益型REITs的持有者结构来看，保险机构尤其是养老金等机构投资者是REITs最主要的投资者，其次是各类共同基金。

从国内来看，国务院于2014年发布《关于加快发展现代保险服务业的若干意见》，在创新投融资机制等指导中明确要求保险行业积极探索，面向保险机构募集资产，为实体经济提供资金支持。在此背景下，保险行业一直在主动作为，设计适合保险资金投资特征的产品。从2012年试点开始至今，已经有9家保险资产管理公司以试点方式发行了22单资产支持计划，共计812亿元，资产范围包括信贷资产、小贷资产、股权、资产收益权等，其中，资产收益权里面就涉及商业地产收益权。

但是，尽管近年资产证券化发展迅速，保险机构购买却并不很多。统计数字表明，2014年底保险投资信贷资产证券化与企业资产证券化两大证券化产品的金额只有195亿元，其中，投资信贷资产证券化产品51.3亿元，投资企业资产证券化产品144.19亿元，仅占保险公司总资产的0.19%。"主要原因是这两类产品的期限都在三年期以下，收益率也覆盖不了保险资金目前的负债成本，难以满足保险资金的配置需求，造成现有证券化产品与保险投资需求之间的较大差距。"保监会保险资金运用监管部罗桂连博士指出。

而在各类购买REITs的基金投资者中，私募股权基金是相对较为特殊的角色。高和资本执行合伙人周以升就表示，在房地产投资中，私募股权基金发挥的作用就是将地产与金融市场进行有效嫁接。私募基金募集的对象范围虽然较公募基金为窄，但是其投资人大多来自资金实力雄厚的机构或个人，使得其可以成为REITs重要的孵化者和推动者之一。

对于国内房地产投资市场，他认为有以下几个特点：一是相对于住宅较低的租金收益率，商业物业的整售市场由于参与者多为机构投资人（外资和国内的机构），因此市场交易价格相对比较理性；二是国内商业物业此前有相当比例被散售，该现象是由地产行业的发展阶段和周期决定的，在市场高涨期，个人投资人较为活跃且定价较整售更高，因此形成整售和散售市场的套利，催生了散售的盛行。随着整售市场和散售市场逐步回归理性，资产证券化将成为下一步发展方向，同时，将进一步推动市场的理性化；三是从房地产周期来看，一般来说，市场调整尚未完成的情况下，受制于定价压力，债性的证券化可能发展更快，股性的证券化随着资产价格调整到位会逐渐出现较好的机会，在房地产周期调整的后期和重启期，权益类证券化将会迎来大发展。

周以升以曾参与的中华企业（6.480，0.03，0.47%）大厦项目为例说明，该大厦在上海位于顶尖地段，建成时间很早，随着城市高速发展，逐渐与周边环境格格不入，不能满足产业升级的需求。高和基金购买该大厦后，通过对外立面进行改造，同时对租户重新进行调整后，实现了大厦的整体提升改造和增值。从财务上看，改造之前，该大厦租金只有4~4.5元，改造之后，该大厦租金已经涨到7.5元。受制于国内REITs迟迟不能推出的压力，最终选择按层出售予若干大客户，并与物业方签署了10年管理合同，实现了

"产权自由转让,统一管理"的模式,也代表了一种私募REITs的探索方向。市场迫切呼吁REITs的尽快面世和扩容。

事实上,有专家就认为,物业、商场通常都存在出售难的情况,主要原因是投资收益期限拉长、资金周转率慢,持有物业压力极大,REITs最大的作用是解决了开发商退出渠道的问题,从而可以使更多投资人参与投资商业物业,并使持有人能够更有动力和耐心经营商业物业。

不过,REITs作为重要的金融工具,在发行时除了会面临流动性、市场、经营管理、政策等风险,还可能面临委托代理、信息披露、关联交易、监管和法律等各种风险。因此,国际上通行的做法是通过公司信用评级,对以上风险进行有效评估,为投资者作投资决策时提供策略考量。评级因素主要从资产运营和运营主体的财务状况两方面考虑,包括:经营环境、市场地位、资产质量、分散度与稳定性、战略与管理能力、资本结构、财务政策、财务弹性、盈利能力、现金流保护等。而在对具体的REITs公司进行评级之前,宏观经济环境、房地产市场环境、REITs细分行业环境也是影响REITs信用质量的关键因素。

随着国内房地产投资业务的开展,国内评级机构对REITs的评级方法也在实践中趋于完善,"以中诚信证评估有限公司来说,通过将国际知名评级机构在REITs方面的成功经验与国内实践相结合,形成了针对不同REITs产品特性的评级体系,总体评级思路主要围绕三个方面展开,第一个方面是对资产运营主体的资本结构以及财务杠杆进行评估;第二个方面是对现金流的稳定性以及资产的价值演变进行评估;第三个方面是对产品结构化设计中的内部增信与外部增信进行评估。"中诚信证券评估有限公司结构融资部总经理助理邓大为说。

四、面临的阻碍

国际上,REITs持有的物业主要是商业地产,包括写字楼、零售物业等,这一方面是由于商业地产的租金回报率较高且较为稳定,另一方面是因为商业地产类型众多,可通过投资不同类型、不同区域的商业地产分散风险。专家认为,这表明商业地产仍将是未来REITs发展的主要方向。而我国已出现的私募REITs产品,如中信启航和中信苏宁,持有物业分别为写字楼和零售物业，亦均为商业地产。

其实，由于 REITs 涉及的物业通常以长期持有为主，且投资收益的绝大部分来源于稳定的租金收益，同时有利于资产价格的长期稳定，因此，早在 2007 年，监管层就成立了"房地产投资基金专题研究领导小组"，专门进行 REITs 的开发研究。随后，REITs 还被提上了包括国务院在内的政府及高层监管机构议事日程。

但时至今日，REITs 在中国之所以久推不动，除了政策法规层面的制约外，税收问题仍是制约其发展的重要因素。在中国现有的税法框架下，通过长期持有物业获得租金收入再进行分配，需缴纳房产税、营业税、企业所得税等各项税收，这在无形中提升了可供选择的物业资产门槛。

罗霄鸣就指出，在当前国内的税收体制下，直接持有物业并进行资产交易的税负较重，对持有型物业的盘活存在一定影响。国际上，REITs 是可以直接持有物业的，而根据国内当前的税制安排，直接转让物业资产在转让交易环节的相关税费约占物业增值收入的 54%，约占交易对价的 22%，故而当前需要通过一些诸如设立项目公司和产品结构化设计的方式进行适当的筹划。但随之而来法人持有物业的结构又不可避免的带来了持有环节各类税费的负担。大量中间税费直接造成投资者收益低下、融资方成本高企等资金供需双方之间的严重失配现象，成为目前影响此类产品发行的一大阻碍。

此外，制度缺失也决定了并非有能力管理 REITs 或者物业的专业机构就能够直接在市场上发行产品，而必须与交易所产品进行对接，导致国内发行准 REITs 产品时需要多设置一个环节。目前发行 REITs 的产品载体是交易所专项计划产品，其本身流动性不强，仍属于面向机构投资人的私募产品。

"首先，解决重复征税问题是推广 REITs 最关键的步骤，需要研究哪些环节应该征税，哪些环节不应该征税。其次，一些产品没有将商业地产本身纳入资产池，而只是将租金作为证券化的基础，会很难将产品的基础资产与其他资产进行有效隔离，一旦出现风险，很难进行清偿。最后，国内与房地产投资有关的专项资产管理计划，有许多是以私募形式立项，如何转变成公募形式，增加更多投资者进入，同时加强产品流动性，也是急需解决的问题。"沈炳熙表示。

2014年4月，国内离REITs最为接近的产品——中信启航专项资产管理计划成功发行，由中信金石基金管理有限公司管理。产品总规模逾50亿元人民币，投资标的为北京中信证券大厦及深圳中信证券大厦。退出时，该基金计划将持有物业的项目公司出售给由中信金石基金发起的交易所上市REITs或第三方。

中信启航专项资产管理计划的发行及挂牌交易，标志着中国第一单权益型REITs产品的顺利破冰，在中国市场上具有里程碑式的意义。该计划募集的证券投资基金是新《证券投资基金法》实施以来第一单非公开募集证券投资基金；其管理公司成为证监会批准的第一个专注于包括REITs业务在内的不动产金融业务基金管理公司。相较于之前的产品，该产品最大的突破在于可通过深交所综合协议交易平台挂牌转让，从而实现了REITs产品的流通。

但对其他房地产私募基金来说，由于融资渠道狭窄，以及基金募集的法律限制，房地产私募基金依托外部渠道，如商业银行私人理财部、理财机构和信托公司等平台完成募资成为一种较为理性的途径。但是，这些平台自身的局限性限制了房地产私募基金做大规模的可能。"由于流动性受到了限制，导致底层资产的价值发现功能受到了削弱。"罗霄鸣说。

五、政策方面

20世纪90年代，美国房地产市场经历了极大的调整，1992年商业房地产开发贷款净损失率升至历史最高峰2.1%。面对危机，美国政府出台了1986年《税制改革法》和1993年《收入调节法》，大幅减低个人边际税率，取消对长期资本利得的优惠税率，取消机构投资者的限制性规定，增强REITs的吸引力，使得REITs获得了前所未有的发展机遇。REITs不断收购价格下跌的商业地产用于出租，获得稳定回报的机构投资者不断为商业地产注入了新的大量资金，令REITs在20世纪90年代后期获得惊人发展的同时，对商业房地产市场的价格起到了较好的支撑作用。美国房地产市场重新走向复苏。

周以升认为，美国的案例表明，REITs并非令房价大起大落的"元凶"，而是帮助平抑房价、熨平周期的"良友"。

罗霄鸣则指出，适当的财务杠杆有助于提升投资者收益水平，是全球

REITs投资中经常采用的财务手段。在海外各国的实践中，均允许REITs进行对外融资，美国上市REITs的平均资产负债率为53%，新加坡市场允许REITs的最高杠杆比率为60%，从而为REITs提供了一定的资本运作空间，有利于提高产品活力和对投资人的吸引力。

"截至目前，税收对REITs整个交易过程的影响，主要涉及土地增值税、房产税、企业所得税、营业税、契税、印花税等，以及其他税收优惠政策。实际上，在公租房和保障房领域对税收优惠政策的研究已非常充分，尤其是在公租房、保障房领域REITs产品中的税收政策对下一步REITs税收政策的制定和调整有一定的借鉴意义。与此同时，政策制定部门要加快REITs立法，一是明确REITs的法律主体地位、税收主体和税负等问题；二是在推进REITs的过程中，加强现有信托法、投资基金法、公司法等相关法律法规的协调；三是充分考虑REITs产品的特殊性，避免'多头监管'带来的不良影响。"财政部财政科学研究所金融研究中心刘薇博士说。

她同时指出，近两年来，与REITs相关的税收制度改革也在有序推进。从营改增来看，改革目标是2015年全面完成营业税改增值税改革，但房地产业、建筑业、金融保险业和生活性服务业的营改增是否能在2015年年底之前取得进展，目前尚不确定。事实上，营改增从2012年上海试点以来，紧锣密鼓地出台了一系列政策，进展迅速，直至2014年6月1日将电信业纳入试点改革，步伐一直很大，但此后进展缓慢。

房地产税则是目前已经纳入人大立法规划的重要税种之一，其正式开征需要两个基本条件：一是不动产统一登记体系的完善，预计2018年底可以完成；二是房地产税立法。其改革关键点在于使一部分消费住房保有环节的税收调节从无到有。"从税制改革定位来看，十八届三中全会提出'国家治理体系现代化'和'国家治理能力现代化'的目标，税制改革定位从国家税收向国家治理税收转型，更强调税收在宏观调控中对经济的协调作用，促使从经济市场化向国家治理现代化转变，由效率激励向公平有序转变；税收增长由超常增长向稳健可持续增长转型。税制改革的基本原则是宽税基、简税制、调税率、严征管，保持税负基本不变。"刘薇博士表示。

总而言之，REITs作为一种重要的房地产投资金融产品，在国际上已经普遍运用并为国内实践开展提供了可供借鉴的成功经验。比起中国房地产市场的现有融资方式，REITs无疑给我们提供了一种更好的金融创新选择。但是，如何将REITs的特点与中国的具体市场状况结合起来，稳妥推进金融创新，同时防范可能出现的投资风险与市场风险；如何更好地健全国内相关法律法规，保证房地产市场的稳定长远发展，值得我们继续进行深入的研究和探索。

第三部分

投资者及相关机构与资产证券化

第八章　资产证券化产品的投资风险

一、证券化产品的信用风险

为什么人们把资产证券化与金融风险联系在一起？原因在于 2007 年美国的次贷危机起初就是由作为证券化产品的 MBS 出了问题引起的。于是人们就认为，是证券化导致次贷危机进而引发了金融危机。事情果真如此？

2008 年那次全球金融危机确实是美国次贷危机引起的。但要说那次贷危机是由资产证券化引起的，就有点倒因为果了。次贷危机不是因为次贷搞了证券化才引发的，而是因为次贷的借款人失去了工作、还不了贷款才造成的。所以，是次级贷款的信用风险影响了次贷证券化的正常进行，而不是证券化引发了信用风险。毫无疑问，次贷证券化过程中的一系列错误操作，包括衍生产品的不当使用，也助推了后来的金融风险。但危机的基本原因是次贷本身的信用风险，而不是这些次贷被做成了证券化产品。这个问题也从一个侧面告诉我们，弄清资产证券化与金融风险的关系，对于推进资产证券化有十分重要的意义。

1. 信用风险是引发次贷危机的根本原因

信用风险是金融风险中最典型也是最基础性的风险。研究证券化与金融风险的关系，首先就要研究信用风险与证券化的关系。信用风险和资产证券化的关系，本质上是基础资产和证券化产品的关系：如果基础资产的信用风险比较大，做成的证券化产品信用风险也会比较大；反之，如果证券化基础资产本身的风险比较小，其证券化产品的信用风险也会比较小。这一点，不管是信贷资产证券化与其基础资产贷款之间的关系如此，企业资产证券化与企业信用风险同样如此。信贷资产证券化与其基础资产—贷款信用风险的关系比较明显，因为有个美国次贷危机在做示范。企业资产证券化与企业资产信用的关系其实也不复杂。应收货款、服务收费、房屋租赁费等通常是企业资产证券化的主要基础资产，这些基础资产同样存在信用风险，例如，买主可能不按期付款、房客可能不按时缴纳租金、服务费可能不按时缴纳，都是一种信用风险。一旦这些风险成为现实，必然影响以这些资产为基础资产而发行的证券化产品的兑现。美国的证券化产品很多，为什么只有次级房贷所做的证券化产品才出事，并因此而被叫做次贷危机，其他贷款所做的证券化产品则基本上安然无恙？原因就在于次级贷款本身的信用风险比较大。

正因为基础资产的信用风险直接影响到证券化产品的信用风险，所以，2011年中国人民银行等三部委出台的关于资产证券化的通知中，对可选的基础资产作了一些限定。尽管这些限定在今天看来未必都很合理，但基本态度十分明确，也不难理解。

2. 证券化对控制信用风险的正面影响

资产证券化没有消灭信用风险，不等于证券化对信用风险不产生影响。但是，这种影响是双重的，既有正面的影响，也有负面的影响。

我们先分析一下资产证券化对控制信用风险的正面影响。所谓正面影响，是指按规则规范地开展资产证券化，有利于信用风险的防范和化解。其理由如下：

第一，开展证券化之前，对信用风险的监控只限于证券化发起机构，而证券化之后，对信用风险的监控扩大到整个证券市场。

例如，某银行发起信贷资产证券化项目，把20个亿的信贷资产拿出来证券化，发行的20亿资产支持证券被100个证券投资者购买。过去，只有这家银行关心这20个亿信贷资产的信用风险，现在，购买了这20亿资产支持证券的100个投资者都会关心它，一有风吹草动，就会追根问底。这种市场监督会加大对借款人的压力，减少主观违约的概率。

企业资产证券化的情况也类似。应收账款、收费权、租金等资产被证券化后，对应付账款者、服务费和租金缴付者的监督也扩大了范围，对防范这些人或机构故意不缴或迟缴租费所起的作用也是正面的。

第二,做资产证券化项目时,为了揭示风险,需要由具有公信力和专业水平的中介机构对证券化的基础资产进行风险评估,例如信用评级机构对所涉资产的信用进行评级,财务顾问、信托机构、会计师、律师等,也都要从各自的职责出发对这个项目的安全运行提出专业意见,并对投资者最关心的风险控制要求提出防控措施。这些中介机构在尽职调查基础上,通过科学方法进行的风险提示和风控措施,比较客观、全面,也具有较强的操作性,这有利于投资人更好地识别和把握项目的风险,对于发起机构及发行机构更好地控制日后的信用风险,无疑是有利的。

第三,资产证券化虽然也是一种出售资产的行为,但它和直接出售的方式相比,在信用风险的防控上具有明显的优越性。直接出售资产,无论是信贷资产还是企业资产,卖了就卖了,卖出去后情况如何,大家就不管了。证券化后情况就不同了,由于资产证券化要把资产卖给一大批投资者,这些投资者持有了资产支持证券后,是可以在二级市场上交易的,所以,对这些资产信用情况,在这些资产存续期内,都存在着市场监督,迫使发起机构对资产证券化产品风险的管控也更用心。

3. 证券化不当操作带来的危害

再来看一看资产证券化不当操作在风险管控上可能产生的不利影响。如果违规操作,或者不当操作,资产证券化过程也可能加大金融风险。这也是美国次贷危机给我们的深刻教训。

第一,如果中介机构没有尽职尽责,真实地、客观地揭示、披露证券化基础资产的信用风险,发起机构没有如实地说明证券化基础资产的潜在风险,那么,投资者就不能准确地识别的把握信用风险,这就可能导致市场监督的架空。

美国次贷危机的情况也是这样。明明是次级贷款,风险较大,但是评级还不错。这就误导了投资者。

第二,如果金融监管当局的监管流于形式,那也会造成资产证券化项目相关机构放松自律,放松对信用风险的管控。美国对资产证券化产品的发行采取注册制，这本身应该说是对的，严厉的审批制并不能真正控制风险。但是，如果注册备案流于形式，甚至连看都不看一眼，那就起不到监管作用。本来，相关机构应该是在监管之下各自承担相应的责任，这种监管可以是抽查、可以是出现问题严厉追究责任、也可以是有不良记录的机构不得从事相关业务。如果没有这种约束，这些从事证券化的相关机构头上就没有剑，就不会严格按要求去做事。

第三，资产证券化的结构太过复杂，也会加大金融风险。资产证券化和发债不同，发债是以发行机构的信用作保证的，而资产证券化是以基础资产的信用作基础的。在资产证券化产品结构不太复杂的情况下，信用风险的主体是清楚的，风险点也是清楚的。但如果结构太过复杂，风险主体就不清楚了，风险点也不清楚了，市场的监督者管不到点子上。美国的次贷危机爆发，这主要是次贷借款人发生偿付危机，但后来进一步发展为金融危机，则是与其证券化结构过于复杂，多重证券化的CDS（信用违约互换），衍生产品加入其内有关。

上述分析表明，资产证券化的不当操作和违规操作会加大金融风险，甚至把原来的个别信用风险演化成系统性风险。一家金融机构的贷款出现信用风险是很难避免的，一般也不会直接导致系统性的金融风险甚至金融危机。但如果许多金融机构的贷款都出现相同的信用风险，或者这些信用风险与其他的金融风险混合在一起，监管当局又不能及时采取相应的化解措施，那就有可能引发系统性风险甚至金融危机。美国的次级房贷仅为全部房贷的10%左右，但是当次贷危机发生时，受冲击的金融资产绝不仅限于这10%的次级房贷。

二、投资证券化产品的其他风险

资产证券化过程本身不产生信用风险，不等于就不存在其他的风险。对于这一点，我们必须有充分的认识。从过去的实践经验看，主要的风险有以下三个方面：

1. 流动性风险

所谓流动性风险，是指由于证券化基础资产所产生的现金流不能按约定时间到达资产池而造成不能如期向资产支持证券投资人支付收益、偿还本金的可能性。证券化产品主要是固定收益类金融产品，它的特点是按期稳定地向资产支持证券持有人支付资产收益。这客观上要求进入资产池的收益也必须是稳定、足额的。否则，如果资产池的现金流不稳定，时多时少，就会影响向投资者支付收益。流动性风险和信用风险不同，它并不是根本无法还本付息，而是暂时无法还本付息。只要能够融入短期资金，这个问题就可以跨过去。但是，如果没有预案，不能融到足够的短期资金，就会使资产支持证券价格下跌，形象受损。一旦发生这种局面，其后果将十分严重，市场上对这种证券的抛售很快就会出现，还可能引发市场的混乱。

对于证券化的流动性风险，有些机构采取了由发起人解决临时性融资的措施。从严格意义上讲，这样做意味着发起人继续承担着证券化资产的风险，所以相关法规是不允许这样做的。但是，如果没有这种融资安排，万一发生现金流的暂时中断，无法解决临时性资金短缺，就可能出现上述麻烦局面。这也是目前我国资产证券化所遇到的一个大问题。

2. 市场风险

资产证券化是通过证券市场实现的，因此，在其运作过程中，也必然会遇到市场风险。市场风险主要表现在两个方面，一是证券市场的整体趋势对证券化产品发行和交易的影响；二是证券化产品因为交易不活跃引起的市场机会损失。

证券市场特别是债券市场价格波动对证券化产品发行的影响，表现为债券利率越是上升，证券化产品发行越是困难。我们知道，债券利率上升固然会对新债券的发行带来压力，迫使其跟着提高发行利率，加大筹资成本，但只要发债主体对升高的利率能够接受，债券还是可以发出去的。而证券化产品的情况有所不同，证券化产品的收益来自证券化资产的收益，一般来说，这是一个相对确定的数额。在债券市场利率水平上升时，证券化资产的收益水平并不一定上升，客观上无法与债券市场同步提高发行收益率，这就不能满足投资者的要求，造成发行困难。如果与债券市场同步提高发行收益率，发起机构就可能做赔本生意。不仅如此，债券利率升高，市场资金必然流向债市，投资资产支持证券的动力势必因之下降。

证券化产品是交易不很活跃的证券品种，这种特点，决定了它在市场变化时，往往很难快速出售，这对于证券化产品的投资者来说，一方面将眼睁睁地看着证券化产品价格下跌无法出手变现；另一方面将无法根据市场走势去购入有利可图的证券产品。这种损失在一般情况下，仅仅是减少部分收益；而在特殊情况下，则可能会出现巨大损失。在美国次贷危机期间，由于次贷支持证券价格急剧下跌，许多投资者根本无法出售手中的资产证券化产品，损失十分惨重。

3. 早偿风险

证券化过程中的早偿风险和债券市场的早偿风险有相似之处，都是因为实际债务人提前偿还债务而引起投资人不能获得预期收益而造成损失。资产证券化过程中的早偿风险也有自己的特殊性，因为证券化产品的基础资产各类繁多，有些时候并不一定是因为债务人人为地提前还款，而是因为经济、经营环境发生了较大的变化，使得资产池中收益回流的节奏发生变化，造成被动的早偿。例如，以高速公路收费权作为基础资产所做的证券化项目，就可能因为车流量的意外增大而造成早偿。

4. 产品结构风险

资产证券化的另一个风险，是产品结构复杂化所带来的风险。证券化都需要以销售证券产品的方式来实现，而这种产品有一个特点，它不是以发行人的信用作保证，而以基础资产的收益作保证，这本身已经让投资者不能直观地看到收益的根基所在。加之证券化产品都采取分层结构，同一个证券化项目的产品，有优先级资产支持证券、次级资产支持证券，在优先级资产支持证券中又有不同信用等级的产品，甚至在同一级产品中，还因采取不同的收益率方式（固定收益、浮动收益等）而分不同的产品，更增加了投资者识别产品风险的难度。这就是证券化产品的结构风险,产品结构越复杂,风险就越大。

如果我们回顾一下当年美国次贷危机的情况,就可以知道证券化的产品结构风险有多厉害。美国是资产证券化业务开展得最早的国家,也是金融衍生产品发展最迅猛的国家。它们在开发证券化产品时,不仅把产品结构搞得很复杂,而且还在证券化产品中加进了衍生产品,使证券化的产品结构变得云山雾罩,投资者根本无法辨别这些证券化产品背后是些什么东西,到底值多少价值。例如,它们把一些资产搞了好几次证券化,它的基础资产到底是什么,已经没有人能够说得清楚。然后,还要把衍生产品再引到证券化产品里来。投资者基本上只能根据信用评级公司的评级来判断这个产品是好是差,决定是否买入这个产品。也正是因为这些产品结构太过复杂,且又引入衍生产品在内,使得次贷证券化产品和其他一系列产品都联结起来,形成盘根错节的关系,最后次级房贷出事,不仅次贷证券化产品出现偿付困难,而且还连累其他的金融产品,占房贷不过10%的次贷,最终引发金融危机,产品结构复杂化起到了放大和扩散风险的作用。

证券化的产品结构风险在我国没有发生,因为我国在资产证券化过程中,坚持先从简单的产品结构做起,且产品结构的复杂程度必须和监管水平、投资者风险识别能力相适应。因此,有些证券化项目在初始方案中加进了某些衍生品,例如,利率远期、利率互换的内容,监管部门在审核时都要求去掉。至于多重证券化,过去尚未出现过。在资产证券过程中采取审慎监管态度,是必要的。当然,随着投资者风控能力的提高和监管机关监管水平的提高,资产证券化的产品也可以相应地复杂一些,丰富一些。

三、对证券化产品投资风险的防控

既然资产证券化与信用风险是这样一种关系,我们就应当正确地使用这种工具,避免不当的操作,使资产证券化能够健康地开展起来。针对资产证券化过程中存在的风险,我们务必采取下列措施,以降低风险,控制风险,保证资产证券化在风险可控的情况下健康地发展。

1. 深入了解基础资产的适当性

关于为什么必须坚持这一条，其理由在第一章中已经做过分析。这里要强调一点，做什么样的证券化项目，就选什么样的基础资产，必须名副其实，不能名不符实。就信贷资产证券化而言，尽管所有的信贷资产都可以证券化，但不同的信贷资产，必须明确不同的证券化项目，不能把不良资产作为优良资产进行证券化，或把不良资产掺到优良资产中。就企业资产证券化而言，能证券化的资产是有严格条件限制的，证券化必须选择符合条件的资产。不能为了摆脱发债不得超过净资产40%的限制而把那些不符合条件的资产选作证券化的基础资产。

2. 中介机构必须承担相应的职责

特别是信用评级机构。信用评级机构必须尽职尽责，按照基础资产实际的风险大小评定其信用等级。不能为了取悦发起机构，任意拔高其信用等级。为此，可采取双评级。对多次经不起实际检验的评级结果，要追究评级机构的责任。对会计师、律师的工作质量，也要严格检查。而要让中介机构承担起这种责任，监管部门必须转变监管思路，把对资产证券化的监管从直接管业务为主，变为以监督中介机构为主。

3. 通过多种途径解决证券化产品流动性风险

证券化产品的流动性风险并不是不可防范的，关键要有切实有效的预防性措施。一种措施是落实在资产池现金流突然中断情况下融资的机构。这些机构一般是同业的金融机构，它们和证券化发起机构应该有良好的相互往来，当证券化资产池临时性资金不足时，通过短期融资安排，解决流动性短缺，是合法合规的，也不存在发起人与基础资产仍然存在风险关联的问题。另一种措施是在资产池中存放一部分变现能力强的国债等资产，在资产池现金流出现临时性断流或不足时，将债券变现以应急。这种措施需要把握好预留债券的数量。数量少，则不足以应急；数量大则会影响证券化资产的规模。这是从开展资产证券化业务的单个机构角度出发所采取的措施。从整个资产证券化市场的角度，也可以考虑采取设立证券化稳定基金的方式来解决这个问题。证券化项目的资产池按一定比例缴纳基金份额，资产池流动性不足时可从基金融资，项目结束时返回基金份额，基金收益返还证券化资产池。也可以由证券化项目向担保机构投保，在资产池现金流不足时由担保机构提供资金保证。这种方式，实际上是通过各证券化项目的备付金熨平单个证券化项目现金流出现的起伏。加拿大的房贷证券化就采用后一种方法来防范和化解流动性风险，取得了很好的效果。

上述措施有的是单个证券化项目可以采取的，有的必须通过相关部门的协调才能成功落实。我们不要简单地用发起机构自己向资产池融资的方式来化解风险，尽管那种方式可能是最方便，也用不着求人的。但是，这种安排无法摆脱发起人实际仍然承担证券化基础资产风险的困境，从而这些基础资产也不能出资产负债表。但是，我们也不应把这个问题完全推给开展证券化业务的机构自己去解决，因为后面这些措施需要动用社会力量才能有效实行。

4. 通过完善合同条款、强化法律约束来预防早偿风险

早偿风险主要发生的信贷资产证券化项目中，因此预防证券化过程中的早偿风险，最基础性的工作是完善借款合同的条款。借款合同不仅要明确借款数量、利率水平及在市场利率发生变化时的处理方式、还款日期，而且要明确提前还款应当受到的经济赔偿。这项工作在证券化项目开展以前就必须做好。从理论上说，我们所有的信贷资产都存在证券化的可能，因此，事先在合同里就必须对可能出现的提前还款问题明确相应的对策。由于合同具有法律效力，而且明确了早偿的经济赔偿，在合同条款中写清楚，对借款人就会产生强有力的法律约束力，可以大大减少违约早偿的概率。

另一方面，在证券化过程中，需要作出合适的制度性安排以应对可能出现的早偿风险。对于那些存续期限较长（10年甚至更长）的证券化项目，应充分考虑到可能出现的早偿风险，在产品设计时，可安排一定期限后（3年或5年）允许投资人对是否继续持有该资产支持证券作出一次选择。如果投资人觉得继续持有该资产支持证券遇到早偿风险的概率较大，它可以赎回。其价格或者收益应优于在二级市场上售出该证券。投资人如果愿意继续持有到期，

那它就应承担早偿风险所带来的损失。当然，选择的时间要定得适当，所给的收益也要合理。

从整个社会来讲，需要加强契约精神的宣传。市场经济要强调契约精神，这是诚信意识在市场活动中的体现。这方面我们有所缺失，需要从努力弥补和加强。

5. 资产证券化的产品结构必须尽可能简洁

资产证券化产品的结构过于复杂，会加大风险识别的难度，在某些不利条件下，会加大信用风险的影响范围和力度，这是上一次美国次贷危机给人们留下的教训。我们开展资产证券化时，没有必要把结构搞得太复杂，要尽可能简化产品的结构。这一点，在中国人民银行等三部委的文件中已经作了规定。当然，有时为了提高产品的可售性、或者是为了解决某些操作中的困难，适当加一些简单的衍生品在内，也非绝对不可，但这必须向投资者作出明确的说明，并与投资者的风险识别能力、操作团队的管理能力、市场管理部门的监管能力相匹配。绝不允许为了诱惑投资者而故意搞一些复杂的产品结构。

（作者：沈炳熙　中国人民银行金融市场司原巡视员、中国农业银行董事）

第九章　保险业深度参与证券化的思考

资产证券化的发展离不开投资者队伍的扩大。保险机构作为资产证券化产品的重要投资主体，其发展速度和资产管理的灵活程度，直接决定了保险业参与资产证券化的深度，也深刻影响着资产证券化的深度和广度。最近一个时期，随着国务院《关于加快发展现代保险服务业的若干意见》（简称《新国十条》）的全面落实，保险业进入更高水平的快速发展通道。而保险资金运用方式的改革，进一步提高了保险业参与资产证券化的可能性。随着《保险基金运用管理暂行办法》的发布和实施，特别是资产支持计划这一保险业自主拓展的资产管理产品的推出，在服务于保险业的发展、服务于保险资金配置需求的同时，也推动了国内资产证券化产品稳定健康的发展。保险业深度参与资产证券化，正在逐步成为现实。

一、保险业正在快速发展

党的十八大特别是十八届三中全会以来，党中央国务院从国家治理体系和治理能力现代化的角度，对保险业提出了许多新要求，为保险业提供了进一步大发展的广阔平台。《新国十条》和国务院办公厅《关于加快发展商业健康保险的若干意见》的正式发布与全面贯彻落实，全方位政策红利的逐步释放，正在引领保险业进入更高水平的快速发展通道。2013年底，保险深度达到5%、保险密度达到3500元/人[①]。截至2014年末，保险业总资产10.16万亿元，保险

[①] 保险深度指保费收入在同期GDP中比重，反映保险业在国民经济中的地位。保险密度指人均保险支出，反映人们对保险的重视程度。

资金运用余额9.33万亿元。10年平均增速为25%，保险业总资产平稳快速增长。2014年，保险资金运用实现投资收益5358.78亿元，同比增加1700.46亿元；财务收益率[①]6.30%，同比增长1.26个百分点；综合收益率[②]9.17%，同比增长5.1个百分点。财务收益率和综合收益率均实现近五年来最好水平。

《新国十条》明确了发展现代保险服务业的主要领域，从资产负债表的两端进行了全方位的突破和创新。从与资产证券化关系密切的资产端看，保险资金运用的政策更加灵活，服务重点更加突出，为保险资金营造了多维度投资空间，保险资产管理面临更多新机遇。一是保险资金运用方式正在创新。《新国十条》提出要促进保险市场与货币市场、资本市场协调发展。鼓励设立不动产、基础设施、养老等专业保险资产管理机构，允许专业保险资产管理机构设立夹层基金、并购基金、不动产基金等私募基金。稳步推进保险公司设立基金管理公司试点。二是支持民生工程和重大工程建设。《新国十条》提出，要充分发挥保险资金长期投资的独特优势，鼓励保险资金利用债权投资计划、股权投资计划、资产支持计划等方式，在支持重大基础设施、棚户区改造、城镇化建设等民生工程和国家重大工程中发挥更积极作用。三是支持新兴产业发展。鼓励保险公司通过投资企业股权、债权、基金、资产支持计划等多种形式，在合理管控风险的前提下，为科技型企业、小微企业、战略性新兴产业等发展提供资金化支持。研究制定保险资金投资创业投资基金相关政策。上述改革，为探索保险机构投资资产证券化产品创造了有利条件。

二、保险资金是如何配置的

保险资金能在多大程度上参与资产证券化，取决于保险资金的配置状况。而保险资金如何配置，又与保险资金的特点相联系。

1. 保险资金的特点

与银行、信托、证券、基金等其他金融子行业所管理的资金相比，保险

[①] 财务收益率＝（已实现收益＋交易类资产公允价值变动损益）/资金运用平均余额
[②] 综合收益率＝（财务收益＋可供出售类资产公允价值变动损益）/资金运用平均余额

资金具有以下特点：

一是长期性。保险资金特别是寿险中的养老保险、医疗保险所积聚的保险资金，负债久期通常很长。以养老保险为例，一个25岁硕士毕业的年轻人，如果当年就开始参加养老金计划，按月、季度或年向养老保险计划缴费，按照锁定规则，到65岁退休之前一直存钱而不能取出，这个积累期最长可达40年。假设他的预期寿命是85岁，在65岁至85岁这20年时期内往往是平均使用退休前积累的养老金。如此，养老保险资金的久期最长可以到60年。医疗保险也是如此，一个正常人生命周期内的总医疗费用有70%以上是在生命最后几年集中支出，之前的几十年时间积存的医疗保险资金的久期也长达30—40年。养老保险与医疗保险是寿险公司的主要资金来源，由此寿险公司很高比例的保险资金的久期可以长达30年以上，其他金融子行业的资金不具备这个特点。

二是稳定性。养老保险与医疗保险都是制度化的储蓄计划，一旦加入某家保险公司的某项保险计划，由于转换成本较高，投保人一般不会轻易转换保险公司，而是稳定地按期按约定水平缴纳保险费，这种资金来源的稳定性也超过其他金融子行业。投保人长期稳定缴纳保险费的基础是保险资金要获得超过长期通货膨胀水平的长期投资收益率，确保这种长期储蓄资金实现保值增值。所以保险资金的投资目标强调获得超过通货膨胀水平的绝对收益，重视对接可以长期配置的战略性资产，相对忽视短期的交易性机会。

三是安全性。对于特别有钱的高收入人群，家庭财富或持续收入完全可以轻松应对养老、医疗、意外等社会风险的冲击，购买保险的意义不大。对于日常支出都无法保证的低收入人群，也无力购买保险。因此购买保险的主体人群是中产阶级，他们将当期工薪收入的一部分节约出来购买保险，为退休后的养老、医疗、护理或意外风险积累资金。由此，保险资金又称为"中产阶级的养命钱"，保险资金的安全性要求超过其他金融子行业所管理的资金。

2. 资产配置结构

2012年保险资金运用市场化在政策层面取得重要突破以来，保险资金投资渠道全面放开,保险资金大类资产配置结构发生实质性变化。从表1的统计数据看出几个明显特征:**一**是包括银行存款与债券在内的固定收益类资产的配置比例持续下降;**二**是权益类资产稳中有升,特别是长期股权投资明显上升;**三**是另类投资占比快速提升,基础设施投资计划投资比重持续上升,集合资金信托计划等金融产品的投资占比大幅度提高。具体见表9-1。

表9-1 2011至2014年保险投资大类资产配置占比情况(%)

资产类别	2011.12	2012.12	2013.12	2014.12
一、流动性资产	5.75	6.45	5.17	5.32
1. 活期存款	4.93	5.56	3.43	3.55
2. 货币市场基金	0.36	0.66	0.63	0.96
3. 买入返售金融资产	0.45	0.24	1.11	0.81
二、固定收益类资产	74.2	73.24	69.44	61.72
1. 银行存款	27.12	28.65	26.03	23.57
2. 债券	47.07	44.59	43.42	38.15
三、权益类资产	14.92	13.97	13.94	16.41
1. 股票	6.86	6.5	5.58	6.01
2. 证券投资基金	4.91	4.63	4.02	4.09
3. 长期股权投资	3.14	2.84	4.33	6.3
四、不动产类资产	3.14	3.58	7.12	8.68
1. 投资性房地产	0.55	0.53	0.9	0.84
2. 基础设施投资计划	2.59	3.05	6.22	7.84
五、其他投资	1.99	2.76	4.34	7.87
其中:贷款	1.35	1.83	2.94	4.28
合计	100	100	100	100

从保险资产的配置状况中可见,固定收益类资产仍是保险资金主要的投向。资产证券化产品本质上是固定收益类产品,但目前保险资金所投的主要还是存款和债券,将一部分债券改变为MBS、ABS等信贷资产支持证券是必然趋势,今后保险资金投资证券化产品的潜力很大。

三、保险资金投资证券化产品的范围在扩大

保险资金除了直接投资信贷资产证券化产品外，还可以投资企业资产证券化产品。目前，这类证券化产品的范围正在扩大。

1. 基础设施投资计划

基础设施投资计划，是以特定项目债权、股权或物权为基础资产，再将其信托化、份额化和凭证化的证券化产品，是一种确定投资份额、金额、币种、期限、资金用途、收益支付和受益权转让的金融工具。投资计划份额是一种信托型受益凭证，可以实现兑付或流通转让。受托人可以是信托投资公司、保险资产管理公司、产业投资基金管理公司或其他专业管理机构。根据现行监管政策，保险资金可以通过债权和股权等多种方式参与基础设施项目建设，投资标的涵盖交通、资源、能源、市政、环保、通讯、土地储备和保障房等行业，投资比例可达到保险公司上季末总资产的30％。2015年9月30日保险业总资产11.58万亿元，可投资规模为3.47万亿元，投资空间很大。

案例

苏州产业基金

苏州国发创业投资控股有限公司（以下简称国发创投）发起设立并管理100亿元的股权基金，投资于苏州城市发展和城乡一体化建设等项目，存续期12年。基金份额划分为A、B、C三个级别，金额分别为60亿元、10亿元和30亿元。其中，A级为优先级，B、C级为次后级，A级和B级份额享有每年不低于7.5％的承诺收益。

国寿投控运用国寿集团、国寿股份和国寿财险3家公司的保险资金，以有限合伙方式，认购全部A级份额，投资期10年。该基金的其余40亿元份额由东吴证券和国发创投出资，东吴证券通过资产管理产品募集10亿元认购B级份额，国发创投代表苏州市政府出资30亿元认购C级份额。

保险资金的主要风险防范措施：一是与苏州城市建设投资发展有限公司（以下简称国发城投）签订协议，约定投资期满，或投资期间发生实际收益低于预期等特定情形，由苏州城投受让中国人寿持有的全部基金份额，且收购金额至少覆盖投资本金和预期收益；二是与苏州市财政局、中国银行苏州分行、浦发银行苏州分行签订资金监管协议，约定由苏州市财政局在两家银行的资金监管账户存入75亿元收购备付金，如苏州城投未按约定支付收购款，则由备付金支付，备付金不足的差额部分，由两家银行补足；三是约定取得基金投资顾问委员会5个席位中的3个。保险资金通过购买产业投资基金进入基础设施项目，就业务性质而言，与投资基础设施的证券化产品基本类似。

2. 资产支持计划

资产支持计划是企业资产证券化的一种产品形式。它以企业有稳定现金流的资产为基础资产，由保险资产管理公司作为财务顾问和发行人而发行的一种证券化产品。2012年中国保监会发布《关于保险资金投资有关金融产品的通知》（保监发〔2012〕91号），允许保险资金投资保险资产管理公司发行的资产支持计划，为保险机构开展资产证券化业务预留了空间。2013年4月保险资产管理公司开展资产支持计划试点业务启动。截至9月底，累计发起设立23项资产支持计划，注册金额842.22亿元，占注册资产管理产品的6.85%，平均投资期限5.61年，其中固定收益类平均年收益率6.88%。主要投资信达资产管理公司项目120亿元、东方资产管理公司项目100亿元、华融资产管理公司项目200亿元和长城资产管理公司项目100亿元，合计占比61.74%。

案例

民生通惠—远东租赁1号资产支持计划

"民生通惠—远东租赁1号资产支持计划"于2015年11月27日获得中国保监会核准，是《资产支持计划业务管理暂行办法》出台后，保监会按新规核准的首单产品。

该支持计划拟募集资金30亿元人民币,受让远东宏信(天津)融资租赁有限公司(以下简称远东天津)依据融资租赁合同对承租人享有的租金请求权和其他权利及其附属担保权益(以下简称基础资产),增信措施为将受益凭证划分为优先级和次级受益凭证,保险机构及其他投资者认购优先级受益凭证,原始权益人远东天津兼任资产服务机构,并全额认购次级受益凭证。

本支持计划拟分期发行,其中第一期预期发行规模91993.46亿元,优先A级占比83.55%,优先B级10.48%,次级5.97%,优先A级预期到期日为2017年10月26日,优先B级与次级预期到期日为2018年4月23日。优先A级预期收益率为6.0%,优先B级7.2%。上海新世纪资信评估给予优先A级AAA评级,优先B级AA⁻评级。交通银行任托管人。

3. 产品特点

一是重点突出。保险资金投资以投资证券化产品等方式间接投入的基础设施项目主要为国家重点项目和民生工程,具有较高的经济价值和社会影响。2008年平安资产管理有限公司发起设立股权投资计划,募集保险资金160亿元,投资京沪高铁项目,成为京沪高速铁路股份有限公司的第二大股东。2010年起,太平资产管理有限公司发起设立三期债权投资计划,共募集保险资金332.1亿元,投资南水北调东线和中线一期工程。2013年以来,多家保险资产管理公司共发起设立近20项债权投资计划,募集资金超过千亿元,投资上海、天津、南京、洛阳、滁州等地的公租房和棚户区改造项目。这些项目符合国家宏观政策和产业政策,对改善民生、促进地区经济发展提供了积极支持。

二是资金匹配性强。保险资金特别是寿险资金,具有负债期限长的特点,金融市场上期限相匹配的金融工具较少。基础设施投资计划作为保险业的金融创新,较好地把握住服务保险主业的核心,安全性较高、期限较长、收益率适中,有效满足保险资金的配置需求。

三是安全性较高。保险资金投资风险管控标准较高,监管规定要求投资项目应当现金流稳定,偿债主体自有现金流可以覆盖其全部债务本息,确保了第一还款来源可靠。采用银行和大型企业信用担保等信用增级措施的占比接近90%，信用增级效力较强。交易对手主要是央企、省级和副省级城市的大型国有企业，投资层级较高。总的看，投资风险基本可控。

四、资产支持计划政策解读

2012年以来，部分保险资产管理公司开展资产支持计划试点业务，满足了保险资金配置需求，丰富了保险资金服务实体经济的手段，取得较好效果。为进一步规范业务操作，推动业务由试点转为常规化发展，中国保监会总结试点经验，2015年8月25日印发了《资产支持计划业务管理暂行办法》（以下简称《办法》）。

1. 起草背景

近年来，国内资产证券化业务取得较快发展。中国人民银行与银监会共同监管的信贷资产证券化业务进入扩大试点阶段。扩大试点以来，截至2014年末银行类金融机构共发行71单信贷资产支持证券，共计2942亿元。证监会监管的企业资产证券化业务创新力度较大，2014年末发布的新监管规则取消了产品发行审批，对基础资产采用负面清单管理，较大促进了业务发展。2014年证券公司和基金管理公司子公司共发行企业资产支持证券26单，共计401亿元。截至11月底，2015年年内累计发行186单资产证券化产品，累计发行规模4202亿元，其中信贷资产证券化产品82单计3035亿元，企业资产证券化产品104单计1167亿元。

但是，上述资产支持证券仍难以满足保险资金实际需求，究其原因，主要是这两类产品通常以3年期及以下期限为主，投资收益率不高，难以满足保险资金长期配置需求。截至2014年末，保险资金共投资这两类资产证券化产品194.49亿元，仅占保险行业总资产的0.19%。其中投资信贷资产支持证券50.30亿元，投资企业资产证券化产品144.19亿元。截至目前，保险资金投资两类产品的余额不到300亿元，投资规模远远未能跟上今年产品发行市场的快速发展。在欧美等资产证券化业务比较成熟的金融市场，保险资金是主要投资者之一。

国务院在 2014 年先后印发《关于加快发展现代保险服务业的若干意见》（国发〔2014〕29 号）和《关于创新重点领域投融资机制鼓励社会投资的指导意见》（国发〔2014〕60 号），明确要求保险业积极探索通过设立资产支持计划的形式，面向保险机构募集资金直接对接存量资产，为实体经济发展提供资金支持。国务院的决策部署，为保险业参与资产证券化业务提供了方向性的指导。

由此，保险业应该主动作为，发挥保险资金独特优势，发起设立适合保险资金投资特性的资产支持计划，对接和盘活存量基础资产，分散转移金融风险、优化社会资源配置，更好地服务实体经济的发展。

2. 主要内容

《办法》共 9 章 54 条，主要内容如下：

（1）明确交易结构。一是按照资产证券化原理，明确原始权人、受托人、托管人和受益凭证持有人等相关当事人；二是明确基础资产要求，强调现金流产生能力，并建立负面清单管理机制，防控系统性风险；三是强调以基础资产本身现金流作为偿付支持，在产品特征上区别于现有的债权投资计划等保险资产管理产品。

（2）突出保险特色。一是立足于服务保险资金配置需要，在基础资产现金流、信用评级等要求方面适度从严，体现稳健、安全和资产负债匹配原则；二是在业务资质管理、发行机制等方面体现市场化原则。《办法》不再设立新的业务资质，资产支持计划发行按照《保险资金运用管理暂行办法》的规定执行，除首单初次申报核准外，同类产品事后报告，尽可能提高市场效率。

（3）规范操作行为。一是明确受托人、托管人等相关当事人职责，建立相互制衡的运作机制；二是规范资产支持计划注册、发行、投后管理等运作流程，明确重点操作环节；三是明确相关中介服务机构管理要求，建立受益凭证持有人大会机制。

（4）强化风险管理。一是构建以受托人为核心的风险管控机制，把风险管理的责任交给市场主体；二是强调现金流归集机制，提高保险机构对基础资产现金流的掌控能力；三是强化信息披露和风险提示，确保受托人和投资者信息基本对称，落实"卖者尽责、买者自负"的市场化理念。

总的看，《办法》的要求比银行业相关监管政策相对宽松，比证券业相关监管政策更加严格。《办法》坚持"放开前端、管住后端"的监管思路，在业务资质管理、发行机制等方面体现市场化原则，建立基础资产动态负面清单管理机制，提高运作效率。目前暂不限制基础资产范围，旨在拓宽保险机构业务创新空间。今后，视业务发展情况，对可能出现系统性风险的基础资产类型，通过及时发布负面清单，严控风险底线。

3. 资产支持计划发展展望

（1）试点业务情况

近年来，保险业在资产证券化业务方面进行了有益探索。2012年中国保监会发布政策，允许保险资金投资保险资产管理公司发行的资产支持计划，为保险机构开展资产证券化业务开拓了空间。2013年4月保险资产管理公司开展资产支持计划试点业务启动，2014年8月保监会资金部向保险机构下发了试点业务监管口径。《监管口径》发布后，试点期间基础资产种类限于信贷资产、金融租赁应收款和每年获得固定分配的收益且对本金回收和上述收益分配设置信用增级的股权资产。

在试点阶段，共有9家保险资产管理公司以试点形式，发起设立了23单资产支持计划，共计842.224亿元。投资标的包括信贷资产、小贷资产、金融租赁资产、股权、应收账款、资产收益权，平均期限5年左右，收益率5.8%—8.3%，较好地满足了保险资金配置需求，丰富了保险资金服务实体经济的手段。

（2）发展前景

一是保险资金配置长期资产的需求强烈。按照国务院《关于加快发展现代保险服务业的若干意见》确定的目标，2020年全国保费收入将达到5.1万亿元。2014年到2020年，7年间保险资金可运用规模预计将超过20万亿元。尤其是养老、医疗等保险业务的快速发展，负债久期长的保险资金规模及占比将明显提高，对资产支持计划、债权投资计划、股权投资计划等长久期金融资产的需求将更加强烈，保险资产管理机构开发资产支持计划服务保险主业的前景广阔。

二是存在大规模有待盘活的基础资产。住房按揭贷款、汽车贷款、中长期工商业贷款、小额贷款、融资租赁资产等有稳定还本付息安排的金融资产，办公楼、酒店、商业设施、仓储、工业不动产、健康养老不动产等有稳定租金收入的不动产资产，收费道路、供电、供水、供气、污水处理、垃圾处理等有长期稳定收费权的市政公用行业资产，均与保险资金规模大、期限长、较为稳定的风险收益特征高度匹配，是适合保险机构开发资产支持计划的潜在规模化基础资产。比如，截至2014年年末，我国金融机构各项贷款余额将近82万亿元，其中中长期贷款46万亿元。

三是业务发展的外部条件逐步成熟。国务院常务会议多次讨论资产证券化业务发展，将资产证券化业务作为深化金融体制改革、盘活存量资金、促进多层次资本市场建设、更好支持实体经济发展的重要抓手，资产证券化业务面临的法律政策障碍预计将逐步解决。近年银行业、信托业、证券业大力拓展资产证券化业务，为保险行业提供很多可资借鉴的实操案例和技术经验，通过专业人员的引进将提升保险行业的专业能力。2005年以来，保险行业通过大力发展基础设施债权投资计划，积累众多有合适基础资产的战略客户资源，为发展资产支持计划业务奠定了市场基础。

(3) 主要挑战

首先，保险机构能力不足的挑战。一是对接基础资产的能力不足。债权投资计划业务过多依赖银行，与战略客户的合作深度不够，难以延伸拓展资产支持计划业务。二是专业团队不稳定。薪酬激励机制过于短期化，忽视内部人才培养，各公司相互挖角，另类投资团队变动过于频繁，难以积累提升综合业务能力。三是重视抢项目忽视业务创新。激励机制过分向从事项目拓展的前台人员倾斜，负责产品设计、风险管控、持续管理的中后台人员的专业能力普遍不足，产品创新能力缺乏。

其次，行业发展条件有待提升。一是监管政策立法层级过低。目前保险资产管理产品主要依据是部门规章和规范性文件，还有一些非正式的监管口径，缺乏上位法支持，限制了保险资产管理公司的产品创新空间。二是行业公共基础设施缺乏。与银行业及证券业相比，保险行业起步较晚，金融产品的公共基础设施欠账严重，保险资产管理产品发行、登记、交易等平台缺位。由于资产支持计划等保险资产管理产品个性化特征较强、信息披露不足，目前流动性较低，缺乏市场化定价估值机制，亟需建立相应的市场基础设施。三是保险资金负债成本逐年走高。近年，保险与券商、基金、信托、银行理财等金融机构和产品的竞争加剧，推高了保险产品的渠道销售费用和负债成本，对投资收益率的要求明显高于银行理财资金甚至企业年金，制约了资产支持计划的业务发展空间。

最后，行业间竞争条件不公平。一是银监会监管金融机构的信贷资产证券化业务的受托人仅限于信托机构，未向保险机构开放，而信贷资产是欧美资产证券化业务规模最大的基础资产，也是国内最有发展潜力的大类基础资产之一。二是保险机构的受托人法律主体地位尚未得到《信托法》的明确支持，基于信托关系实现资产独立和破产隔离的法律基础不够牢固。三是商业银行作为信贷资产证券化业务的发起人兼资产管理机构，直接控制基础资产及其现金流、通过自持及互持成为主要投资者，受托人被通道化，保险机构在信贷资产证券化业务中事实上被边缘化。如此，金融风险仍然留在银行体系之内，并依托银行主体信用形成事实上的刚性兑付，通过资产证券化业务分散转移信用风险的政策目的被减弱。随着规模的扩大，会扭曲信贷资产证券化业务的发展方向。

（4）未来构想

首先，强化保险机构强能力建设。保险资金作为保险公司的负债，是保证其履行保险赔偿或给付义务的准备金，是投保人的风险储备金和养命钱，更加强调投资安全性。为有效管理投资风险，保险资产管理机构应当在项目储备、尽职调查、信用评级、项目评估、交易结构设计、决策审批、组织实施、产品销售、后续管理等重点业务环节具有较强的专业水平，建立具有项目开发、法律、会计、审计、资产评估、信用评级、风险管理等方面从业经验的专业团队，建立相互制衡的运作机制，搭建合理的组织架构，设计专业化运作流程，加强业务创新，有效提升投资管理能力和风险管理水平。

其次，进一步加强保险基础设施建设。主要包括：建立或选择资产交易场所，提升保险资产证券化产品流动性，缓释市场风险，形成市场化定价估值机制；要有专门机构进行产品登记和确权，建立登记中心和行业管理平台；强化信息披露制度对相关利益主体的约束力，不断提高信息披露的时效性、连续性、全面性。

最后，切实加强和改进监管方式与机制。按照"放开前端、管住后端"的总体要求，加强和改进保险资金运用监管，防范化解风险，促进行业健康发展。一是完善监管政策。尊重市场主体，鼓励行业创新，根据市场情况及发展需要及时修订、整合及简化监管政策，提高监管效率和弹性。在政策层面支持保险机构扩大投资空间，丰富投资工具，加强风险管控，确保投资风险可控。二是完善配套政策。主动加强与央行、银监、国土、住建、财税等部门及地方政府的沟通协调，推动相关部门尽快出台促进资产支持计划业务发展的配套支持政策。三是加强风险管控。持续监测保险资金投资风险，及时发布与修订负面清单，确保保险资金安全，守住不发生系统性、区域性风险的底线。

（作者：罗桂连　保监会险资运用监管部）

第十章　券商与资产证券化

一、证券公司在资产证券化中担当什么角色

证券公司是国内资产证券化业务的最初参与者和重要推动者。从法律法规的角度，证券公司承担的角色主要以承销商及计划管理人为主；而在实践中证券公司往往承担着更多关键的角色。

1. 从法律法规的角度：以承销商及计划管理人为主

在目前我国资产证券化的市场中，资产证券化产品一般参照债券或债务融资工具在证券交易所及银行间债券市场发行并挂牌交易。根据相关法规及业务管理规定，证券公司一般被赋予以下几类角色：

第一，**承销商**。作为项目组织者及牵头方推进项目的尽调、方案设计、材料制作申报及路演发行。在发行阶段，承销商需要与投资者密切沟通，针对各类投资者的投资准入条件和投资偏好，确定各档证券的意向投资群体，并制定路演推介方案。根据市场情况启动发行工作，确定最终的发行利率和最终投资者。

第二，**计划管理人**。在企业资产证券化业务中，证券公司或其控制的资产管理机构还担任着计划管理人的角色。通过发起设立资产支持专项计划，对委托财产进行投资运作及管理，对资产支持证券持有人的本息进行分配，编制专项计划的管理报告，对报告期内委托财产的投资运作及分配处置等情况按照相关规定和合同约定进行信息披露等。

第三，**做市商**。在特定资产证券化产品缺乏流动性时，利用库存证券和自有资金维持必要的交易报价，提供市场的双向报价服务功能；或不动用自

有资金，为二级市场投资者提供一对一的转让撮合交易服务。

第四，财务顾问。 为资产证券化项目中的具体交易结构设计、承销发行方案提供咨询建议服务，为买方提供关于证券化产品的分析报告等。

从目前国内的资产证券化业务开展实践中看，证券公司主要以承销商及企业资产证券化的计划管理人的身份参与资产证券化业务。

2. 从实践的角度：多重角色

除了上述法定职能外，实践中证券公司在资产证券化业务中还承担着更多的职能。

第一，综合协调人。

证券公司在资产证券化项目执行和推动中担任着牵头方并承担着综合协调的工作。资产证券化项目有别于其他类型的融资项目，一个项目所涉及的项目参与方众多，除了原始权益人，还包括证券公司、信托公司、律师、会计师、评级机构、资金保管机构，在不良资产证券化的过程中，还需要资产处置机构和评估机构的参与。众多机构的参与以及各种工作的同时推进对于项目的执行提出了更高的要求，为了提高工作效率，减少沟通成本，需要一个机构承担起整个项目推进的牵头方的角色，并协调各中介机构的工作。证券公司在资产证券化业务的开展过程中就扮演者综合协调人的角色。

第二，交易方案设计者。

证券公司是资产证券化产品的交易方案的主要设计者。不同于其他类型的融资工具，资产证券化业务由于涉及资产筛选、资产的交割、风险的隔离、信用增级措施、信用触发机制、账户设置、现金流划转流程、循环购买结构、基础资产池现金流的归集和与证券端还本付息相匹配等多个环节，整个交易结构比较复杂，需要证券公司对于每个项目的具体情况，设计切实可行的交易结构方案，分析每个交易条款的合理性，并做好相应的利弊分析，与其他中介机构进行充分交流并与原始权益人讨论确定。同时考虑到资本市场波动以及投资者的偏好，还需证券公司对于资产支持证券的分层结构、发行规模与期限、本息支付方式、利率方式、含权结构进行设计与分析。因此，在资产证券化业务中，证券公司一般也是交易方案的主要设计者。

第三,创新业务的推动者。

证券公司在资产证券化业务中还具有极强的创新意识,是资产证券化创新业务的推动者。一方面,证券公司在资产证券化业务中扮演的多重角色使其能够直接了解不同行业发行人的融资需求,精确把握市场上投资者的投资偏好;另一方面,证券公司在资产证券化业务中承担的重要职责使其对资产证券化业务相关法规和政策具有高度敏感性,对资产证券化业务执行能力和研究能力有着天然优势。因此,证券公司能够根据发起机构及投资者的需求设计不同类型的创新型证券化产品,不断丰富整个市场的产品类型,为投资者提供多类型的投资品种。

第四,监管沟通联络人。

近年来,在监管机构的大力支持下,资产证券化业务呈现了蓬勃发展之势,可以说资产证券化业务的发展离不开监管机构的支持。同时,监管机构的政策动向对于资产证券化的发展也有着重要影响。因此,在资产证券化业务的开展中,与监管机构进行良好密切的沟通是项目成功落地的保障。证券公司由于对于每个项目有着深入的理解,同时与监管机构有着良好的沟通渠道,所以证券化公司也担负着监管沟通联络人的角色。

综上所述,不论从资产证券化业务的具体操作环节还是市场实践结果,证券公司都起推动资产证券化市场发展、引导资产证券化业务创新的重要作用。

二、证券公司在证券化中面临什么问题与困难

证券公司在资产证券化业务中面临的问题包括资产证券化产品的定价及估值、资产证券化产品的流动性改善、次级投资者的市场化销售以及证券公司自身对资产证券化业务的参与程度等。

1. 缺乏完善的估值定价体系,券商难以大规模开展做市交易业务

资产证券化的市场定价需要建立有公信力的估值体系,为投资者的交易和定价提供参考,提升产品流动性。同时,也为投资者提供资产证券化投资

的可参照收益标准。而我国的资产证券化产品由于其产品结构本身及市场情况的特殊性还未形成完善的估值定价体系，导致二级市场交易不活跃，一级市场发行流动性溢价较高，证券公司做市交易难以大规模开展。

首先，资产证券化产品定价的理论基础都是现金流定价模型，产品价格的确定主要是根据未来产生的现金流的折现值。相关资产证券化产品的价格往往根据其与基准利率之间的利差确定，而国际上资产证券化产品利差的确定方法一般有即期收益率利差分析、静态利差分析及期权调整利差分析等。

而在实务中影响资产支持证券的估值因素较多，比如不同类型基础资产的违约率、早偿率、分层结构及其他增信措施、触发事件等交易结构的安排等。我国信贷资产证券化业务刚刚起步，经验较少，相关历史数据不完善，加上利率尚未完全实现市场化等，导致期权调整利差定价模型在我国难以适用。目前，我国信贷资产证券化产品大部分直接采用包含期权补偿的静态利差进行一级市场发行定价，即采用基准利率加上固定利差的定价方法。资产支持证券收益率曲线的构建主要基于资产支持证券的一级市场发行价格及可比信用债的收益率曲线。一般是在可比信用债的收益率曲线加一定的流动性点差，同时根据市场上资产支持证券的发行利率进行修正。

目前，中央国债登记结算有限责任公司根据市场上的数据，构造并公布了"AAA、AA+、A"三个信用等级的中债收益率曲线，而证券交易所市场尚未有权威机构发布企业 ABS 估值相关的收益率曲线。未来随着资产证券化的快速发展，产品种类不断增多、期限不断丰富、规模不断加大，以权威机构发布的资产证券化产品的收益率曲线为代表的估值体系将越来越为市场所倚重，成为产品发行及交易的重要参考。

再者，由于我国目前的分业监管，人为导致资产证券化市场隔离，也会影响证券化产品的估值定价体系的形成。我国分业监管使得产品发行渠道单一，交易市场依赖发行主体，且脱离基础资产，造成相同基础资产、不同发行主体的资产证券化产品在不同性质的交易市场进行流通，导致产品定价的背离。相同基础资产的定价区别本来可以提供交易套利，但交易所市场、银行间市场的流通性不同，交易参与者不同，使得套利难以实现，价格无法趋同，统一的估值定价系统难以形成。

在目前，基于前述因素资产证券化市场的各参与方无法基于统一的公允估值定价体系进行资产证券化产品的估值定价，这大大降低了资产证券化产品对二级市场投资者的吸引力，导致二级市场交易不活跃，也导致证券公司参与资产证券化产品的做市交易难以大规模开展。

2. 资产支持证券杠杆率较低，提高了融资成本

债券回购分为银行间回购和交易所回购。对于投资者而言，如果其所投资的债券标的能够纳入回购标的，其可以通过质押该债券融入资金，进而增加可投资金额，即使债券收益率水平较低，也可以通过质押式协议回购的方式来加杠杆从而提升收益率水平。

目前，虽然信贷资产支持证券和企业资产支持证券均可开展质押式协议回购，但由于市场规模较小、产品结构相对复杂、估值体系缺乏，投资者通过质押式协议回购加杠杆的占比很低。企业资产支持证券主要是现券成交，质押式协议回购交易量小。杠杆率不高直接导致投资者对于证券产品的票面利率补偿要求，提升了融资成本。

3. 债券市场中缺乏长期限基准利率，导致长期限证券化产品的定价存在难度

目前，国内资产证券化产品的定价方法主要采用包含期权补偿的静态利差法，资产证券化产品的票面利率为基准利率加上固定利差。固定利差的确定方式为通过与可比证券（一般为同期限、同信用级别的短期融资券、中期票据）的收益率进行对比得出，并综合考虑信用风险、提前还款风险、流动性风险及市场资金面状况等方面的影响，同时根据市场上资产支持证券的发行利率进行修正。

迄今为止，为资产支持证券定价而采用的基准利率包括：1年期贷款基准利率、1年期存款基准利率、个人公积金贷款5年以上、1年至3年期贷款利率、1年至5年期贷款利率、中长期贷款3年至5年（含）和5年期以上贷款利率。对于债券期限长于5年的资产证券化产品的定价，特别是长期限基础资产形成的资产支持证券，例如个人住房抵押贷款等，由于没有更加细分的

基准利率作为定价基础，长期限资产证券化产品的定价存在较大困难，进而影响了投资者的投资需求。

4. 次级投资群体严重不足，券商销售次级层资产支持证券难度很大

资产证券化通常会采用结构化分层技术，将资产支持证券分成优先档、夹层档、次级档等多层级的证券类型，在基础资产的现金流偿付时按照证券的优先等级依次分配利息和本金，当基础资产现金流不足以偿付各档证券本金和收益时，次级档证券成为优先档证券的损失缓冲垫。这种优先/次级的结构是资产证券化最重要的内部增信方式，也是资产支持证券区别于普通债券的重要特点之一。

基于上述优先/劣后的原理，资产证券化产品的次级档证券一般呈现产品期限长，期间收益较少，二级市场流动性差，到期收益及本金兑付存在高收益高风险等特征。

在银行间市场发行的信贷资产支持证券及在交易所发行的企业 ABS 中，发起机构/原始权益人往往对资产出表有一定要求，扣除根据规定必须风险自留的部分次级外，其余部分的次级档证券需要对外销售。由于目前资产支持证券投资者群体相对单一、投资者对于次级档证券风险认知不足等因素，次级档证券的市场化销售比较困难。随着近年来资产证券化市场的发展，部分投资者风险偏好的提升，投资者类型的丰富，次级档证券逐步出现了一定的主动投资需求，但能真正识别并且承担风险的次级投资者仍有待进一步培育和发掘。因此，证券公司等承销机构需要扩大次级投资者客户群体的覆盖，从传统的固定收益类投资者到权益类投资者，并积极开发有针对性的金融产品对接次级投资者需求。

5. 证券公司在资产证券化业务领域盈利模式单一，核心竞争力不强

在目前我国资产证券化业务的实践中，证券公司在资产证券化领域主要以承销业务为主要盈利模式，即通过承销资产支持证券从而赚取佣金的方式来盈利。随着国内资产证券化业务的快速发展，承销商市场竞争愈发激烈，承销佣金费率一降再降，缺乏行业自律组织的规范引导，不利于业务的健康持续发展。

此外，商业银行凭借资产及资金端的双重优势，强势进入资产证券化领域，在信贷资产证券化业务方面，其已经成为银行调整资产负债表的资本工具之一，发起银行主导能力在企业资产证券化领域，银行拥有明显的客户优势和资金投资优势，ABS已经逐渐成为银行服务客户、满足客户融资需求的金融工具之一，证券公司若继续仅仅作为承销商或管理人的角色，将有逐步沦为通道化的趋势。

但是证券公司在资产证券化业务中有着自己的独特优势。例如，对具体底层基础资产的信用情况、交易参与方的资信情况和业务能力、项目的具体交易结构及风险点进行深入了解、极强的一、二级市场资金、利率敏感度、广泛的销售网络及强大的销售定价能力等。借助这些独特优势，利用自有资本金，重点开展以做市商为核心的资本中介业务，成为市场的重要投资者、流动性的提供者和交易对手方，满足客户不同的融资和投资需求。证券公司可以拓展的新的业务模式具体为：

第一，担任资产证券化产品的做市商，为产品提供流动性支持。做市商制度是一种交易制度，由具备一定实力和信誉的金融机构充当做市商，不断地向二级市场买卖双方连续提供买卖价格，并按其提供的价格接受投资者的买卖要求，从而为该产品在资本市场中提供及时流动性，并可以通过买卖价差实现利润。由于资产证券化产品缺乏二级市场指导利率及价格，导致其流动性较差，因此，对于产品熟悉、有一定资金实力的证券公司可以通过担任做市商来实现做市收益。

第二，利用自有及管理资金深度参与资产支持证券的投资。证券公司可以发挥自身专业优势、信息优势，凭借专业分析能力，尝试并不断加大资本中介业务，通过"认购夹层档或次级档证券"、为投资者提供"过桥融资"和"流动性支持"、与投资者进行"买入返售"等业务模式更好地开展资本中介业务，获取不同产品的流动性溢价和合理风险溢价。

第三，探讨通过交易型资产证券化获取超额收益。交易型资产证券化主要是区别于国内现有的证券公司普遍开展的牌照型资产证券化业务，主要是指证券公司通过自有资金买入符合资产证券化条件的基础资产，然后利用证券化技术提高评级和合理化的分层，发行资产证券化产品，以赚取基础资产收益与资产证券化产品发行利率之间的利差，还可以利用信息和技术优势进行做市交易等业务。

证券公司应积极探索并改变目前单一的资产证券化业务的盈利模式，推动资本中介业务向资产证券化业务领域的拓展，提升证券公司在该业务领域的收益能力以及市场竞争力，构建自身的竞争力护城河。

6. 证券公司资产证券化业务的内部协同性较差

一般而言，国内证券公司多数由投资银行业务条线牵头开展资产证券化业务，随着监管机构及证券公司对资产证券化等创新业务的支持，以及对于基金公司子公司业务资质的放开，出现了证券公司内部多个部门以及控股或参股的基金公司子公司均可以开展资产证券化业务。这导致了部分证券公司的体系内多个主体同时开展资产证券化业务，内部风控标准及内控制度不统一，可能导致非良性竞争的局面。

除了内部竞争，证券公司内部协同文化及机制也会导致资产证券化业务的开展及创新。比如基于ABS的做市交易及资本中介业务往往需要投资银行部、资产管理部、销售部门、投资部门等多部门合作及协同。由于部门之间不同的业务导向和考核指标，相应的业务侧重点和风控体系不同，对业务的理解也存在差异，这使得跨部门之间的业务协同发展，无法有效整合公司内部的资源优势，难以发挥协同效应，阻碍了ABS资本中介业务的开展及业务模式的创新及转型。

因此，业务链条完善、内部协同良好、创新文化导向的证券公司将具有相对的竞争优势。证券公司应通过内部资源的整合及协同考核，充分发挥各业务条线的积极性及优势，通过发挥投资银行的产品创设能力，来扩大优质资产的来源，资产管理部门、自营投资部门通过资金投资的方式获取超额收益，开辟业务空间，同时销售交易部门通过积极做市的方式来增强相关产品的流动性，提升相关金融产品的市场认可度，并赚取做市收益。

综上所述，证券公司在资产证券化业务中面临的问题和困难也是资产证券化业务在目前的发展阶段亟待解决的问题和困难。这些问题的解决有助于证券公司在资产证券化市场中发挥更大的作用,也有利于资产证券化业务的快速发展。

三、证券公司如何履行好自己的职责

在我国,证券公司从 2005 年开展资产证券化业务试点以来,已经在这方面积累了大量经验。相对于商业银行和信托机构,证券公司在资产证券化产品的设计、承销和二级市场交易方面具有明显的优势。同时,证券公司已经成为资产证券化业务的重要参与方,对资产证券化业务的发展起着举足轻重的作用。证券公司在资产证券化业务的开展中如何履行好职责,将关系到资产证券化业务未来的发展。

1. 审慎选择基础资产,加强尽职调查的广度和深度

资产证券化是对基础资产固有风险的重新配置和转移,基础资产的风险是资产证券化风险的源头,因此基础资产的筛选以及风险控制对于资产证券化业务的开展十分重要。

证券公司应当在遵循相关法律法规的基础上,制定严格的入池资产标准,审慎选择入池资产,对资产的真实性和资产转让的完整性进行严格的核查和业务操作;同时,也应该密切关注基础资产相关的借款人和原始权益人的经营状况、盈利能力及偿债能力,并对此进行深入的尽职调查以及财务分析,必要时应该采取现场走访、人员访谈等方式开展尽职调查工作,以充分确保基础资产真实性、完整性及未来现金偿还能力降低潜在风险。

2. 合理设计产品交易结构,加强风险防范

在涉及产品交易结构环节,证券公司应根据基础资产的现金流情况合理设计产品交易结构,充分利用资产证券化进行现金流和风险重配的优势,降低发行人的融资成本。同时,也不设计过于复杂化的产品,能够让投资者简明扼要的理解资产证券化产品交易结构和投资要点。

证券公司在交易结构的设计中还要做到风险的可控。例如,在还款的频

率、资金的归集、账户的设置、资金的监管、内部增信措施的设计、外部增信措施的提供、现金流还款顺序的设置、加速清偿事件和违约事件等保护条款、不良资产的回收和处置等一系列的交易结构上，要做到既充分保证投资者的利益，又符合具体项目的实际情况，在不过于复杂化的前提下切实把控项目风险。

3. 加强与原始权益人以及其他中介机构的沟通，保证项目顺利进行

资产证券化项目在执行中涉及组织原始权益人和其他中介机构等多方，共同参与项目尽职调查、交易结构设计、证券分层、项目申报及发行等各环节的工作。证券公司在资产证券化项目执行和推动中担负着综合协调和牵头的职责，一方面，应切实加强与原始权益人的沟通，充分了解原始权益人的诉求，同时也及时让其了解项目的问题，最终共同讨论得出切实可行的执行解决方案。另一方面，也要与其他各个中介机构建立良好畅通的沟通渠道及工作机制，能够实时了解其各自负责的工作所遇到的问题及其建议，同时也保证其了解原始权益人的诉求，最终使各方对于项目的每个工作关键点都保持统一，以保证项目的顺利进行。

4. 充分进行信息披露，加强产品后续管理

资产证券化产品具有高度复杂性和个性化的特点，一方面不仅与进行证券化的资产相关，还与相应的融资人、原始权益人、借款人紧密相关；另一方面，每一只资产证券化产品交易结构复杂。资产证券化产品进行充分的信息披露对于市场投资者了解资产证券化产品以及投资者权益的充分保护都具有重要意义。证券公司应当加强在整个资产证券化业务各方面、全流程的信息披露。在基础资产、增信机制、风险揭示等方面完善信息披露内容，进一步提升投资者对于该品种的认可度，降低产品的不透明所导致的潜在风险。

证券公司不仅在产品设计和发行阶段需落实并加强信息披露的要求，由于证券公司在企业资产证券化中担负着管理人的职责，因此证券公司还应完善产品存续期间信息报告的披露要求和产品后续管理，逐步制定细致、完善、有针对性的内部信息披露工作指引，适当提高证券化产品信息披露的频率，

建立信息披露质量评价机制。证券公司注重完善自身的信息披露的同时，还应监督其他参与主体的信息披露，促进自身资产证券化业务的发展，同时推动整个资产证券化市场的健康发展。

5. 加大创新力度、培育创新产品

证券公司是资本市场资金需求方和供给方的纽带，同时也是资本市场投资品种的提供者和制造商。证券公司不断开拓和创新，为资本市场源源不断的提供优秀新型的可投资者品种，对于资本市场的繁荣和投资品种的丰富都作出了自己的贡献。

未来，证券公司应当充分利用自身的专业能力，继续保持自身的创造力，在了解融资人的特殊需求基础上，设计出符合融资人自身特点的创新产品，同时，也要与市场投资者不断交流，在产品设计和创新上也要融入投资者的投资需求，这样才能使一个产品的创新更加"接地气"，才能促进资产证券化市场的良性的循环发展。

（作者：左　飞　招商证券执行董事）

第十一章 信托机构与资产证券化

一、信托公司资产证券化业务发展概况

目前国内资产证券化业务主要有三种实践模式：银监会与央行共同监管的信贷资产证券化、证券会监管的证券公司资产证券化和中国银行间市场交易商协会注册发行的资产支持票据（ABN）。在这三种资产证券化业务模式中，信贷资产证券化对于基础资产的"构造"和"转变"最为理想，证券公司企业资产证券化与资产支持票据目前还难以在法律层面实现资产池的真实销售，从而无法使基础资产与发起人的风险隔离。当前信托公司开展的主要是信贷资产证券化业务。

1. 信贷资产证券化中的信托机构

中国人民银行和银监会于 2005 年 4 月 20 日发布了《信贷资产证券化试点管理办法》，2005 年 11 月 7 日银监会发布《金融机构信贷资产证券化试点监督管理办法》，2005 年 12 月，国家开发银行和中国建设银行作为发起人在银行间市场发行了首批资产支持证券，启动信贷资产证券化试点工作。

2007 年国务院批复扩大试点，但 2008 年美国次贷危机引发全球金融危机后，信贷资产证券化被迫陷入停滞。2012 年 5 月银监会、财政部和央行发布《关于进一步扩大信贷资产证券化试点有关事项通知》，信贷资产证券化业务重新启动。

在央行和银监会主导的信贷资产证券化中，信托公司可以作为受托人和发行人参与，但需先申请特定目的信托受托机构资格。按照《信贷资产证券化试点管理办法》等规定，在信贷资产证券化试点中，信托公司作为特定目

的信托受托机构的职责主要有：发行资产支持证券，管理信托财产，持续披露信托财产和资产支持证券信息，依照信托合同约定分配信托利益等。

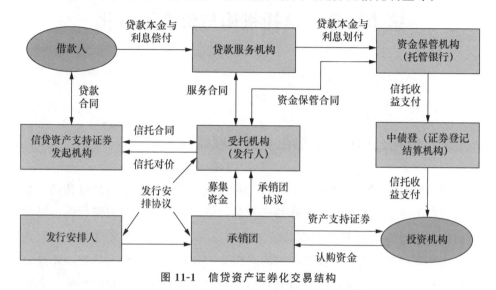

图 11-1　信贷资产证券化交易结构

2. 企业资产证券化中的信托机构

在证监会主导的企业资产证券化中，《证券公司资产证券化业务管理规定》（证监会公告［2013］16号）第45条规定，证券投资基金管理公司、期货公司、证券金融公司和中国证监会负责监管的其他公司，以及商业银行、保险公司、信托公司等金融机构，在本规定第6条所列交易场所发行和转让资产支持证券，参照适用本规定。这意味着，对于信托公司参与并未明确禁止。信托公司在上述场所发行和转让资产支持证券时，也需要向证监会申请。2014年发布的《证券公司及其基金子公司资产证券化业务管理规定》第50条规定，经中国证监会许可，信托公司可以参照本规定开展资产证券化业务。

与信贷资产证券化相比，在企业资产证券化业务中，信托公司可以作为受托人、计划管理人和发行人，不论是产品结构设计，还是中介机构的选择，信托公司都将具有更大的自主权。

3. 资产支持票据业务中的信托机构

2012年8月3日,中国银行间市场交易商协会出台了《银行间债券市场非金融企业资产支持票据指引》,非金融企业获准发行资产支持票据融资,基础资产可以涵盖收益类资产,也可以涵盖应收账款类资产。目前已发行的产品均采用私募发行方式,主要是应收账款质押型ABN,未真正实现破产隔离。

自2012年发布实施《资产支持票据指引》以来,ABN并未大力推广开来,究其根本,主要是ABN制度设计中未强制要求设立具有破产隔离作用的特殊目的载体(SPV),即发行人可以自主选择基础资产是否"出表"。缺乏出表功能的银行间市场融资工具ABN吸引力有限,市场未能做大。虽然交易商协会鼓励信托机构做信托型ABN,信托公司曾积极探讨资产支持票据引入信托型ABN,但最终未能成行。信托型ABN交易结构与资产证券化类似,引入了信托做特殊目的的载体,以信托方式实现基础资产的隔离。随着信托型ABN的引入,信托公司可作为受托人参与该业务,获取受托报酬,也有助于增强信托公司在资产证券化市场中的话语权。

二、资产证券化过程中信托机构的尴尬

信托财产的独立性与运行资产证券化所要求的风险隔离完美契合,是信托机构开展资产证券化所具有的先天性优势。作为我国资产证券化业务中SPV最合适的载体,信托公司开展资产证券化业务的前景曾被业界赋予无限厚望。早在2005年,央行和银监会联合发布《信贷资产证券化试点管理办法》,基本确立了以信贷资产为融资基础、由信托公司组建信托型SPV、充当资产独立和风险隔离的法律载体、在银行间债券市场发行资产支持证券并进行流通的资产证券化框架。资产证券化结构要求通过信托载体方式完成资产的风险隔离与资产独立,基于这一特征,信托公司纷纷参与其中并将其视为战略性业务。然而,在资产证券化业务实际操作过程中,信托公司面临种种桎梏及层层障碍。信托公司的角色一直较为尴尬。目前信托公司参与较多的

信贷资产证券化业务，大多仅扮演风险隔离职责的信托通道地位，报酬率低，市场竞争激烈。经过十余年的发展，资产证券化业务规模相比 2015 年 16.3 万亿元的信托资产规模太小，所创造的利润更微不足道，还远未在业务规模和收入构成方面成为信托公司的主流业务。

1. 信托的制度优势和资产管理能力远没能充分体现

信贷资产证券化是指把欠流动性但有未来现金流的信贷资产（如银行的贷款、企业的应收账款等）经过重组形成资产池，并以此为基础发行证券。在参与信贷资产证券化过程中，信托公司承担的是 SPV，即特殊目的载体角色。在欧美等发达国家，资产证券化一直是信托的本源业务。但在目前我国信贷资产证券化操作过程中，银行是该业务的主导方，信托公司主要负责合同签署、信息披露和分配收益，更多地承担了通道作用，不占据主导地位，不能充分体现信托的制度优势和资产管理能力。实践中，信托不承担发现资产和评估资产的功能，只通过信托结构（SPV）把基础资产变成信托财产，信托公司对诸如结构分层、现金流模型等专业技术含量较高的工作缺乏话语权。事实上信托公司具有跨市场、跨行业的资产管理功能，信托公司不仅要发挥受托人的作用，也可以在产品交易结构的设计、信托制度的运用、模型构建、风险控制中承担更为重要的职能，形成功能一体化全流程服务体系。

2. 信托报酬微薄，目前开展资产证券化利润空间非常有限

资产证券化交易结构复杂，涉及多家中介服务机构，各个市场主体权利义务复杂，都期望能够分得一杯羹，获得利益。证券化方案要求在参与各方分配贷款的利息收益，贷款的低水平利率决定了可以获得的利润较低，初始的协调、相关环节的繁琐决定了成本难以降低，而利率和债券二级市场交易的不活跃进一步限制了投资者在债券二级市场的获利空间。在整个资产证券化过程中，受托机构要承担包括信息披露、组织信托终止清算和担任特定目的信托的信托会计的多项工作。实际上，信托在资产证券化项目中，实际操作繁冗复杂，要参与项目结构交易设计、文本撰写、项目审批报备、中后期的支付管理、费用清算等全程工作，项目中期等待监管层审批，还要不停地进行沟通，实际上很耗精力。而其中可分得的利润少之又少，信托公司获得的收益和其所担任的角色不成正比，收益和成本找不到一个合适的平衡点。数年前，信托报酬是协会自律条约确定的千分之三。随着同业竞争越来越激烈，目前有时甚至千分之一都赚不到。

3. 资产证券化产品的流动性较差，缺乏统一的交易平台及场所

资产证券化是将缺乏流动性的资产转换成为可以在市场上交易、具有流动性的证券的过程。以信托模式开展资产证券化，利用的是信托受益权的可分割和可转让在全国银行间债券市场发行。信贷资产证券化产品在全国银行间债券市场上进行交易，证券化产品进入银行间债券市场。从流通性来看，资产证券化产品在银行间债券市场上的流通还存在一定的限制和约束，流动性不够强。

4. 目前我国开展资产证券化的风险控制缺乏经验

由于资产证券化是一项复杂的金融创新，涉及发起人、SPV、资产池的组建、真实出售、信用评级、信用增级等多个当事人和诸多环节，结构精巧、运作复杂，在很大程度上改变了风险和业务的管理模式，一旦某个环节发生问题，就有可能影响整个资产证券化的开展，从而使资产证券化中的风险呈现连续性和复杂性，隐含着跨机构、跨市场风险。资产支持证券作为固定收益证券，具有一般固定收益证券的风险，同时也有自身特殊的风险，如基础资产风险、提前偿付风险、现金流风险等。由于试点阶段发起机构提供的资产非常优质，出现风险可能性小，导致发起机构和相关机构缺乏相关风险的管理经验，也使控制资产证券化的风险十分棘手。

5. 信托税收制度缺失，税收问题是阻碍资产证券化发展的重要因素之一

根据财政部、国家税务总局《关于信贷资产证券化有关税收政策问题的通知》，如果将资产证券化财产转让视为"真实出售"做表外处理，发起人就要缴纳营业税；发起人在真实出售中如有收益，则又涉及所得税的缴纳；

SPV 等其他机构同样面临高额税负和双重征税现象。过重的税负不仅会降低资产支持证券对投资者的吸引力，还会缩小发起人盈利空间。

三、资产证券化：信托不只是通道

资产证券化的制度构架极其复杂，SPV 这一特殊的法律制度安排，构成了资产证券化结构中最为重要而独特的制度框架。资产证券化的迅猛发展，产品的衍生，地域的扩展，以及一系列突破性进展的演变历程，都是来源于 SPV 独特巧妙的结构安排，都是围绕 SPV 破产隔离与现金流重组所引发的创新。

从世界各国的情况看，法律法规对资产证券化中受托人的要求不同。在资产证券化中受托机构可以是消极信托，受托人只为实现特定目的而接受委托人的委托，重在受托职能，不承担信托财产的管理责任。境外资产证券化大多采取注册信托壳公司的 SPV 方式，受让发起机构证券化基础资产，实现发起方主体资产与证券化资产的独立和风险隔离。证券化结构设计、证券发行、基础资产过程管理、证券本息兑付清算等分散在各个机构，通过合理分工完成。我国境内信贷资产证券化在 2005 年首期试点，将信托资产独立和风险隔离法律功效引入进来，延续了信托为特殊目的载体的功能。这一历史原因决定了目前信托公司在信贷资产证券化业务中的角色。与 SPV 海外壳公司相比，国内信托公司作为有资本金的实体公司，具有较强的资产管理能力，应在资产证券化链条中提供更多内涵丰富的服务。在证券化特殊目的载体的具体服务权利义务方面，作为金融机构的境内实体信托公司，与境外 SPV 单体信托在证券化业务职责方面存在明显的不同。我国的《信托法》要求受托人必须勤勉尽责，恪尽职守，履行亲自管理义务，需要第三方作为管理人的，受托人必须承担相应的责任。因此，在我国的资产证券化业务发展中，信托公司作为受托机构可以是积极信托。

随着资产证券化业务进入常规化发展，信托公司目前在实践中的边缘化地位与其在法律体系中的核心责任人定位不相符合，但这一矛盾必将有所改变，否则主办机构与核心责任人连贯性的缺失将导致风险控制主体悬空，影响证券化业务可持续地推进。信托公司应发挥区别于境外壳信托载体的跨市场、跨行业的资产管理功能和优势，不应当仅仅充当资产独立和风险隔离的法律载体通道，还可以为资产证券化提供职责更清晰、内容更具体、流程更连贯的增值服务，形成功能一体化全流程服务体系，促进资产证券化业务规范、健康、稳定、有效的发展。

1. 信托公司逐渐发力资产证券化

信贷资产证券化自 2005 年开始至今已经十年，近两年信托行业的资产证券化业务呈现高速发展态势，根据 WIND 数据显示，2015 年共发行资产证券化产品 6032.4 亿元，同比增长 84%，市场存量为 7703.95 亿元，同比增长 129%。其中，信贷 ABS 发行 4056.34 亿元，同比增长 45%，占发行总量的 67%；企业资产支持专项计划发行 1941.06 亿元，同比增长 384%，占比 32%。并开始在基础资产上取得了不少突破：已经从传统的个人住房、汽车信贷领域拓展到物业租金债权、信托受益权等，在发行量、资产品种、参与品种、制度建设等方面均有所创新和突破。开始逐步具备了大规模发展的条件。随着国家政策支持、信托公司转型的探索，信贷资产证券化规模有望继续大幅度增长。

作为大多数信托公司认同的转型方向，信托公司在信贷资产证券化业务上持续发力，截止到 2015 年年底，共有 38 家信托机构获得该项业务资格。其他不具有该资格的信托公司也在努力申请，未来将有更多的信托公司参与该项业务。从 2005 年的 2 家到 2015 年的 38 家，参与信贷资产证券化业务的信托公司数量呈逐年增加的趋势。

从市场供需角度来看，资产证券化正在成为各信托公司的又一业务"蓝海"和转型目标。在参与资产证券化过程中，信托公司开始利用功能优势及长期积累的经验，在资产证券化过程中提供升级版服务。目前一些信托公司通过参与低费率的信贷资产证券化业务提高相关业务能力后，开始尝试在一些领域主导资产证券化业务，提供项目论证、方案设计、中介组织、监管沟通、推广发行等全流程服务。从"配角"到"主角"的逐步转变，意味着资产证券化业务有望成为信托公司新的利润增长点。

2. 产品创新亮点纷呈

第一，信贷资产证券化实现跨市场发行。

除了传统的银行间债券市场外，信贷资产证券化业务有跨至证监会监管的上交所等证券交易所，以及陆金所等私募交易平台流通的趋势。信贷资产证券化跨市场发行的探索和尝试，有望推动资产支持证券流动性的提升。

> **案例**
>
> **"平安1号小额消费信贷资产证券化"在上海交易所发行**
>
> 2014年6月，平安银行作为发起机构，华能贵诚信托作为发行人，国泰君安作为主承销商，成功发行人民币263085.52万元的小额消费贷款资产支持证券。该产品的资产池全部信贷资产涉及93021名借款人计96187笔贷款，均为浮动计息、按月付息，且均为正常类贷款。资产池选择的是小额消费贷款资产证券化，支持消费，这符合国家大力扩大内需政策导向。由于资产池有96187笔贷款，平均单笔2.74万，单笔信贷规模相对于总体规模较小，信贷资产较分散，整个资产池的信用风险较小。同时，采取了设定优先、次级资产支持证券的本息偿还次序设计和超额利差补充，两个措施来增强该产品的信用，降低投资者发生损失的风险。
>
> 该信贷证券化项目的最大亮点是首单不在银行间债券市场，而选择上海交易市场交易的信贷资产证券化。由于该产品的发行过程中曾一度被叫停，但是最后发行成功。在某种程度上，推动监管层监管思路的转变，同时也是我国为数不多的个人消费信贷资产证券化的尝试。反映未来资产证券化还有很大的空间，不仅可以跨市场的发行方式，而且基础资产可以涵盖各类型的信贷资产。

第二，"资产支持专项计划＋信托"模式渐成主流。

随着"资产支持专项计划＋信托"的业务模式渐成主流，信托公司有望逐渐摆脱资产证券化业务中通道角色的定位。由信托公司全程主导，担任产品交易安排人、受托人及推广机构,提供项目论证、方案设计、中介组织、监管沟通、推广发行等全流程服务,充分发掘信托公司在项目投融资、产品设计以及资产管理等方面的既有优势。另外,如果利用信托受益权资产支持专项计划来循环操作,仅需要小部分启动资金就可以撬动更大规模的业务。为信托公司开展业务创新、推动信托行业业务转型开辟了一条崭新的道路。

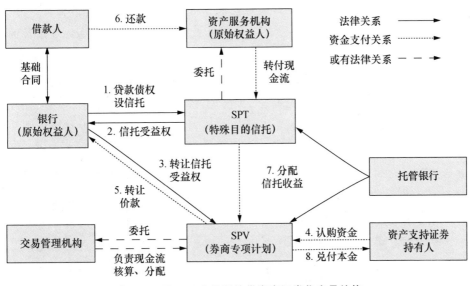

图 11-2 双 SPV 交易所信贷资产证券化交易结构

案例

昆仑信托发起、中信建投证券管理的"畅行资产支持专项计划"

2013 年 4 月 1 日,昆仑信托广东交通集团信托贷款单一资金信托成立,借款人为广东省交通集团有限公司,贷款本金 10 亿元人民币,贷款期限为 6 年,贷款利率为贷款期限相对应的中国人民银行同期限档次人民币贷款利率,贷款到期日为 2019 年 3 月 31 日。广东交通集团以全资子公司广东省路桥建设发展有限公司广韶分公司合法所有的京珠高速粤境韶关甘塘至广州太和段公路收费权的 25% 为信托贷款提供质押担保。2015 年 4 月 30 日,由昆仑信托发起、中信建投证券管理的"畅行资产支持专项计划"成立，并于 5 月 10 日在深交所成功发行，总规模为 10 亿元，发行利率为 5.6%。这是第一单在交易所发行的以信托受益权为基础资产的专项计划。专项计划标的资产正是基于该信托贷款产生的信托受益权，计划管理人中信建投证券设立专项计划，并用专项计划资金向中油资管购买其持有的昆仑资金信托的信托受益权。专项计划存续期间，广东交通集团按信托贷款合同的约定偿付信托贷款本息。昆仑信托在收到广东交通集团偿还的信托贷款本息扣除当期必要的费用后的信托收益全部分配给专项计划。专项计划信用评级为 AAA，全部是优先级，利率类型是浮动利率。计划管理人根据约定每季定期支付资产支持证券利息，于专项计划到期时一次性偿还本金 10 亿元。同时，与信托公司仅充当 SPV 通道角色不同，昆仑信托在专项计划中充当了发起人的角色，占据了主导地位。在基础资产的选择上，昆仑信托选择了既符合资产证券化相关规定，又适合被证券化的广东交通集团信托贷款。在现金流的归集和划转上，与一般资产支持证券不同，专项计划不再另设资金监管账户，由昆仑信托在交通银行广东分行设立的信托资金保管账户行使归集、监管、划付的职能。该专项计划既丰富了资产证券化基础资产的产品种类，又使得信贷资产证券化产品在证券交易所市场发行和交易取得进一步突破。

案例

"中信·茂庸投资租金债权信托受益权资产支持专项计划"

中信信托作为交易安排人和受托人的"中信·茂庸投资租金债权信托受益权资产支持专项计划"（以下简称"中信茂庸 ABS"）成功发行，并将在深圳证券交易所挂牌交易。中信茂庸 ABS 为国内首单直接以商用物业租金债权为基础资产的企业资产证券化业务，由中信信托担任交易安排人并全程主导，全面负责方案设计、中介组织、监管沟通、产品推广等。本次项目采用了结构化分层设计，原始权益人以其持有的北京商用物业的租金债权委托中信信托设立财产权信托，中信诚作为计划管理人设立资产支持专项计划并持有信托受益权。优先级资产支持证券发行总规模人民币 10 亿元，评级 AAA，期限 8 年，预期收益率 4.9%—6.0%/年，并采取了差额补足、资产回购、物业抵押等外部增信措施。从市场反馈来看，产品推出后就得到了投资者的追捧。

第三，从公募到私募，从信贷资产证券化到企业资产证券化。

提供定制化解决方案。私募资产证券化业务是指信托公司发起设立信托计划受让银行贷款债权资产，并将信托计划份额在私募市场上进行发行。与公募资产证券化相比，私募资产证券化具有不占用试点额度、不需要监管审批、流程块、效率高等特点，因服务公司企业等更广泛的社会基础而具有生命力，需求长期存在。信托公司积极拓展该市场，积累客户资源，满足客户过渡性阶段需求，并在私募证券化市场保持领先地位。现阶段公司以个人房屋抵押贷款、信用卡等基础资产作为切入点，跟踪不同类型银行的资产转让需求，以及银行间资金与信贷资产的对接需求，设计个性化私募资产证券化产品，提供定制化解决方案，以此提高客户黏性，为公募市场进入大规模发展阶段做好充足准备。

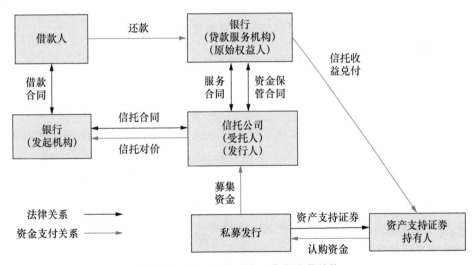

图 11-3　私募信贷资产证券化交易结构

> **案例**

中建投信托·涌泉 12 号（狮桥租赁）集合资金信托计划

2015年8月11日，中建投信托·涌泉12号（狮桥租赁）集合资金信托计划募集完毕。涌泉12号（狮桥租赁）项目对与融资租赁公司的合作进行了全新的尝试，利用信托财产独立于委托人和受托人其他财产的特性，对狮桥租赁的基础资产进行打包处理，实现了企业信用的剥离，主导项目推进。狮桥融资租赁（中国）有限公司是由贝恩资本控股的外商融资租赁公司，狮桥目前的核心业务包括卡车及乘用车、医疗、农机、新能源和新装备行业，单笔合同金额较小，承租人行业及区域高度分散，其资产天然适合进行资产证券化。本期信托计划实际募集规模为人民币10880万元，对具有类似特点的基础资产进行证券化具有良好的借鉴意义。

> **案例**

光大信托特定资产证券化系列产品

2015年，光大信托与光大银行进行特定资产证券化合作，涉及光大银行26家一级分行，金额52.30亿元。通过特定资产证券化后，一方面可以有效降低分行的不良率，提升分行在当地的社会形象；盘活腾挪出宝贵的信贷资源，有利于优质客户资源的营销，以及创新业务的深入推广，进一步服务实体经济。

信托公司大力开展资产证券化，这不仅是推进业务创新，促进业务转型的重要举措，更有利于提高公司信托业务自主管理能力，符合资产管理行业未来发展趋势。随着对资产证券化业务主导性的加强，这类业务将成为信托公司新的利润来源。

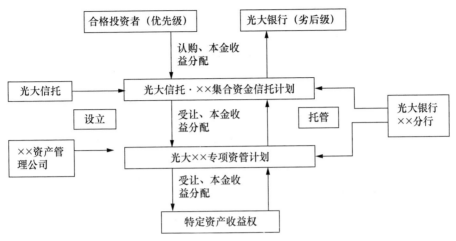

图 11-4 光大信托特定资产证券化交易结构

3. 信托机构怎样发挥更大作用

资产证券化通过构建严谨的交易结构，实现资产的重新组合，利用高超的信用增级技术，形成有效的机制，使证券化的风险和收益与证券化发起人自身的资信相隔离，提高交易的信用等级，创造出适合不同投资者需求的金融产品，提供不同风险、期限和收益的新组合，使非流动资产能够进入金融市场得以流动，吸引更多的投资者，实现融资目的。通过资产证券化创造了一种新的中介体系，通过在缺乏流动性的资产转变为流动性较高证券过程中提供中介服务，对现金流进行重组，设计出不同期限和风险收益特征的证券，实现了传统的间接融资向市场融资的转变，使整个社会的资源得到合理配置。

从信托业未来转型的大方向看，立足信托制度财产独立、破产隔离的制度优势，提升主动管理能力和专业化水平，积极创新逐步成为信托业发展的新动力，这是由信托制度本源优势决定的核心竞争力。信托公司大力开展资产证券化，这不仅是推进业务创新，促进业务转型的重要举措，更有利于提高公司信托业务自主管理能力，符合资产管理行业未来发展趋势。在信贷资产证券化领域，信托公司是法律法规明确界定的受托机构和发行主体，展望未来，依托监管政策的引导和支持，信托公司应进一步提高主导作用和主动管理能力，扭转当前信托公司被边缘化的通道定位，作为多功能资产管理机构,信托公司在证券化业务服务过程中,应该将业务视野从信托 SPV 事务延伸到附着于结构性融资各环节的投行和资产管理业务,通过证券化金融工具,将实体企业经营和资本市场运行有效紧密地联系起来,通过丰富自身服务内涵,构建核心竞争力,承担项目协调、产品结构设计、资产尽职调查等职责,不断提高资产证券化业务的附加值,提升资产证券化专业服务能力。在盘活资产、优化配置中发挥重要作用。为达此目的,信托公司需要针对目前的薄弱环节采取相应措施:

第一,加强专业团队建设,履行受托职责。

对于信托公司而言,人才是进行信托创新、赢得竞争的决定性因素,需要有两大基本素质:能力上的素质、诚实守信的素质。信托公司应将人才的培养放到战略高度来组织实施,建立有效的人才激励机制,同时通过行业自律建立从业人员资格认证制度,形成一系列市场化的评聘机制,提升从业人员从业素质。信托公司可根据资产证券化业务需要打造专业化的管理团队,专注于从事产品开发工作,跟踪市场行情,设计交易结构,并与评级机构、信用增级机构、律师事务所、会计师事务所形成良好的协作关系,强化受托管理的专业性,提升业务团队在资产证券化交易结构设计、发行上市、证券承销、中后期管理等方面的服务能力和管理水平。

我国《信托法》第 25 条规定:"受托人应当遵守信托文件的规定,为受益人的最大利益处理信托事务。受托人管理信托财产,必须恪尽职守,履行诚实、信用、谨慎、有效管理的义务。"信托合同一旦成立,受托人就应勤勉尽职地履行义务,包括:建立独立的信托账户,配置独立的专业人员对账户进行监管;托管资产,负责接收、持有资产,委托专业的第三方对资产进行管理;定期将信托财产的管理运用、处分及收支情况报告委托人和受益人;保存处理信托事务的完整记录,对委托人、受益人的信息以及处理信托事务的情况和资料负有依法保密的义务;负责信托财产产生现金流的收取、持有和按照信托文件的约定向投资者或其他第三方进行分配;办理受益权的转让事务。

信托公司应尽职参与证券化实施前期、中期、运行管理期和结束期的全程服务,如信托公司可以在资产购入、证券发行、信托财产管理和信托利益支付过程中，以受托人身份积极参与入池资产标准确定、基础资产尽调、交易结构设计、信息披露、证券本息兑付清算等各项工作，成为投资者利益的全程守护者。而基于权利与义务相匹配的原则，信托公司在信贷资产证券化业务中的收益也应该与其职责相对应。一旦服务职责和收费定价关系理顺，信托公司的收费就会更加理性化和市场化。

第二，加强能力建设，培育主动管理。

资产证券化业务是一项较为复杂的业务，业务流程长、操作节点多、参与主体多、资产种类丰富，信托公司作为资产独立、风险隔离和权利再造的法定受托机构，应加强自身能力建设，向交易参与者提供更多职责内涵，在市场竞争中充分体现出区别于其他机构的禀赋优势与专业能力。信托公司应当加强资产证券化业务的专业化管理能力培育，逐步告别"通道角色"，从"被动管理型"转向"主动管理型"，致力于打造包括能力建设、技术体系、营销体系等在内的资产证券化全程增值服务体系，同时通过业务创新，寻找市场切入点和拓展业务范围，积极涉足包括对公贷款、中小企业贷款、汽车消费贷款等各种证券化基础资产，研究总结各类资产的共性和个性特征，在交易结构设计中提出相关建议和创新设想，丰富证券化业务实践经验，提供全流程的专业化服务。只有服务内容的价值得到认可，信托公司信贷资产证券化业务的可持续盈利模式才能形成。

第三，加强机构客户渠道建设，提供增值服务。

信托公司如果与其他合作机构共同为证券化发起机构和投资者提供增值服务，则机构之间就能够形成合作共赢的盈利模式。在市场机构合作方面，信托公司可以发行人和受托人的身份，着力于银行、保险、基金、养老金等大型机构渠道建设，协助发起机构和承销机构参与部分证券化产品销售，在投资者核心权益方面，信托公司应进一步加强前期、发行、收益分配、信息披露等各个环节的精细化，建立起运行有效的全程服务体系，促使投资者在证券化产品的投资决策过程中建立起双重判断基础，即对证券化发起机构的主体信用决策判断以及对证券化存续权益保障的法定资产持有人的资产信用决策判断。条件成熟时，可按照机构投资者的需求，进行产品的交易结构创新，甚至担任资产支持证券的承销商。证券化销售是资产方最为关心的利益所在，与投资者本息回收构成证券化两大目标。信托公司债券承销已包括在经营范围中。在实际证券化协助销售过程中，也积累了一定的经验。在当前简政放权、泛资管全面铺开的环境下，信托公司可直接参与证券化承销实际业务，与市场各专业机构建立共赢协作体，通过建立协作团队品牌，有效衔接业务运行链，为发起机构和投资者提供可持续、有特色的专业服务方案，打造全程增值服务。

第四，加强技术体系建设，强化风险管理。

信托公司应尽快形成资产证券化对应的技术实施保障体系，包括资产甄别、风险预判管理、市场营销、信息系统建设、创新机制、行业交流平台等等，建立规范流程和运行机制。根据监管政策要求及时调整业务流程，确保证券化业务操作在合法合规的要求下不断改造升级。

信托公司必须将资产证券化业务纳入全面风险管理框架之中，通过严格标准的风险审核程序和评估流程，促使资产证券化业务操作规范化。在风险管理方面，信托公司应首先注意可证券化基础资产的质量风险，加强对基础资产的甄别和管理，按适合进行证券化的条件严格选择基础资产，保证进行资产证券化的基础资产有未来能产生的可预见的稳定现金流；资产债务人的信用记录良好、地区分布广泛；基础资产在种类、利率、期限、到期日、合同条款等方面具有良好的同质性、具有良好的可转让性，从根本上防范资产证券化风险的产生，根据资产池的具体特征建立提前偿付模型，对未来的现金流进行较为准确的预测，是防范提前偿付风险的有效途径。对纳入资产池的资产进行合理的配置和组合，尽可能降低现金流的聚集风险。通过现金流分层、分配和支付等防范现金流的分割风险。信托公司应本着谨慎有效原则，从而逐步形成业务持续，利益共赢，合法合规，风险识别，职责清晰的资产证券化运行体系。

四、创造发挥信托机构更大作用的外部条件

从国外金融市场发展历史和国内资产证券化实践看，资产证券化对于企业拓宽融资渠道、盘活存量资产、优化金融资产配置、丰富市场投资品种、

发展多层次资本市场等具有重要意义，通过资产证券化创造了一种新的中介体系，通过在缺乏流动性的资产转变为流动性较高证券过程中提供中介服务，对现金流进行重组，设计出不同期限和风险收益特征的证券，实现了传统的间接融资向市场融资的转变，使整个社会的资源得到合理配置。资产证券化有利于提高金融市场配置资源的效率，也是鼓励金融创新、发展多层次资本市场的重要改革举措，具有广阔的市场空间和现实需求。

1. 加强信托业的制度建设和监管创新

信托业作为现代金融体系的重要组成部分，在我国有着广阔的市场要求和巨大的市场潜力，有利于提高整个社会资金的利用效率，促进社会资源的优化配置。应该完善信托业监管体系，强化信托创新的监管，确保信托监管的有效性和金融监管的一致性，推进信托制度的建立和信托财产市场的形成，逐步在中国形成社会化、专业化的财产管理制度，从而使信托制度的功能进一步凸显，加强信托公司在资产证券化过程中的决策和主导作用。

必须加强信托业的制度建设，尽快完善信托法律体系，尽快建立信托的税收制度、信托业的登记制度、信托业的监管制度，建立、健全适合于信托业的监管体系。注意相关法规的协调衔接，为信托业的规范、创新、发展营造公平竞争的法律环境。

要尽快构建信托税收制度。信托作为一种灵活的金融工具，信托品种千差万别，信托财产形态多样，权属关系复杂，转移环节多，信托关系复杂，涉及多方当事人，信托税收具有特有的规则和复杂性。应遵循信托的本质属性，有选择地借鉴吸收国际信托税制的立法惯例，如国外现行信托税制具有的合理节税、递延纳税保护财产等因素，同时根据我国经济发展和信托业的客观需要，结合我国的经济法律制度和人文环境，确立具有自身特色并符合国际规则的信托税收制度。遵循"管道原则"，根据信托财产独立性原则，确定信托关系中的纳税主体与纳税环节，不因信托关系与信托财产运用的复杂性增加信托公司与信托财产的税负，避免双重及多重纳税。

完善信托登记制度。信托制度建立在信托财产所有权转移的基础上，信托登记是实现信托财产独立性的重要保障，也是最有效的信托公示制度。信托登记制度的缺失会影响受益人利益保障。须尽快出台信托登记管理规定，对信托登记的权利人、义务人、登记机关及具体程序等方面进行规范加以明确，界定信托登记的信托财产的范围，借助成熟的技术手段实现信托财产的登记公示，通过信托登记制度确保信托财产的独立性和证券化交易的破产隔离。

2. 建立和完善资产证券化监管的协调机制

目前中国金融实行"分业经营分业监管"的政策，形成了由中国人民银行、中国证券监督管理委员会、中国保险监督管理委员会、中国银行监督管理委员会四家构成的金融监管体系。现行的金融监管体制具有以机构性为主、功能性为辅的特点。在现行的金融监管体制下，监管机构之间的协调非常重要。信贷资产证券化作为衔接货币市场和资本市场的产品，监管部门较多，必须加强监管机构之间的协调与配合，提高综合监管能力。只有相关部门形成合力，达成共享利益、共同监管的局面，才能推动信贷资产证券化健康发展。

从长远来看，资产证券化是一项跨行业的综合业务，结构复杂，风险隐蔽性强，客观要求各监管部门在产品开发、风险的控制上协调一致。加强监管的连续性和一致性，因此资产证券化的监管应建立牵头监管机制。从国际上看，世界各国的监管体制主要有统一监管、分业监管、牵头监管、"双峰式监管"、"伞形监管＋功能监管"等不同的体系。牵头监管是在实行分业监管的同时，针对可能出现监管真空或相互交叉，监管机构为建立及时磋商协调机制，指定一个监管机构为牵头监管机构，负责不同监管主体之间的协调工作，各监管主体在明确分工的基础上加强沟通与合作，加强信息沟通与共享，构建统一监管信息平台，降低交叉监管中的信息成本、协调成本，从法律上为金融监管机构之间协同监管形成合力创造条件。协调资产证券化涉及的部门之间、行业之间的法律的制订，各部门、各行业在制订相关法律法规的过程中，应注意不同部门之间、不同行业之间的相互衔接和配合，避免出现互相冲突，避免因监管权力分散导致的监管低效率和高成本，避免出现监管真空。

3. 完善资产证券化的法律体系

资产证券化法律体系的建立和完善是资产证券化健康发展的保证。根据国际经验，发展资产证券化必须完善资产证券化相关的法律法规体系，建立良好的资产证券化法律环境。中国目前缺乏统一的资产证券化法律制度框架，其中影响较为明显的是资产证券化的基础资产缺乏统一的合格标准定义。要在稳步有序扩大资产证券化规模的基础上，把经过实践考验切实可行的政策措施予以法律化，尽快完善和丰富资产证券化的主体法律，制定切实可行的实施细则，加快实现资产证券化有关法律法规与现有法律法规的顺利对接，通过立法程序，上升到资产证券化的法律，构建一个完整、高效、有机的法律体系，逐步建立和完善有利于资产证券化持续发展的法律环境。

4. 提高市场效率，完善资产证券化的市场平台

从国际经验来看，资产支持证券的发行可分为私募发行、货币市场招标发行和资本市场公募发行等。通过公募方式市场规模发展得越大，资产证券化作用融资手段的优势就越强，但另一方面私募资产证券化市场的发展也不逊色于公募市场。美国正是通过松弛得当、权利义务配置相均衡的公募发行和私募发行法律框架，促进公募发行和私募发行的共同繁荣。

目前我国资产支持证券主要在全国银行间债券市场上发行和交易，应进一步完善资产支持证券的发行方式，采用多种发行方式。完善资产支持证券的流通转让机制。在制度设计上借鉴美国采用竞争性做市商制度的交易模式，使资产支持证券产品能在银行间市场、场外市场自由交易，充分发挥市场的价值发现功能和风险定价机制，降低资产支持证券流动性补偿溢价，增强流动性安排，降低交易成本。

五、完善资产证券化的信息披露机制

信息披露是投资者获得以资产信用为本的资产支持证券信息的重要途径。从金融监管的效率来看，市场约束通过收集、评价和发布金融机构的经营信

息来迫使金融机构维持稳健运行，市场约束是保证金融体系安全稳健运行的必要条件。重视市场机制的有效性，通过信息披露强化对资产证券化的监管，有利于形成市场约束机制。我国也应借鉴国际经验，完善信息披露制度，有效地对资产支持证券的信息披露进行监管，强化基础资产池的信息披露，进一步披露资产背后债务人信息、担保人及相关的资料，准确披露证券化的信用风险、法律风险等，保护投资者利益，促进监管制度透明化，进一步促进资产证券化的发展。

附：国外经验介绍

从世界各国的实践来看，都把信托模式作为实现资产证券化的主要选择之一，采用信托形式可以实现破产隔离的效果，同时使投资者受益人享有实质性权益并承担风险，最终实现资产证券化的目的。在国际上，采用信托形式可以实现破产隔离的效果，同时使投资者受益人享有实质性权益并承担风险，最终实现金融资产证券化的目的。此外，将资产证券化中介机构设计成信托形式还有税收上的好处。如根据美国联邦税法上的"名义所得税原则"，资产发生的收益的归属主体，如仅为单纯的名义主体，并不享受该收益，则可免除课税，而由享有该收益的实质所有者作为纳税主体。这样作为证券化基础资产名义所有人的资产证券化特殊目的载体便可免予就该资产收益缴纳所得税，而由实际享有收益的投资者一方纳税，避免"双重课税"的问题。同时在采用多重模式的国家中，还通过将信托模式和其他模式结合运用，使特殊目的载体的功能和作用得到充分发挥，促进资产证券化的发展。

在美国，股权合伙制的创造性利用对处置信托公司以及联邦存款保险公司成功有效地处置负债的倒闭机构的巨额资产发挥了重要作用。20世纪80年代末和90年代初，美国重组信托公司（RTC）以及联邦存款保险公司（FDIC）成为倒闭银行和储贷机构巨额资产的托管人。重组信托公司以及联邦存款保险公司成功地利用了资产证券化工具作为贯彻执行《金融机构改革、复兴和强化法》要求的资产收益最大化和以最快速度处置资产的途径，1991年6月至1997年6月，重组信托公司以及联邦存款保险公司分别完成了72笔和 2 笔证券化交易，以近 50 万笔被接管与管理的账面价值分别为 420 亿美元和 20 亿美元贷款为支持。重组信托公司的证券化计划被认为特别成功，不仅在于以证券化方式得以在时间紧迫的情况下以适当的价格处置了相当大的资产总量，也由于采用创新方法来铸造新的市场实现自己的资产处置目标。重组信托公司用来处置资产的创新措施之一是与私营部门一起组建股份合伙制计划。合伙企业由重组信托公司和私营企业共同组建，私营企业通常是股权投资人与资产管理公司的联合体。重组信托公司向合伙组成的企业出售从倒闭的储贷机构那里取得的不良资产组合，以其转移到合伙企业的资产价值进行出资，重组信托公司作为有限合伙人（LP）在其中的作用有限，仅限于对其出售的资产享有股息。私人投资者作为普通合伙人（GP）控制合伙资产的管理与处置，从而借助了私人部门的专业化的资产管理经验与高效率，利用萧条市场的复苏从有问题资产中获得更大的现值，分享因市场效率更高而实现的利润。

另外美国创设的 REMIC① 和 FASIT② 提供了关于 SPV 形式选择的灵活性，SPV 采用公司、合伙或信托方式，只要通过资产测试和权益测试，可以成为 REMIC 和 FASIT，为资产证券化的发展提供了宽松条件，其中信托结构是 REMIC 和 FASIT 的 SPV 的主要方式。

在日本特定目的信托与特定目的公司作为特殊目的载体存在组合变换的情况。第一种情况是金融机构将基于原始契约的贷款债权信托给信托机构，信托机构委托金融机构延续它与客户的关系进行债权管理，然后信托机构再将信托受益权一并出售给特定目的公司，取得资金，并将资金交付给金融机构。特定目的公司以所获得的信托受益权为支持，发行 CP/公司债、在盈利分配和偿还上劣后于 CP/公司债的匿名组合契约进行融资。匿名组合投资起到了对 CP/公司债的信用提高的效果，也可以对 CP/公司债进行另外的附加信用提高。利用信托是为了通过信托过程来集合债权和使现金流稳定化，由

---

① REMIC 是英文 Real Estate Mortgage Investment Conduit 的缩写，直译为"不动产按揭贷款投资通道"，是在美国所得税法框架下专门针对房地产抵押贷款证券化设置的免税载体。

② FASIT 是英文 Financial Asset Securitization Investment Trust 的缩写，意为金融资产证券化信托，是 20 世纪 80 年代美国通过 FASIT 议案，允许设立的一种证券化载体，相当于新的 SPV。

特定目的公司在取得信托受益权后发行资产证券，达到了对信托受益权进行再加工的效果，由于受到优先安排和基于第三者的保证，故安全性高，证券能够获得较高评级。第二种情况是金融机构将基于原始契约的贷款债权让与特定目的公司，同时按照委托契约延续与客户的关系，进行相应的债权管理事务。由于特定目的公司没有对受让贷款债权进行管理的能力，特定目的公司将取得的资产委托给信托机构作为信托财产进行托管。信托的作用在于使贷款债权资产形成破产隔离，并提供一个免税载体。特定目的公司从信托机构获取信托受益权，以此为支持发行资产证券，通过证券出售取得相应的出售资金。

与信托相比，采用公司形式有两个优点：一是公司拥有证券化基础资产的实质性权益，因而有权对该资产产生的现金收益进行任意的分割组合，可以运用分档、剥离等技术，向投资者发行不同档次或不同支付来源的转付型证券，而无法律上的权利限制；二是它作为一个常设机构，可以连续不断地进行证券化交易运作，向不同发起人购买不同的证券化基础资产，不管这些资产是否相关，据此分别发行一组组不同的资产支持证券。信托模式和公司模式的结合在更大规模、更深层次上推行证券化，从而提高了证券化效率，降低了运作成本。

（作者：刘向东　光大兴陇信托副总裁）

第十二章　信用评级机构与资产证券化

一、信用评级在资产证券化中举足轻重

众所周知，信用评级是解决金融市场信息不对称问题的重要途径之一，特别是在债券市场上，信用评级发挥着十分重要的作用。

在分析信用评级的作用之前，我们应该先理解证券化信用评级的概念。所谓信用评级，是指"由信用评级机构根据科学的指标体系，采用严谨的分析方法，运用明确的文字符号，对各类经济主体和金融工具的资信状况进行客观公正的评估"。一般情况下，评级机构会向市场和投资者提供明确的符号来表示信用等级，以此代表不同程度的违约风险，例如，穆迪公司使用 Aaa，Aa，A，Baa，Ba，B，Caa，Ca，C 分别表示从最低信用风险到最高信用风险的等级。证券化信用评级，是指"通过综合分析资产支持证券的信用风险、结构性风险、法律风险、第三参与方风险等因素，对证券化的资产保证按期向持有人分配收益或偿付的能力的评价"。在一项资产证券化交易过程中，信用评级机构主要在证券发行的两个环节中参与：第一个环节是在发行人收购发起人的基础资产之后，此时发行人需要聘请信用评级机构对资产的交易结构以及拟发行的资产支持证券进行内部评级，在这一阶段的评级过程中，评级机构的主要目的是协助发行人确定产品结构，确定需要的信用增级水平；第二个环节发生在信用增级之后、资产证券化产品发行之前，此时信用评级机构对资产支持证券进行正式的发行评级，得出的评级结果会及时向投资者进行披露。

从以上分析可知，证券评级机构产生的原因，在于证券市场上信息的不对称。在证券市场上，各参与主体掌握信息的情况差异很大，发行人掌握的信息往往比投资者更多。在资产证券化产品发行过程中，基础资产经过层层

包装，使得一般投资者无法掌握其真实的风险，加大了投资者购买证券的风险；同时也可能使有价值的发行者无法获得融资，从而导致证券市场失效。因此，资产证券化市场需要独立第三方来充当中介，借此减少这种信息不对称，信用评级机构在此过程中正是扮演了这个中介的角色，因此信用评级机构在资产证券化产品发行的过程中作用十分重要。

毫不夸张地说，没有评级，资产证券化根本不可能发展成当今资本市场上如此具有生命力和影响力的金融工具。证券化产品有着远比其他融资工具复杂的交易结构和信用特征。普通的 MBS、ABS 资产池都可能有几百、上千笔贷款。而 CDO 的出现，更使资产池的容量迅速膨胀。即使是专业的投资者也很难对其进行详尽的分析，更别说一般的投资者。要想获得投资者的认可，这些产品首先要让投资者对其信用风险有清楚的认识。评级毫无悬念地成为证券化产品信用分析的最佳选择，并成为其发行与交易过程必不可少的一环。

在对资产证券化产品进行评级前，需要了解证券化产品所面临的风险。首先，证券化产品本身就是固定收益类产品，因此具有普通债权大部分的风险特征，表 12-1 分析了证券化产品的一般风险：

表 12-1 证券化产品具有的一般债项的风险

风险	分析
利率风险	证券化产品的价格随利率上升而下降的风险，另外，与其他证券（股票、普通债券）不同，证券化产品都具有提前还款的风险，而利率水平是提前还款的决定性因素，直接影响到证券化产品的现金流分布，剩余期限、票面利率和嵌入式期权都会对产品的利率风险产生影响。
事件风险	债务人因为重大且不可预知的事件而不能按时支付本金和利息的风险，这些风险包括自然灾害、公司重组和兼并收购以及监管规则的变化。
违约风险	债务人没能按照合同规定按时偿付本金和利息的风险，通常，违约发生时并不表明债务人不能偿付所有的利息和本金，因此对债务的违约风险的分析包括违约率和回收率两部分。
级别下调风险	债务人或者资产池中的债务被评级机构或者银行内部评级降低的风险，当级别被下调甚至只是展望为负面时，资产池的预期损失分布也会发生变化，因而与现金流的关系也需要重新分析。
流动性风险	投资者不能按市场价格出售自己持有的证券化产品的风险，市场参与者主要以买卖价差来衡量市场流动性。

其次，资产证券化因使用了特殊的交易结构和金融工程技术而具有与普通债权不同的风险，包括提前还款风险、服务机构风险、资金回收风险和资产池集中度风险，表12-2总结了证券化产品的这些特殊性风险。

表12-2 证券化产品具有的特殊风险

风险	分析
提前还款风险	因为债务人提前还款导致未来现金流不确定的风险，提前还款疏导市场按揭利率、房屋周转率和贷款年限等因素的影响，是现金流分析的重点和难点，MBS与普通债券每月付息在最后到期日归还本金不同，还款计划是定期还本付息，提前还款风险对现金流的影响更大，其他证券化产品都存在提前还款的风险。
服务机构风险	服务机构因为自身原因或不可知因素不能提供有效服务的风险，虽然服务机构风险不会决定资产池的违约状况，但作为资产证券化的重要参与者，服务机构的稳定性、资金回收能力却会对整个交易的现金流分布产生影响。
资金回收风险	包括本金和利息的资金没有完全收回或者回收不及时的风险，资金回收风险与服务机构的服务能力关系密切。
资产池集中度风险	资产池中资产因在种类、地域分布、债务人结构等方面具有较高的相关性，从而违约时会产生更大的损失额度的风险，资产池集中度风险在各证券化产品特别是CDO的信用分析中都需要重点关注。

针对资产证券化产品所具有的上述一般债项风险和特有风险，评级机构在交易中作为独立的第三方机构，无论是对于发行者还是投资者都有重要意义：

1. 为投资者揭示并防范风险，保护投资者利益

信用评级是以信用关系中的偿债能力及偿债意愿为中心，通过定性、定量的分析来对评估对象进行客观公正的评价，因此信用评级的基本作用在于揭示风险。即信用评级机构通过对评级对象及时履行债务契约的可能性表达意见，从而减少发行方与投资方之间存在的信息不对称，有效地揭示被评级对象的风险及信用状况。

对投资者而言，信用评级的主要职能是分析揭示信用风险。投资者可以根据评估结果来制定投资决策。随着资本市场的迅速发展，债券市场、资产证券化、金融衍生工具等各种信用工具得到空前发展。投资者在选择机会扩

大的同时，也面临着日益增加的金融风险。在这样的环境下，投资者的投资决策越来越依赖专业咨询和分析机构所提供的研究分析结果，从而可以在保证安全的前提下实现收益最大化。

信用评级对投资者的意义具体表现在四个方面：

(1) 简单而客观地提供有关债务偿还的风险评估。

对于投资者来说，信用评级的结果简单客观，有利于减少其在证券市场上信息获取的成本。投资者在资产证券化市场上决定投资某种证券之前，应当充分搜集各种与该证券相联系的信息，以判断是否应该投资。但是由于欲投资对象的基础资产往往经过其他机构层层重整和包装，因此一般无法获得全面的信息，投资者无法明确判断基础资产还本付息的风险。此时评级就成为判定某证券是否符合投资标准的一条快捷途径。投资者可以利用评级结果来制定"购买单"。信用评级机构作为专业组织，会使用一套科学严密的方法分析债务人的信用水平及其债务工具的变现能力，并用简单的专用文字和符号将评级结果发布在公开场合，这就节约了投资者靠自己搜集资料的成本。例如，许多投资机构规定不得购买在投资级别以下或某以具体等级以下的证券。

通过这种方式，评级减少了在复杂证券领域中投资的不确定性。此外它还有如下一些好处：第一，为各机构的投资部门分析信用风险提供了一个低成本的补充参考。第二，为机构投资者打开了更广阔的空间，因其可以通过适当的证券投资组合来分散风险，以使自己处于更有利的地位。第三，选择范围的扩大还可以使投资机构在选择适当比重、稳妥的到期还本结构及其他能满足投资者需要的证券时，获得最大的收益。

(2) 帮助投资者管理投资组合信用风险。

正是由于评级机构可以成功为投资者提供一个有关信用风险相对可靠的指南，从而可以为投资者选择投资对象提供较为可靠的依据，因此信用评级可以达到保护投资者利益的作用。2002年美国金融职业师联合会的一份问卷调查结果显示，超过80%的回函认为他们的公司在作投资决策时会考虑穆迪和标准普尔提供的评级结果，并将其作为可接受的信用风险信息来源。在这些使用评级作为投资决策的人当中，65%的人认为所投资的公司信用等级是准确的。由于不同的信用等级代表了不同的风险程度，投资者可以根据评级的观点来进行定价决策，风险程度越高，期望的收益率或利率也相应越高。当投资者认为存在很大的不确定性和信息不对称时，通常会通过提高回报率来补偿他们面临的风险。

由于资信评级能够给投资者带来信心，因此投资者在作投资决策时，对于较高级别的证券可以要求较低的回报。特别是投资者在决定是否购买固定收益证券时更常常使用信用评级观点。当投资者认可一家评级公司时，可以将特定的级别作为投资风险的基准，并将这种级别所代表的风险与自己的风险研究分析结果相对照，从而作出相应的决策。

当评级机构宣布将对某发行者或某种证券进行重新评估时，对投资者来说这也意味着是一个预警信号，即其投资结构应该考虑重新调整。例如，当某种债券的级别发生变动，它已不再符合投资标准时，就应卖出该种债券并买进其他符合投资标准的债券。评级的这种功能对投资于商业票据这样的短期债务的投资者尤其重要。在短期市场，级别重估或等级下调被视为该公司信用情况恶化甚至即将倒闭的信号，因此投资者应根据这些信息迅速调整自己投资证券的组合。

一些有经验的投资机构也可以采用一种较成熟的购买方式，即购买一系列信用风险程度相等的债券，如在同一专业银行或同属某一特定评估级别的证券系列。如果其中某一种证券登记发生了变化，投资者就可以选择该系列中的其他证券，以此来分散风险。

(3) 为相关的金融活动提供信用风险参考。

信用评级经常被银行及其他金融中介机构用作贷款决策的参考。例如，银行可能用借款方的级别作为同业拆借、贸易融资、掉期交易及其他交易风险分析的指导；公司财务部门也逐渐运用信用评级来衡量银行、证券公司及其他提供掉期交易的机构的信用风险。

在保险业中，根据保险公司的经济实力而得出的评估等级，常常作为保单持有人判定保险单及相关担保产品偿付风险的主要依据。例如，在判断抵押保险或固定收益证券保险的信用质量或在判别由某保险公司担保的投资合同的风险时，投保人都会以该保险公司的评估级别作参考。此外，投资者还用保险的等级、银行信用证级别及其他支持者的资信评估等级来衡量由它们提供信用支持的证券的信用可靠度。而主权国家的信用级别则被用作评估各国公债或其他政府债券信用状况的参照物。此外，机构投资者和信托投资者也利用信用评级结果来帮助他们配置投资，形成分散风险的投资组合。例如在很多情况下，养老基金、保险公司等机构投资者是固定收益证券的最大购买方。这些机构投资者通常会聘用自己的分析师，对拟购买的证券产品或发行方的信用情况进行分析，同时依赖外部评级机构的研究分析结果来支持或拒绝自己的评价结果。与此同时，在很多国家和地区，证券监管部门制定了一系列的投资限制或政策，要求这些机构投资者在进行投资时必须选择信用等级在一定标准之上的投资产品，因此机构投资者通过使用信用评级来达到这些要求，也可以通过使用信用评级来构建证券指数，并用来监督基金经理或基金指数的业绩。

（4）提供信用研究服务。

除评估信用级别外，评级机构还发表研究成果或提供有关分析来解释评级背后的基本原理，包括证券公告、公司报表、行业报表、专题讨论等；评级机构还可提供电话分析服务。从这点来看，评级机构可以被看作是一个专业性的信用研究服务机构，它为机构投资者的内部信用部门进行资信分析提供了参考和补充。

2. 有助于发行人拓宽融资渠道、降低融资成本

在资产证券化交易中，发行人与投资者之间存在信息不对称，投资者很难依据自己的判断了解初次发债的发行人的信用，这就可能使得发行人，尤其是一些处于起步状态但拥有发展前景的公司面临融资困难的问题，因此可能需要支付较高的融资成本。而如果有第三方的信用评级机构通过尽职调查，对资产支持证券作出客观公正的评级，减少发行人与投资者之间的信息不对称，就可以为投资者提供一个较为可靠的独立的判断依据，增加投资者对发行人的了解。

债务发行者之所以使用信用评级，是因为通过独立评级机构的评级结果，资信良好的发行方可以据此更准确地为证券定价，降低融资的成本。如果一

个评级机构的评级和研究被市场公认为对投资者具有实在价值,既能影响他们的购买、持有和出售决策,也会为发行者提供自身发展的可靠和必要的信息功能。

信用评级对证券发行的意义具体表现在以下四个方面:

(1) 拓宽筹款渠道。

倘若信用评级的结果在大机构投资者中广泛传播、使用并被深入理解,就像提供一种"信用护照"(credit passport)来扩展发行人的投资渠道。上述情况对欲进入国外证券市场的发行者显得尤为重要。

(2) 获得更加稳定的融资来源。

独立的评级机构的评级和相关分析也可以帮助证券发行人在一段时期内处理好投资者对于该证券信用风险前景的关注问题,即使在市场不景气时,发行人融资渠道也会尽量保持稳定。一则不利的新闻报道能对公司发行证券的价格产生不利影响,而且一些投资者可能因此而不愿对该证券进行进一步投资;而一个由独立评级机构所作出的适当的评级伴随着一个关于新形势会如何影响该公司金融实力的分析报告,有助于保持投资者对该公司的信心。

(3) 降低发行费用。

众所周知,对于发行方而言,其对自己价值的了解要比那些潜在的投资者多得多,因此发行方可以选择一种有利于自己的信息披露方式来达到筹资目的。而对于投资者而言,他们也意识到发行方具有只提供有利信息的动机,在这种情况下,如果没有信用评级独立客观的观点,就可能造成市场失灵,从而导致一些很好的投资计划因资金不足而流产。因此发行方有动力通过支付一定的评级费用取得评级公司发布的信用等级及评级观点,来提高自己的透明度。特别是在存在信息不对称的情况下,发行方要顺利筹集到自己所需资金,就需要通过评级来减少这种信息不对称,进而为降低筹资成本创造条件。

(4) 增强融资弹性。

评级除了使发行人在发行新证券时能获得最佳的价格外,它所提供的稳定、广阔的融资渠道也会帮助发行者选择适当的货币、期限以及其他符合融资需要的证券特性,给发行人带来更大的融资弹性。

3. 有助于承销机构的债券销售及风险跟踪

在固定收益市场从事承销的投资银行及其他金融机构也都会发现，信用评级对其指定业务计划、确定价格以及代理客户发行证券都是非常有用的。信用评级不仅可以降低融资企业的资金成本，还可以为其发行新债吸引更多的投资者。因此，一个证券发行时，如果评级机构对该证券或其发行人的信用进行了评级，该证券的销售往往更加容易。评级也可以帮助金融机构对无论是其自己账户上还是其客户账户上存放的证券进行同样的风险和定价监管。

在许多国家，这些功能往往是由专门的管理者实现的。例如评级常常用在一种所谓"估值折扣"（hair cut）中，即要求证券经纪人和零售商针对其经营的证券准备一定数量的保证金，如果这些证券经过了评级，则保证金会要求比未评级的少一些。在英国，证券经纪人和零售商的证券如果由一个权威机构评估，并且得到不低于投资标准的级别时，他们就可以享受只保留很低证券资产储备金的优惠。

另外，评级在推销各种形式的未包装债券和短期证券上也已被证明是很有用的。无论是从机构投资者还是从散户投资者来看，评级都能为他们提供重要参考价值。例如，有价证券的承销人可以根据各种证券的收益率、行业状况或其他信用特征组织一些证券组合，然后将该组合推销给机构投资者。

4. 能够协助政府部门加强市场监管，有效防范金融风险

随着资产证券化市场的逐渐发展和完善，这一领域出现的证券化产品必定越来越多，市场日益活跃，在这种情况下，政府证券监管机构很难对市场上的每一个证券交易主体提供全面准确的经济信息。

尽管专业信用评级机构独立运行、不隶属于任何政府监管机构，但可以发挥重要监管工具的作用，提高监管机构的质量和效率。对于市场监管者而言，信用评级可以帮助监管机构了解金融机构内在风险的真实状况，制定及时、有效的信贷政策，促进金融系统稳定运行；可以根据信用级别限制被监管机构的投资范围，如许多西方国家都规定商业银行、保险公司、养老基金等机构投资者不得购买投机级（即BBB级以下）债券；可以根据信用评级制

定金融机构的资本充足率,及发债机构的信息披露和最低评级。各国的资本市场监管经验表明,政府监管部门采用评级结果的做法,有助于提高信息透明度,有效防范金融风险。

5. 能够督促和鼓励受评企业改善经营管理压力

企业债券发行时要在大众媒体上公告其信用等级,只有级别高的企业才容易得到投资者的青睐,企业信用等级向社会公告,这本身就对企业有一定压力,将促进企业为获得优良等级而改善经营管理。从评级机构客观的评级中,企业还可以看到自己在哪些方面存在不足,从而有的放矢地整改。还可以通过同行业信用状况的横向比较,获得学习的榜样。

二、资产证券化产品评级的内容和方法

1. 基础资产信用质量分析

(1) 金融类资产信用分析

金融类资产证券化主要是以商业银行等金融机构发放的公司贷款为基础资产池来发行证券。评级机构对此类基础资产进行分析的主要内容包括:资产池中每笔贷款的信用质量;资产池行业、地区集中度;单一借款人占比;每笔贷款的加权平均剩余期限、已偿还期限;贷款本息偿还方式;利率及其调整方式;贷款性质;贷款早偿或逾期情况等。

首先要综合每笔贷款涉及的借款人的资信状况以及贷款的担保状况确定每笔贷款的信用等级。当资产池中贷款涉及借款人户数较少且具有评级机构出具的公开级别时,可根据借款人的公开级别结合贷款担保状况给出每笔贷款的级别。当资产池中贷款涉及的借款人户数庞大且没有公开的级别时,由于涉及户数众多,评级机构难以具体考察每笔贷款对应的借款人的经营、财务以及管理情况,此时评级机构一般会参照银行内部的评级结果,根据其与银行之间级别的对应关系,映射出每笔贷款的级别,之后评级机构会根据每笔贷款的具体状况对映射级别进行微调。在获得每笔贷款的信用级别后,根据每笔贷款未偿本金余额占比可得出资产池的加权平均信用等级。资产池的

加权平均信用等级反映了资产池整体的信用状况,即基础资产偿还债务的能力。

评级机构通过对资产池行业与地区集中度的统计结果衡量资产池受行业周期、地区经济发展程度不同而承受的风险大小;通过对单一贷款人占比的统计考察处于极端情况下,未偿本金余额占比较高的多个贷款人同时违约时对优先级证券本息足额偿付可能造成的影响;通过对每笔贷款利息偿付以及利率调整方式的统计考察交易中可能存在的利率风险;对贷款性质的考察主要指对贷款担保方式的考察;贷款出现提前还款可能会导致优先级证券的利息不能被完全覆盖,因此评级机构在对信贷资产进行分析时要注重考察资产池的提前还款率。

目前,中诚信国际采用蒙特卡洛模拟对信贷资产的信用风险进行量化分析,通过每笔贷款的信用级别、加权平均剩余期限以及资产池间每笔贷款的违约相关性,再经过上百万次的模拟可以测算出资产池违约分布情况。

(2) 非金融类资产信用分析

非金融类资产证券化主要是以非金融类资产或者组合未来产生的现金流为支撑发行证券。证券投资者的收益来自于运营基础资产产生的现金流入,因此,基础资产可预期的现金流是资产证券化的核心,也是评级所关注的重点。非金融类资产的现金流分析围绕资产的估值与风险展开,资产的估值指资产未来产生现金流的现值,市场上普遍采用现金流贴现法、相对估价法或者期权股价法来评估资产的价值,但在此类资产证券的评级中,评级机构更为关注资产每期产生的现金流是否能与证券产品当期应付的本息相匹配。因此,评级机构不仅要评估资产整体的盈利能力,更要关注资产各期现金流的稳定性。评级机构要对未来每个证券付息时间段的宏观经济情况、资产对应的行业政策以及证券存续期间可能面临的其他影响资产收益的因素进行分析,要具体根据每个付息时间段所对应的具体情形考察资产的收益、现金流入情况。例如,对于以电厂售电收费权为基础资产发行的证券而言,不仅需要预测供电区域在证券存续期间的用电需求,还要考虑相应期间电价的调整幅度与调整频率。而以公路收费权为基础资产发行的证券除了要考虑每个付息期间的车流通行量,还要考虑相应期间公路收费政策的调整以及公路的大修成本。在评级过程中，除了要考虑资产产生的收益，还要考虑资产的所有者要承担的相应风险。例如在某些交易中，基础资产可能只是企业整体资产中的一部分，并未同企业整体资产做到真正隔离，在资产证券化后仍由原始权益人负责运营，如果原始权益人破产，则可能把风险传递到基础资产，对证券持有者造成损失。因此，在对非金融类资产的评级中，资产每期现金流入的稳定性以及潜在的风险是评级机构关注的重点。

2. 结构分析

（1）信用增级方式

在资产证券化过程中，基础资产本身的信用可能不足以确保所发行证券的目标评级，因此，交易通常会安排一系列的信用增级措施提升公开发行资产支持证券的信用以获得高等级别。信用增级按照信用来源不同可分为内部信用增级和外部信用增级。在对资产证券化产品评级的过程中，通常需要根据对基础资产违约可能性和证券预期损失的分析来量化信用增级对投资者的保护作用。

第一，内部信用增级。相比于企业债券，内部信用增级是资产证券化产品特有的信用增级方式，主要通过重新分配现金流顺序来实现。内部信用增级一般有以下几种形式：

A. 优先与次级结构安排。 通过设置不同的利息与本金偿付顺序，可以以资产池为基础发行不同级别的证券，这是内部信用增级最常用的一种方式。通过内部交易结构安排，投资者的权益被分为两个部分，优先级收益与次级收益，优先级证券的级别要高于次级证券，当基础资产出现违约导致现金流分配不足时，优先级证券的持有者将优于次级证券持有者得到偿付。因此，次级证券可以为优先级证券提供一定程度的信用支持。根据基础资产本息回收款的时间分布、市场发行环境等，发行人一般会对优先级证券进行再分割，级别较低的优先级证券也会对级别较高的优先级证券形成一定的保护作用。由于不同层次的证券本息受偿的顺序存在先后，评级机构会根据各层证券的本息受偿方式和顺序，编写现金流测算模型，以测算各层证券的预期损失与违约概率，并最终得出各层证券的级别。

B. 利差账户。利差是指基础资产组合产生的现金流减去支付给资产支持证券投资者的利息以及发行证券所需的各种费用后的净收入。通常会设置一个专门存放收益超过成本部分金额的利差账户,当基础资产的实际损失超过正常的违约率后,利差账户通常成为吸收资产池损失的第一道工具。当交易结构设置利差账户时,评级机构在现金流测算模型中会考虑某一期资产支持证券出现流动性不足时,利差账户对优先级证券的保护作用。

C. 超额抵押。超额抵押是指在发行资产支持证券时基础资产池未偿本金余额高于证券发行的总额,即证券本金可以获得超额部分提供的信用支持,这类信用增级措施较多出现在不良资产资产证券化和信用卡应收款证券化中。

D. 赎回/回购条款。赎回条款是指基础资产不再满足入池条件,成为不合格的基础资产时,发起人或者资产服务商有义务赎回不合格基础资产的义务。回购条款是指当基础资产的未偿本金余额低于某一限定额,发起人或者第三方机构在规定期限内回购资产池中剩余资产,回收款存入相关收益账户用以继续支付证券本息。当资产池中的大部分资产到期,池中剩余的资产信用质量会变得不稳定,回购条款将保护投资者免受基础资产信用质量波动带来的损失。评级机构会从定性与定量的角度分别考察回购/赎回条款对证券本金的保护作用。

第二,外部信用增级。外部信用增级是指除发起人、发行人等相关服务机构外由第三方提供的信用担保。

A. 现金储备账户。现金储备账户的资金可由发起人提供,也可来自于第三方银行发放的贷款。通常在超额利差为零时,方可动用现金储备账户来弥补税费不足或优先级证券持有者的本息。一般情况下,发起人会邀请第三方银行为交易设立流动性支持账户,用以弥补证券本息支付账户的临时性短缺。当资产池设立的本息账户有盈余时,一般会回补流动性支持账户。在测算各层证券的预期损失与违约概率时,如果存在现金抵押账户,则当回收款账户不足以支付费用和证券本息时,评级机构会在资产池现金流入模型中模拟现金抵押账户对回收款账户的转付。

B. 第三方担保/信用证担保。第三方担保是指由与交易无关的第三方提供担保,一般只保证偿付约定的最大损失额。信用证是由银行向发行人开出的、以资产支持证券的持有人为受益人，对额定的违约损失进行补偿的担保信用证，多用于短期交易。存在第三方或者信用证担保情况下，证券会获得同第三方或者提供信用证担保的商业银行相同的等级。因此，评级公司要重点考虑第三方或者银行的信用等级。

C. 专业保险公司担保。专业保险公司担保分为两种形式，一种表现为资产支持证券提供无条件的不可撤销的本息偿付担保，第二种是由一般保险公司对抵押资产的价值提供担保，对于因结构风险、管理风险等引起的损失不予保护。因此，在对有专业保险公司提供的资产支持证券进行评级时，如果是担保公司提供的是100%的担保，则重点考虑担保公司的信用质量，如果担保公司只是对基础资产池提供担保，则评级的重点还是集中在对基础资产池的分析上。

3. 现金流分配顺序

现金流分配顺序的设计体现了交易对投资者的保护程度，是评级机构关注的重点。在对投资者支付本息之前，都会从专门设置的回收款账户中先行扣除交易的税费，再按照交易结构安排对投资者进行分配。一般来说，交易会安排不同的账户来分别存放基础资产池回收的本金、利息以及由发行人或者第三方提供的现金储备，如果存在流动性支持的话，一般会设置三个账户，分别为本金账户、利息及其他收入账户与流动性支持账户。本金账户一般专门用来存放回收的本金，并用以资产支持证券的本金支付；利息及其他收入账户用以存放每期从基础资产池回收的利息以及再投资所得等合法收入，用以支付交易税费以及证券利息；流动性支持账户用以存放现金储备，一般在本息账户不足以足额按期支付交易税费以及优先级证券持有者的本息时，向本金账户或者收入账户进行转移支付。

当证券出现违约时，交易一般会改变当前的现金流支付顺序，从而对优先级证券持有者予以更多的保护。证券违约事件通常包括以下几种情况：（1）受托人未能在合同规定的时间内收到回收款；（2）受托人未能在合同规定的时间足额支付优先级证券持有人的应付未付利息；（3）交易的相关参与方未能尽到应尽的义务，从而对优先级证券的本息足额支付造成影响；

(4) 受托人未能在法定到期日之后或者规定的时间内足额支付优先级证券持有人的应付未付利息。

(1) 违约事件发生前的现金流支付顺序

在违约事件发生前的各支付日，回收款账户上的全部资金一般先提取当期税收准备后，再按照规定的顺序依次支付。在对投资者进行利息分配前，一般会优先支付各中介服务机构报酬，但为了优先级证券持有者获得足额的利息支付，某些交易中会设置一个优先支出上限比例。当当期提取的费用超过优先支出上限时，只能提取相当于上限的金额，差额部分一般在对优先级证券持有者进行利息足额分配后再予以支付。在提取交易需要的税费之后，受托人会依照交易结构安排支付各层优先级证券的利息，为了出售部分次级证券，通常交易会在每期付给次级证券持有者不超过某一比例的利息以增加次级证券的吸引力。如果某期收入账户不足以足额分配优先级证券利息时，本金账户会向利息账户转移差额部分，如果本金账户还不足以支付利息账户，此时会调用流动性支持账户予以支付，这一机制在很大程度上降低了当期优先级证券利息无法按时足额获得偿付的流动性风险。当当期收入账户在支付完各层利息后有结余，某些交易会将收入账户余额转移至本金账户以保证本金的偿还。

如前所述，本金分账户内的资金在支付各级证券本金之前，如收入分账户内资金不足以支付税费以及优先级证券的利息，则将先行转移差额部分的资金到收入账户，之后按照各层本金偿付安排支付优先级证券本金。

某些交易还规定了如果在交易期限内发生加速清偿事件，则需要改变现金流支付顺序，以保证优先级证券的本息得到足额偿付。加速清偿事件一般指基础资产的累计违约率超过某一特定数额，或者交易相关参与人未能履行应尽的义务等。如果发生加速清偿事件，交易可能选择在证券存续期内不支付次级证券的利息，而是到证券到期时以剩余收益支付次级证券持有者的利息等。当加速清偿事件发生时，本金的支付顺序也可能改变以使得同级别的优先级证券持有者的本金得到相同的保护。

(2) 违约事件发生后的现金流支付顺序

在违约事件发生后，在支付完税费后，为了保护更高级别的优先级证券投资者的利益，通常交易会选择先行偿还最高级别证券持有者的利息及本金，再偿还次高级别证券持有者的利息及本金，直至优先级证券持有者的本息得到足额支付。之后如果尚有回收款余额，则先支付次级证券持有者的本金，然后剩余资金则全部作为次级证券持有者的收益。

现金流支付顺序是评级机构在模型测算中关注的重点，单单就模型测算而言，主要考察每期现金流入与现金流出的匹配程度。现金流入阶段要考察基础资产特征以及内、外增级作用的综合影响，而现金流出阶段则是参照现金流支付顺序编写模型。由于在考虑基础资产发生违约的情况下每期现金流入波动较大，而鉴于各层的本息支付顺序以及支付方式有所不同，因此每期现金流入对各层的覆盖程度会产生较大不同，从而会得出每层证券对应的不同的预期损失率与预期到期期限，最终对应出不同的级别。

4. 其他结构性风险

（1）利率风险

大多数的交易在选择基础资产时，都允许有固定收益资产入池，但在出售资产证券化产品时，往往采用浮动利率计息，若遇央行调整存、贷款基准利率，而使入池贷款和各级证券之间的利差下降，则交易将面临一定的利率风险。此外，入池贷款与证券利率调整方式的不同使得交易可能存在一定时间错配，即入池贷款利率的实际调整时间最长提前或滞后证券一定时间段。评级机构在分析各层证券的预期损失时要考虑利差不同幅度下降、利率调整时间错配等压力景况的影响。

（2）再投资风险

在某些交易中，允许受托人或者资产机构服务商向投资者进行分配前，将基础资产产生的回收款进行再投资。由于再投资的资产可能发生违约从而影响对优先级证券投资者的足额分配，评级机构在模型测算时会对所允许的投资资产质量进行评估并考虑违约时此类再投资资产的回收率，一般假定再投资资产发生违约时的损失等同于基础资产发生违约产生的损失。

（3）流动性风险

流动性风险是指当期收入回收款可能不足以支付优先级资产支持证券利

息及在优先级资产支持证券利息支付以前必须支付的各项税费。如前所述，通过设置现金储备账户等信用增级的方式可以减小流动性风险，同时我们也关注到还可能产生因为基础资产池的本息回收分布不均而产生的流动性风险等。在评级过程中，评级机构主要通过考察利息违约的可能性大小来考量流动性风险。

5. 模型测算及分层

以中诚信国际信用评级有限公司（简称"中诚信国际"）为例，其关于资产证券化产品的分层测算是建立在对投资者预期损失的概念上，要想得出各层证券的预期损失，必须知道多种情况下可能发生的基础资产违约分布以及每种情况下对应的现金流出，然后根据中诚信国际预期损失对应的级别标准表得出各层证券的级别。但预期损失只是一个模型运行得出的结果，最终各层证券的级别应该是综合考虑定性与定量分析的基础上给出的。

（1）资产违约分布测算

测算资产违约分布的模型可以大致分为两类：解析类模型以及蒙特卡洛模拟。解析类模型基于完整的理论分析框架，能够给出一个封闭解，因此具有很快的测算速度（尤其是在资产池规模较为庞大的情况下）。但此类模型依赖于大量模型基本参数的设置。在当前国内市场机制尚不健全的条件下，此类参数的获得较为困难，若通过人为指定，又会引入过度的主观性。因此，其测算精度较难得到保证。此类模型的代表有Moody's的BET（Binomial Expansion Technique）及其改进版本CBET（Correlated Binomial Expansion Technique）。BET方法假设每笔资产的违约概率服从二项式分布，资产池根据每笔资产的特性可以分为D类资产，从而会有D+1种违约情形。D代表多样化分数，是在综合考虑每笔资产违约概率、回收率以及每两笔资产之间的违约相关系数的基础上计算的资产池的多样化程度。由于假设同类资产中每笔资产的违约概率相等，因此可以得出J类资产发生违约时的概率，从而对应每种情形下的预期损失率计算出资产池整体的预期损失率。BET方法适用于当基础资产同质程度较高且资产池中各笔资产较为独立的情形。

蒙特卡洛模拟通过对现实情况的数学化抽象，建立模拟分析模型。并利用计算机技术，通过大量运算，模拟各种可能情况的发生，形成相关考察对象的概率分布，为信用质量分析提供数据基础。与解析类模型相比，此类模型由于要进行规模庞大的运算处理，因此测算速度较慢。但由于不需要过多的外部参数，同时相比于固定的解析化模型，具有更大的灵活性，使得其客观性更强，且能够提供较高的测算精度。中诚信国际结合具体交易结构编写现金流模型进行测算，通过对整体资产的信用质量分析，经过上百万次的模拟运算得出在每次模拟中可能出现的违约资产及违约时点。在完成模型测算的过程中，需要考察的因素包括：每笔资产的信用级别、剩余期限、账面价值、资产的违约相关性等。违约相关性是指每两笔贷款的违约系数，根据每笔贷款对应的中诚信国际行业序号以及信用级别可以得出。资产相关性决定了资产池内任意两笔资产同时发生违约的可能性。在其他条件保持不变的前提下，资产相关性较高的资产池，有更大的可能发生密集的资产违约事件，从而使得资产池的信用状况急剧恶化。因此，资产相关性的假设直接决定着资产池的信用表现，从而也影响着证券分层和交易结构的设计。在进行模型模拟运算时，首先根据每笔信贷资产对应的信用加权平均因素以及加权平均剩余期限计算出每笔资产对应的违约概率。信用加权平均因素指一系列评级因素的加权平均值。其次，模型根据计算出的违约概率和资产的违约相关性矩阵，对每一笔资产是否发生违约作出判断；而后，会针对发生了违约的资产，计算出违约发生的时点和违约后的回收率，从而产生资产违约分布情况表。

（2）资产池真实现金流入

在将资产违约分布情况输入现金流模型前，需要对每一笔入池贷款根据借款合同约定的本息还款计划测算正常情况下的本息回收款时间分布情况。以此为基础，现金流模型将根据前述模型提供的资产违约情况，模拟出资产池内某些资产发生违约后的实际现金流入情况。在模拟资产池真实现金流入时，需要结合未来证券存续期间借款利率、资产违约后的回收率以及回收时间对现金流入情况进行压力测试。回收率决定了当某笔资产违约后，其回收金额占违约时未偿本金余额的比例。该比例越高，则意味着有更多的本金可以在违约发生后被挽回，从而降低损失发生的规模。

(3) 现金流模型

为了在测算过程中，能够更加真实地还原出实际的交易结构，有必要设计出更具体、更有针对性的测算模型。因此，在完成最终测算前，需要编写一个根据交易安排的偿付机制以及信用增级措施编写的现金流支付模拟程序。然后，结合模拟的资产池真实现金流入情况与根据具体交易安排设计的现金流模型测算出各层证券的预期损失。除了关注预期损失外，各层证券所对应的预期到期期限也是评级过程中关注的重点。中诚信国际采用未来本金偿还时间加权平均的计算方式计算各层证券的预期到期期限。根据各层对应的预期损失与预期到期期限，再对照中诚信国际的级别表可以最终映射出各层证券的级别。

6. 重要参与方评价

(1) 信托机构

在对交易参与方的评价中，中诚信国际最为关注的是各中介方是否具有能严格按照合同履行相关义务的能力。在对信托机构的评价上，采用公开渠道资料收集以及对信托机构的现场访谈等方式，除了了解公司的经营状况与财务状况，中诚信国际更为关注信托机构的内部管理制度以及风险控制制度。此外，信托机构以往的受托经验以及是否在同类型的资产证券化产品中担任过相类似的角色也是中诚信国际重要的关注点。在证券存续期间，中诚信国际要求受托机构按月提供月度受托报告，以便对证券化产品进行跟踪评级。受托报告的内容一般包含当期资产池收入情况、资产违约情况、证券收益分配情况、税费支付、储备账户的调用情况以及是否发生相关参与方丧失履行合同能力的情况等。

(2) 资产服务机构

中诚信国际对资产服务机构的评价重点关注资产服务商管理基础资产的能力，通过考察其以往的相关项目管理经验、管理团队情况、风险控制措施等判断资产服务商是否具有履行合同的能力。同时，中诚信国际还关注贷款服务机构的资金混同风险与抵消风险。贷款服务机构的资金混同风险是指当贷款服务机构财务状况或信用状况恶化或者丧失清偿能力，入池资产的回收款可能和服务机构其他资金混同，从而对证券持有者造成损失。中诚信国际通过考察交易中资产池回收款的划拨机制以及资产服务商的长期信用级别来考量资金混同风险。通常,在信贷资产证券化中发起人也同时担任交易的资产服务机构,由此可能带来抵销风险。抵销风险是指在基础资产交付后,入池贷款对应的借款人仍将向发起人支付还款,考虑到入池贷款对应的借款人可能在发起机构有存款,如果借款人针对入池贷款向发起人行使抵销权,且发起人未能及时将抵销所对应的款项支付给信托,则可能会导致入池贷款回收款减少。一般交易中会设置抵销的动态监测机制,对借款人在发起机构处的存款数额进行持续统计和记录。中诚信国际会持续关注抵消的动态监测情况以及发起机构的资信状况以考量抵销风险。

(3) 资金保管机构

中诚信国际关注资金托管机构是否能够按照相关合同规定的义务完成资金的保管服务以及按照受托人的划款指令按时转付资金。除了日常经营状况、财务状况等,中诚信国际重点考察资金保管机构的资产托管能力,通过对其资产托管规模、相关业务经验、信息系统等的考量来判断资金保管机构履行合同的能力。此外,中诚信国际还重点关注资金保管机构是否能够确保交易设立的账户中的资金与其自有资金、保管的其他资金之间相互独立,确保账户中资金的安全性;考察资金保管机构是否建立了严格的现金收付管理制度等。

(4) 其他参与方

中诚信国际还关注交易涉及的相关参与方、交易结构安排等是否符合现行法律的规定。通常,中诚信国际会根据律师事务所的法律意见,结合现行的法律规章制度考察各参与主体、交易结构、担保等的法律有效性。会计、税收问题等也是资产证券化评级中关注的重点,中诚信国际通常根据会计师出具的报告考察基础资产是否实现真实出售、资产池是否实现破产风险隔离等。

7. 评级结果

中诚信国际根据各层证券的预期损失与预期到期期限得出各层证券的级别。在证券存续期间,中诚信国际将对基础资产的现金流产生情况或信用表现进行持续监测,并在跟踪期内持续监控各交易相关参与方的信用状况,并通过定期考察受托人、资金保管机构的相关报告,对证券的收益分配情况进行动态跟踪,以判断资产证券化产品的风险程度和信用质量是否发生变化。如果在跟踪期间基础资产的信用状况恶化或者发生其他可能影响优先级证券持有人按期足额获得本息的事件发生,中诚信国际将下调资产证券化产品的初始评级,直到影响因素消失,如果基础资产的信用状况向好,中诚信国际将上调初始评级。中诚信国际将根据各相关参与方提供的资料以及现场访谈等获得的信息,定期出具跟踪评级报告。

三、实例:德宝天元2015年第二期个人汽车贷款资产支持证券化

1. 发行概况

宝马汽车金融(中国)有限公司作为发起机构将相关资产委托给作为受托机构的中粮信托有限公司,由中粮信托设立德宝天元2015年第二期个人汽车贷款分期资产支持证券化信托。受托机构将发行以信托财产为支持的资产支持证券,将所得认购金额扣除承销报酬和发行费用的净额支付给发起机构。受托机构向投资者发行资产支持证券,并以信托财产所产生的现金为限支付相应税收、信托费用及本期资产支持证券的本金和收益。本期资产支持证券分为优先级支持证券和次级资产支持证券,其中优先级资产支持证券包括A1级资产支持证券、A2级资产支持证券和B级资产支持证券。

表 12-3 发行概况

发起机构/发行人	交通银行/交银国际信托			
发行总额(亿元)	50.22			
分层结构	优先A1	优先A2	优先B	次级
中债资信评级	AAA	AAA	AA+	无
中诚信评级	AAA	AAA	AA	无
发行额(亿元)/比例	19.6/56.00%	9.8/28.00%	5.052/10.06%	2.52/5.02%
计息方式	固定利率	浮动利率	浮动利率	—
基准利率	中国人民银行公布的1年期金融机构人民币定期存款利率			

（续表）

票面利率	3.31%	1年定存利率+1.99%	1年定存利率+2.5%	—
还本方式	过手支付	过手支付	过手支付	—
付息频率	按月付息	按月支付	按月付息	—
起息日	2015/11/24	2015/11/24	2015/11/24	—
预期到期日	2016/6/26	2016/12/26	2017/3/26	2017/4/26
法定到期日	2022/2/26	2022/2/26	2022/2/26	2022/2/26

2. 基础资产

入池资产具有以下特征：资产全部为信用卡分期贷款，共433573笔，均为交行信用卡中心五级贷款分类中的正常类贷款；单笔借款合同本金余额为人民币3.44元至35万亿；分期债权的手续费为0.72%的资产占资产池总本金余额的比例达99%以上；入池贷款合同期限最短为12个月，最长为24个月，加权平均合同期限为20.81个月；资产池入池贷款剩余期限最短为11个月，最长为19个月，加权平均剩余期限为13.86个月；分期贷款来自30个省、市及自治区，未偿本金余额最大的十个省市OPB①占比为62.82%；借款人年龄分布方面，借款人最小22岁，最大为60岁。

表12-4 资产池基本情况

类型	静态池
资产	发起机构发放的汽车抵押贷款，信贷资产分别位于31个省市和自治区
未偿本金余额（万元）	350,000.03
借款人户目（户）	27,432
贷款笔数	27,440
合同总金额（万元）	785,692.55
加权平均利率	5.23%
加权平均贷款期限（年）	—
加权平均贷款剩余期限（年）	1.48

---

① OPB是英文Outstanding Principal Balance的缩写，即未偿本金余额。

资产池特征

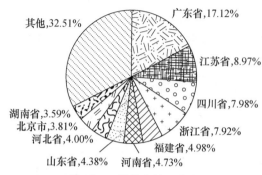

图 12-1 借款人地区分布

资料来源：中诚信国际整理。

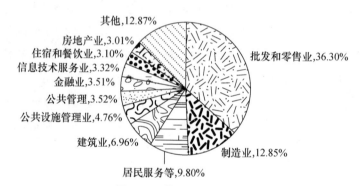

图 12-2 借款人行业分布

资料来源：中诚信国际整理。

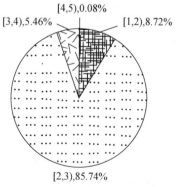

图 12-3 贷款合同期限分布（年）

资料来源：中诚信国际整理。

第十二章　信用评级机构与资产证券化

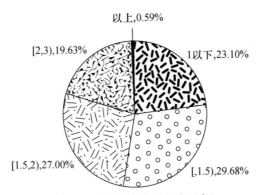

图 12-4　贷款剩余期限分布（年）

资料来源：中诚信国际整理。

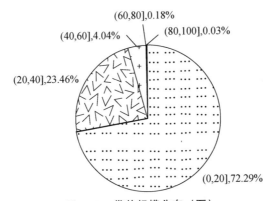

图 12-5　贷款规模分布（万）

资料来源：中诚信国际整理。

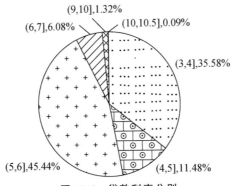

图 12-6　贷款利率分别

资料来源：中诚信国际整理。

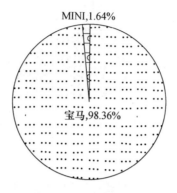

图 12-7 抵押物分布

资料来源：中诚信国际整理。

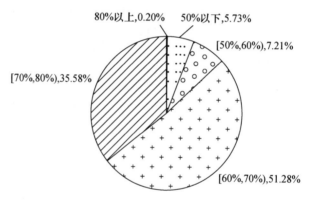

图 12-8 抵押率分布

资料来源：中诚信国际整理。

3. 交易结构

发起机构宝马金融将符合合格标准的汽车抵押贷款信托给交银国际信托，设立"德宝天元 2015 年第二期个人汽车贷款证券化信托"。交银国际信托以该信托财产为基础发行优先 A1 档、优先 A2 档、优先 B 档和高收益档资产支持证券，经向中国银行业监督管理委员会备案及在中国人民银行注册登记后，各级证券在银行间债券市场以簿记建档形式向机构投资者发行（发起人自持部分除外）。

上述各级信托财产由中债登统一托管,具体结构如图12-9所示:

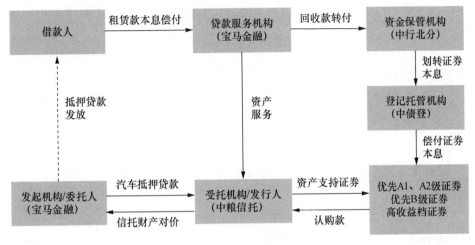

图 12-9 交易结构图

4. 增信措施

本交易的利息支付和本金偿付方式采用优先级/次级的支付机制,A级资产支持证券获得B级资产支持证券和次级资产支持证券提供的16%的信用支持,B级资产支持证券获得次级资产支持证券提供的8%的信用支持。此外,本期交易设置了两类信用触发机制:同参与机构履约能力相关的加速清偿事件,以及同资产支持证券兑付相关的违约事件,信用事件一旦触发将引致基础资产现金流支付机制的重新安排。

5. 风险关注点

(1) 利率风险

入池贷款中24586笔为浮动利率贷款,OPB占比为94.78%,交易中约定A2级和B级证券以1年期定期存款利率作为基准利率。由于入池贷款和优先级证券的利率调整方式有所不同,若央行调整存、贷款利率基准,而使入池贷款和各优先级证券之间的利差下降,则本交易将面临一定的利率风险。

(2) 历史数据有限

受业务发展和信息系统的限制,宝马金融提供了自2010年11月以来的历史业务数据，历史数据时间较短，未经历完整的经济周期，同时几乎没有已经历完整生命周期的历史数据，历史业务表现对资产池未来表现的预测作用有限。

抵押权未登记无法对抗善意第三人。本交易基础资产为汽车抵押贷款，根据交易安排，基础资产转移至信托但并不办理抵押权变更登记手续。由于抵押权未变更登记，可能导致抵押权无法对抗善意第三人，从而对信托权益造成不利影响。

（作者：阎衍　中诚信国际评级董事长；闫文涛　中诚信国际金融业务部总经理）

实践前沿

信用风险与资产证券化*

文/屈　燕　罗小清　杨　丹　闵文文

一、扫除路障：资产证券化广阔前景可期

马德伦　中国金融会计学会会长、中国人民银行原副行长

中国的信贷资产证券化从2005年开始试点，迄今已有十年时间，其间曾因国际金融危机而停滞，2011年之后开始恢复试点。截至目前总体规模不大，而且从发起机构到二级市场，从产品定价到税收制度、会计出表等诸多方面都有一系列问题亟待解决。

截至2015年9月末，金融机构共发行159单信贷资产支持证券，累计6305亿元，主要是2013年之后发行的。2015年5月，国务院常务会议决定新增5000亿元信贷资产证券化试点规模，管理部门和有关机构正在努力推动相关工作。

目前，中国的资产证券化还处于起步阶段。从一级市场来看，发起机构

---

* 本文原载《当代金融家》2015年第12期。

单一（主要是银行），而且规模不大。从资产池的基础资产来看，公司贷款多、笔数少，而且是优质资产，这就带来二级市场的一系列问题，导致二级市场的交易不活跃。从银行间的资产证券化交易来看，2014年发生了35笔交易，金额近21亿元，占存量的1%；而场内交易的资产支持证券只有4.74亿元，交易所的资产证券化产品交易量也仅占1%。所以，问题不在于场内、场外，而在于整体规模较小。此外，在投资者类型、发行的定价机制、市场做市商制度、外国投资者准入等方面也存在一些问题。所以，二级市场的问题是和一级市场联系在一起的。

央行曾专门讨论过信贷资产证券化的问题，持有机构到手后不愿意转让，因为是优质资产和优质客户，放掉之后还需要再找，所以几乎没有流动性。

二级市场的这些问题和定价机制相联系。资产证券化的理论基础是现金流定价模式，在实际业务中，资产证券化产品的价格是根据其与基准利率之间的利差确定的。但是在中国，利率市场化尚未完全实现，利率波动还不能真实地反映利率的实际变化趋势，金融市场对于利率的灵敏度仍然不高。2015年10月23日，央行取消了对存款利率的限制，利率市场化的最后一步基本完成了。但是，市场的成熟以及对于利率的灵敏度还没有达到要求，尤其是微观主体，几乎仍然只是关注量的变化，对于价格的信号变化还不能迅速地作出调整和反应。结果导致我国资产支持证券的利差定价高于美国市场，同期产品几乎相差150个基点。

市场上资产支持证券的利差平稳，波动不频繁，这是由定价方法和利率变化的相关度所引发的。定价的一些因素直接影响了利差水平：一是二级市场流动性不足造成流动性的溢价过高；二是国内居民的消费习惯和对利率较低的敏感度引发贷款早偿行为，提前还款导致我国资产证券化产品加权期限短，形成较低的期限溢价；三是在我国间接融资占主导地位，商业银行作为资产证券化市场的主力，其发起机构和贷款服务机构的身份实际上对资产支持证券存在隐性的担保。这些都是未来市场要解决的问题。所以，建立做市商制度、扩大市场规模和投资者的范围、调整税收政策，金融机构健全资产证券化业务信息系统和基础资产信息数据库、优化定价体系等，这些问题都是在未来必须得到解决的。

目前各方面都很关注不良资产的处置问题。在不良资产的处置上，引入证券化的方式大有可为。应该建立一套市场化、常态化的不良贷款处置机制，避免外科手术式的方式。对于不良资产，要解决基础资产估值、账务处理、投资者自留比例、投资者范围扩大，以及贷款服务机构的作用等问题，这些都是我国发展不良资产证券化需面对的挑战。

关于信贷资产证券化出表的判断，对于不同风险自留比例条件下会计出表与否，不同会计机构的判定标准存在差别，严格程度也不尽相同。此外，还有建立风险自留豁免制度的问题，仍值得继续深入研究和探索。

解决好所有的这些问题，既是我们的责任，也是我们的方向。希望所有对资产证券化感兴趣、愿意为此奉献的同仁们，共同努力，充分地发挥作用，去扫清这些前进路上的障碍，使一个广阔的资产证券化市场能够早日到来。

（本文据嘉宾2015年11月8日在"中国资产证券化百人会论坛"成立大会上的发言整理）

二、宜与忌：资产证券化的正确打开方式
沈炳熙　中国人民银行金融市场司原副司长

在美国次贷危机爆发后相当长一段时间内，人们都在质疑：资产证券化是否是次贷危机乃至全球金融危机的罪魁祸首？弄清楚信用风险与资产证券化两者关系，对今后更好地开展资产证券化具有重要意义。

资产证券化是一种将能产生稳定的现金流但缺乏流动性的资产（主要是信贷资产和企业资产）以证券形式加以出售的一种方式。信用风险是债务人不能如期偿还债务的一种风险，证券化产品风险水平的基础是入池基础资产的信用质量。基础资产的拥有人是债权人，信用风险则来自债务人。由于证券化基础资产先于证券化存在，所以，信用风险不是资产证券化带来的。而且，资产证券化过程在一定程度上能够降低信用风险。这主要表现在以下几个方面。

第一，开展证券化之前，对信用风险的监控只限于证券化发起机构，而证券化之后，对信用风险的监控扩大到整个证券市场。这种市场监督会加大对借款人的压力，减少主观违约的概率。

第二，做资产证券化项目时，为了揭示风险，需要由有公信力和专业水平的中介机构（如信用评级机构、财务顾问、信托机构、会计师、律师等）对证券化的基础资产进行风险评估，对项目的安全运行提出专业意见，并对投资者最关心的风险控制要求确定防控措施。这有利于投资人更好地识别和把握项目的风险，对于发起机构及发行机构更好地控制日后的信用风险，无疑是有利的。

第三，资产证券化虽然也是一种出售资产的行为，但和直接出售方式相比，证券化在信用风险的防控上具有明显的优越性。直接出售资产基本上属于一对一的交易，不用披露风险，所以没有市场对信用风险的监督。资产证券化要把资产出售给一大批投资者，投资者持有资产支持证券，还可以在二级市场交易，所以，市场监督力度更大，对风险的控制也更加有力。

当然，如果操作不当或违规操作，资产证券化过程也可能加大信用风险，这是美国次贷危机带来的深刻教训。首先，如果中介机构没有尽职尽责、真实客观地揭示、披露证券化基础资产的信用风险，发起机构没有如实说明证券化基础资产的潜在风险，那么，投资者则不能准确地识别和把握信用风险，这就可能导致市场监督的架空。其次，如果金融监管当局的监管流于形式，也会造成资产证券化相关机构放松自律，放松对信用风险的管控。再次，如果资产证券化的结构太过复杂，风险主体和风险点不清楚，会加大风险识别的难度，在某些不利条件下，还会加大信用风险的影响范围和力度。

所以，需正确使用资产证券化这一工具，避免不当操作。鉴于此，我提出正确开展资产证券化的几点要求。

第一，证券化项目发起机构必须选择合适的基础资产。对于信贷资产证券化而言，理论上，所有的信贷资产都可能证券化，但不同的基础资产，必须明确不同的证券化项目，不能将不良资产作为优质资产进行证券化，或把不良资产掺到优良资产中。对于企业资产证券化而言，能证券化的资产有严格条件限制，必须选符合条件的资产来做证券化，不能为了摆脱发债不得超过净资产40%的限制，而将那些不符合条件的资产选来做证券化的基础资产。

第二，中介机构尤其是信用评级机构必须承担相应的职责。信用评级机构必须尽职尽责，按照基础资产实际的风险大小评定其信用评级，不能为了取悦发起机构，任意拔高其信用评级。为此，可由两家评级机构来实行双评级。对多次经不起实践检验的评级结果，要严格追究评级机构的责任。需严格检查会计师、律师的工作质量。要让中介机构承担起相应的责任，监管部门必须转变工作思路，把对资产证券化的监管从直接管业务为主转变为以监督中介机构为主。

第三，资产证券化的结构设计必须尽可能简洁。开展资产证券化时，为了提高产品的可售性，可以适当增加一些衍生品在内，但必须向投资者作出明确的说明，并与投资者的风险识别能力、操作团队的管理能力、市场管理部门的监管能力相匹配。绝不允许为了诱惑投资者而故意设计一些复杂的结构，玩弄新花样，欺骗投资者。

（本文据嘉宾2015年11月8日在"中国资产证券化百人会论坛"成立大会上的发言整理）

三、刚兑与信用风险：在云端破题

曹　彤　厦门国际金融技术有限公司董事长

目前，市场上的一个悖论仍然存在：一方面，信用风险频发；另一方面，刚性兑付仍然不能打破。这样一个矛盾的存在，我认为有两个层面的原因。

第一，信用风险被扭曲。一方面，市场对信用风险的理解存在偏差。融资方或基础资产的风险被变相地理解为其他风险，比如刚性兑付，原来是基础资产的问题。却变成了发行机构信用度的问题。另一方面，隐性担保的显性化变得越来越突出，乃至政策上对中小投资者的保护逐渐被理解为刚性兑付的理论基础、政策基础甚至法律基础。在此背景下，直接融资被扭曲为间接融资，导致信用风险继续累积在金融机构的系统内。这两种扭曲现象有悖于固定收益市场与资产证券化的发展方向，它将进一步阻碍风险定价和风险市场化，进而从本质上阻碍债权类的直接融资的发展。

第二，信用风险缺乏有效的定价机制。有四种现象导致了定价机制的缺乏。一是真正意义上的信用产品并不多。市场上的很多产品，都有国企或地方政府作为发行主体为其提供隐性担保甚至名义上的担保，还有一些产品则有固定资产的担保。二是定价方法带有一定的主观性。目前很多定价仍然采用成本定价法（或称"资金成本定价法"），这是从销售端的资金成本倒推回来的一种定价方法。尽管销售端的资金成本形式上也是市场交易形成的，但这种交易的形成带有太多主观的意愿。三是缺少产品种类。目前市场上的产品种类仍然非常单一，一些比较多元化的资产证券化产品和信用风险衍生产品相对缺乏。四是缺少有效的二级市场，由于专业投资机构及相应机制不健全，导致二级市场缺乏流动性。

信用风险是固定收益产品的核心，如果信用风险问题不解决，市场将无法再继续向前演进。而产品的市场化定价是二级市场获得市场流动性的基础和前提，如果没有对信用风险的准确定价，所谓的二级市场是不可能存在的。此外，众所周知，刚性兑付是不可能持续的。从固定收益市场的长远发展来看，必然要从目前高风险、高收益的组合，逐渐向低风险、低收益的组合过渡，而不是相反的维持"劣币驱逐良货"的现状。

因此，必须直面信用风险和定价机制的问题，并寻求解决之道。如何解决？从国外成熟市场或许可以得到一些启示。成熟市场信用风险的定价机制，有以下几点作为其市场基础：其一，有相对准确的无风险利率曲线和信用风险的收益率曲线，这两条曲线的存在是定价的前提；其二，有权威的评级机构和定价模型的介入；其三，有一个相对活跃的二级交易市场，并有一定量的专业投资机构参与二级市场，促进市场发展；其四，有相对完善的破产和违约处置的制度和机制。

因此，从国内固收市场尤其是场外固收市场下一步的发展来看，可以从两个视角出发来处理信用风险的问题：一个是产品结构化视角，一个是互联网视角。

从产品结构化视角看，虽然在当前经济下行的背景下，政府和监管部门想要维持市场平稳的心态和行为毋庸置疑，但是仍然需要通过产品的结构化设计，引入真正的资产证券化技术，以产品分层丰富投资者结构，在专业投资人层面逐步打破刚性兑付。

此外，从互联网的视角出发，互联网技术对于揭示信用风险将带来四个方面的影响：其一，由于互联网和大数据的出现，使得信息的挖掘和风险的识别变得更加充分；其二，通过互联网技术，可以将非标准化的流程和非标准化的服务逐渐变得标准化、模块化，从而大幅提升市场效率；其三，互联网使很多交易突破了地域、时间的限制，可以产生高效的辐射效应，从而有助于加快场外的、具有一定流动性的二级市场的建立；其四，由于互联网平台极具包容性的资源整合，使专业投资人的进入成为一种可能，也使得机构投资人能够得到更快的成长。

基于以上四个方面的基础，互联网将有助于建立一种基于互联网架构的、为场外固收市场提供服务并对信用风险定价提供服务的专业模式，从而为有效地定价信用风险提供一种新的解决方案。

（本文据嘉宾2015年11月8日在"中国资产证券化百人会论坛"成立大会上的发言整理）

四、风险识别和定价决策：商业银行ABS投资逻辑

2014年，我国信贷资产支持证券（Asset-Backed Securities，ABS）发行量达2828亿元，是2005～2013年发行量总和的两倍多。2015年前9个月，发行量更已达到2373亿元。从宏观角度来看，资产证券化将社会的存量资产盘活，同时将存在于某一产业链条之内的风险释放，对宏观经济的平稳运行具有积极的意义。但是，由于我国资产证券化正处于发展的初级阶段，在合理评估风险和产品定价方面还面临不少困难。

风险因子更加复杂

与其他金融产品相比，信贷资产支持证券的风险因子更加复杂，因而客观上更加难以分析和量化。

一是基础资产的风险体现为组合的复合风险。例如，贷款抵押债券（Collateralized Loan Obligations，CLO）的基础资产池往往涉及几十乃至上百笔贷款，而且涉及不同的行业，因而必须考虑贷款的集中度风险和相关性风险，而这些风险往往难以计量。

二是提前偿还缺乏规律。以住房抵押贷款证券（Mortgage-Backed Securities，MBS）为例，提前偿还风险是重要的风险来源之一。发达市场个人住房抵押贷款是否提前偿还主要取决于利率变动，通常将MBS当成利率产品进行管理。由于我国个人住房提前偿还行为受个人储蓄、文化传统及消费习惯等

因素影响，而难以对提前偿还行为进行量化。

三是交易结构灵活多变。交易结构涉及分层、信用增级、费率、现金流分配、违约及加速清偿事件触发等，且需要考虑破产隔离、抵质押变更登记等相关法律问题。每一个要素的变化都会对交易结构形成影响，因而量化过程中需要考虑的变量更为复杂。

此外，对金融机构特别是商业银行来说，在传统业务逐步转型的时候，迫切需要资产证券化使风险资产规模和资本能力相匹配，其中，资产池资产如何与原始资产持有人进行风险隔离的问题，是当前信贷资产证券化面临的最大问题之一。"当风险没有真正分散、转移出去的时候，对其定价就不是根据风险定价，而是根据流动性定价、根据资金成本定价的。只要风险定价模式不出现，资产证券分级就没有意义，既不代表一定的风险级别，其定价与风险也是不相匹配的。"中国邮政储蓄银行金融市场部总经理党均章说。

而资产证券化业务要进一步发展，必须解决的还有资产证券化产品的市场流通问题。从美国资产证券化的发展过程来看，证券化市场的实质是场外交易市场（Over-the-Counter，OTC），是市场自发推动形成的，且在发展早期是分散、割裂的。

以中国市场来看，目前资产证券化业务有四类各自发展的"独立小市场"，一是中国人民银行与银监会主管的商业银行的信贷资产证券化，二是证监会主管的在上交所和深交所发行的企业资产证券化，三是保监会主管的项目资产支持计划，四是私募的资产证券化产品。"这些独立发展的小市场，将来能不能出现整合，要看参与者的努力和整个市场的发展程度。由于现在证券化市场的主体实际上是大银行以及股份制银行，对这十几家机构来讲，完全可以自建独立、小型的OTC市场，为自己的产品提供流动性，引入做市机制。"中国民生银行总行投资银行部固定收益中心总经理宁剑虹认为。

产品定价的影响因素

看一个市场有没有活跃度，发行人愿不愿意参与，要看发行人能否在市场中盈利——能盈利就有动力。其中，如何对产品定价是关键一步。

从投资人的角度，对资产证券化产品主要有两类定价，一是以持有到期为目的的定价，即根据资金成本和商业银行的风险承担成本，通过与持有到期的其他债券品种比较进行定价；二是以交易为目的的定价，主要是通过判断债券的交易价值进行定价。

从发起人的角度，资产证券化产品也有两类定价，一是发起人以持有的基础资产价格和销售基础资产的定价比较，一般称为盈利模式定价；二是发起人对各个分行持有贷款的考核定价，一般称为内部定价。而发起人能否有效调动各个分行、经营单位提供信贷资产开展证券化业务的关键是内部定价。

据兴业银行投资银行部资产证券化一处处长杜程介绍，内部定价的实质是发起人对其各个分行持有贷款的考核定价。商业银行发行CLO的基础贷款都是分行或经营部门发放的贷款，如果想激励分行或经营机构将贷款卖给总行，就要对各个分行的贷款进行收购定价，收购定价必须优于内部定价，分行和经营单位才有动力提供信贷资产。

值得注意的是，从银行同业部门操作资产证券化的投资来看，目前对资产证券化产品的定价还有同业信用的传导定价。其产生原因是在金融压抑的大环境下，中小银行的首要任务不是转移风险，而是盘活存量，是资本约束、息差收窄现状下对于盈利转型的主动反应。

"基于这种诉求，银行间的资产证券化交易定价，不可能完全基于风险定价，而是渗透着同业信用的传导定价和基于相互支持的协商定价。"晋商银行金融同业部北京区域总经理慈锋说。

此外，资产证券化产品的收益还与其流动性密切相关，而产生流动性的重要前提之一即是投资者对所投资产品风险的判断与把握。

目前，国内资产证券化产品流动性不强的另一个重要原因在于，对该类产品的风险量化与判断都不是特别明确与清晰。

一创摩根证券投行部金融行业业务主管、资产证券化负责人王学斌就指出，金融危机前，美国资产证券化市场主要依靠评级机构对产品风险作出评判指标，而中国市场则主要依靠刚性兑付的潜规则。"但如果不考虑刚兑，投资人投资一个金融产品只需关注三个方面：风险、流动性及收益性。这几个因素是错综复杂、互相联系的。目前，监管机构结合国际上的做法对证券化产品按照不同类别出台了新的披露规则，对投资者来说十分重要。"

三方面提升产品能力

从商业银行内部看,开展资产证券化业务普遍面临人才储备不足、信息系统支持不足的问题。一是缺乏既懂产品和市场又懂模型的有经验的复合型人才,因为运用传统的信贷分析技术不能适用资产证券化的要求,因而对产品的风险—收益特征难以把控。二是信息系统支持不够,不但相关信息难以收集,而且缺乏可靠的模型。

在中国农业银行金融市场部副总经理段兵看来,要提升资产证券化产品的风险识别与定价决策能力,应从以下三个方面着手:

首先,金融机构应注重数据积累,培养专业人才队伍,加快IT系统建设步伐。一是加强数据积累。我国国情、金融市场行为和市场条件与发达经济体不同,他国的数据及模型方法在我国面临水土不服的问题,需要积累我国市场的基础数据,探索适合我国市场的估值模型方法。二是加强人才队伍建设。做好资产证券化业务,最重要的是培养一支量化分析师队伍。三是加快信息系统建设,要基于资产证券化产品特征构建和完善内部评级系统、估值定价系统及风险管理系统等。

其次,完善资产支持证券产品的收益率曲线。资产证券化产品有着明显的固定收益产品特性,定价主要取决于折现因子和未来现金流的测算,现金流主要基于基础资产池和产品结构特征,虽然通过建模就可以解决,但折现因子的确定却主要依赖于市场收益率曲线。当前,我国资产证券化产品发行通常参考国债或信用债券的利率曲线确定利率区间,但是资产证券化产品的自身特性要求其必须有自己的信用曲线,在此基础上才能更为准确地确定贴现因子。

最后,着力破解二级市场流动性缺乏的问题。这个问题解决了,收益率曲线的问题才能够很好地解决。但如何提高二级市场活跃度又是一个难题。迄今为止,不但资产证券化产品,即使国债和信用债也没有很好地解决二级市场流动性的问题。因此,解决的根本原则仍然是交给市场,让市场参与者体会到在该市场进行交易有利可图、商业上可持续,市场的流动性才会慢慢高效起来。而这就要做到以下两点:一是鼓励大银行建立自己的报价估值体系并向市场提供报价,通过竞争自然形成做市商,做市商基于商业原则向市场参与者提供买卖报价,从而在价格形成和活跃市场等方面发挥关键作用。二是壮大市场参与者群体,不仅要培育投资者群体,而且要鼓励投机者群体,让短期投机获利者成为活跃市场的重要力量。

五、沃土上成长:资产证券化机构投资者培育

从美国机构投资者成长的历程来看,20世纪70~80年代有一段快速成长期,这个时期也是金融创新比较活跃、多层次资本市场快速发展的阶段。场外市场的发展更依赖机构投资者,同时也对机构投资者的成长有更好的推动作用。我国资本市场也正在经历这样的过程。

配合经济转型升级,我国的金融结构和资源配置方式正在经历一场深刻变化。以券商柜台为基础,以产品创新为推动,以各类机构互联互通为条件,将促进我国市场层次的不断丰富与完善。与此同时,机构投资者的数量、资产规模、专业程度等也将伴随着场外资本市场的发展而快速成长。

中证机构间报价系统股份有限公司机构管理部主任张大威介绍说,从公司近两年的实践角度来看,以券商柜台为基础的机构间市场已经培育起来。本着开放、多元、竞争、包容的发展理念,经过一年左右的发展,中证机构间报价系统已经形成了包括私募股权、债权、衍生品、大宗商品等在内的市场架构。私募产品的报价、发行、转让、登记结算等功能不断完善。从参与人的数量和结构上来看,目前已有1200多家,其中包括银行130余家。

"机构应当且必须成为资产证券化的投资者,并充当主力。"平安信托有限责任公司高级风险总监白峰认为,金融机构作为投资者比较特殊,因其既有资金又有资产,所以既是买方,在一定程度上也是卖方。由于资产证券化市场的产品非常复杂,因此买方需要一定的资格认证。从风险的角度来看,这个资格认证并不代表对相关主体的歧视,而是因为普通买方辨别能力不足,可能对市场的风险认识力不够,所以通过一些门槛限制来对其提供保护。白峰同时表示,机构应当成为资产证券化的主要投资力量,并且也只有机构能担当这一重任。"因为机构有先天的优势,即资金募集能力,因为机构有足够的品牌和信誉度,所以个人投资者应当主要通过机构来参与这个市场。"随着金融市场逐渐地发展和完善,白峰认为,未来市场也可以采取类似新三板的分层方式,逐步向个人投资者放开。

加强产品信用风险揭示

评级公司主要在资产证券化产品的发行阶段及二级市场流通阶段揭示信用风险。根据基础资产未来的名义现金流能否确立,可将资产证券化分为债权类的资产证券化和收益类的资产证券化。债权类资产证券化产品的特点是债权债务关系比较清晰,未来的名义金额相对确定。大公国际资信评估有限公司评级副总裁吕向东认为,债权类资产证券化产品存在信用风险、提前偿付风险、利率风险、流动性风险和资产方缺位风险等。而收益权类的资产证券化产品往往依附于一个单一的经营实体,它未来的名义现金流是不确定的,其面临的主要风险包括对未来现金流预测偏差的风险、抵质押的风险、资金监管缺失的风险、资金混同的风险,以及集中回售导致的流动性风险等。吕向东提醒投资者,目前我国的债券市场尚未完全成熟,作为评级机构的技术和标准正在不断完善和发展,因此信用评级只是作为投资参考,而不能过分依赖评级结果。

对此,香港大学经管学院金融学教授汤勇军就表示,加强资产证券化产品投资者引导和教育十分重要。投资人需要明确,投资决策或对投资回报的要求要靠自己来作出,不能完全依赖评级公司。汤勇军提醒投资者注意,效率固然重要,但更重要的是最后的效果。比如做资产证券化的定价或建模的确很困难,但是并不是不可能的。如果经过仔细分析,即使基础资产有100个、1000个,也是可以去分析的。只要静下心来,还可以算出某个产品的利差及收益,据此作出投资决策,而不是依据现有的市场定价。

"应加强资产证券化产品的信用风险揭示。"大公国际资信评估有限公司结构融资部总监林文杰表示。评级机构在与银行或者企业合作的过程中,会参考信贷等市场的数据,因此具备一定的数据积累基础。但市场批评评级公司仍存在一些评级方法、模型不透明的现象。林文杰坦言,信息披露仍有改善空间:现在评级公司的披露是满足监管标准的,但仍要求未来评级公司要主动披露更多市场需要的信息。

"从评级公司的角度,要加强自己的技术实力,对新产品的研究要跟得上市场的脚步。同时还要加强数据积累,加强所运用的模型的验证问题。除了做好内功之外,还要有国际化的视野,如果未来引入国际投资者,要使自己的评级技术得到国际投资者的认可。"林文杰补充道。

目前，我国资产证券化的发展已逐步由制度建设层面转向以市场需求为导向的创新。招商证券执行董事兼创新融资部副总经理左飞表示，券商作为资产证券化产品的设计者和承销商，在积极推动制度建设的同时，也需着眼于现实，在基础资产的选择及产品设计方面，尽可能贴近投资人的需求及偏好。

具体来说，一方面，是要找到相应的投资人所偏好的资产。在开展资产证券化项目时，投行在前端找资产时就需要考虑这些资产能卖给哪些投资者，并且考虑投资者能够接受何种期限和价格的产品。在流动性不佳或二级市场清淡的情况下，需要更精准地发现投资者的投资偏好，以获得更好的定价。左飞介绍，比如保险资金偏好安全、稳定、长久期的基础资产，海外投资者偏好分散度较好、同质性较高的车贷、房贷及信用卡资产。

另一方面，从产品设计角度，也要考虑到投资者的投资偏好。如目前CLO（贷款抵押债券）或RMBS（个人住房抵押贷款支持证券）的定价基准利率比较多的是一年定存或是同期贷款利率。而公募基金，特别是货币市场基金等对市场利率敏感的投资者，受到净值估值因素影响，无法投资此类浮利息ABS产品。因此，左飞建议，在产品设计过程中，可以考虑设定符合特定投资人需求的基准利率进行产品细分，其间资产池利差风险，则可以通过一些产品设计手段来进行缓释或吸收。

扩大发行规模　增强二级市场流动性

影响资产证券化产品或业务发展的重要一点是其资金来源端，或者说资产支持证券的发行利率。而影响发行利率高低的重要因素之一是它的流动性。"对于发起机构来说，流动性最大的意义在于降低募集资金或者杠杆的成本。而对于投资人来说，意义更加多元化。第一，更容易实现投资资产的盘活；第二，提高投资的整体回报率；第三，有利于风险管理。"中信证券债务资本市场部总监俞强说道。从提高证券化产品流动性的角度，俞强认为，第一，应该继续扩大发行规模，以此来增加存量的规模，存量规模扩大以后，流动性的提高才具备基础条件。第二，想办法培养做市商，发挥做市商的作用。从做市角度，俞强认为，最合适的机构至少有一类是承销商。因为承销商的尽调充分、了解的信息全面，有助于对资产支持证券风险作出判断。从收益角度，降低发行利率后，有助于承销商争取发起机构的认可，获得更多业务机会。所以承销商是很重要的一类机构。目前券商面临资金成本过高等问题，俞强认为需要想办法解决。此外，他还提到，不仅要提高国内关于定价、估值和现金流数据的准确性，拓宽境内投资人群体，还要积极关注外资投资人的投资偏好。

目前保险业投入资产证券化规模较小，占信贷资产证券化与企业资产证券化总发行量的比例也很低，主要是这两类产品期限短、收益率低。中国保监会资金运用监管部投资监管处罗桂连博士表示，"投资资产证券化产品对保险公司而言既是机遇，也是挑战。"保险行业为实现保险产品的稳定性优势，近年来发展出一系列投资工具，包括债权投资、股权投资以及组合类产品等另外，存在大量待盘活的资产，随着相关法律法规逐渐成熟，行业人才和团队也在快速集聚。这是机遇。

但他坦言，面临的挑战也是现实的。第一，保险机构人才和团队相对不足，专业团队尚未稳定，导致对接基础资源能比较弱。第二，业务创新和产品设计能力较弱。第三，由于行业发展条件、保险资金成本、行业间竞争条件等因素不同，限制了银行和保险机构的发展。另外，受托人法律主体地位没有得到实质性支持，尚存法律隐患。第四，信贷资产证券化受托人依赖于刚性兑付。所以，保险行业在参与方面仍存疑虑。

玖富金服集团副总裁张冬成希望互联网金融平台可引入一些资产证券化产品。"互联网金融理财属于利率敏感型行业，同时它并没有打破刚性兑付。在这样的投资者市场需求前提下，如何提供优质资产、提供能够为投资人进行资产配置的资产？"她认为，此前做过的一些融资租赁业务、保理业务和银行承兑汇票等业务，即是类资产证券化。未来通过互联网金融，给互联网理财人提供更加优质、信息透明的资产，就是提供这样一个土壤和前提条件。

六、慧眼与防火墙：信用风险防范上上策

信用风险是资产证券化业务中的核心风险，风险识别提示与防范的有效与否，不仅关系着发起机构参与证券化的动力和目标，也关系到证券化产品的定价与销售。

近期，频频有媒体披露某一些金融产品出现违约，信用风险受到各界的广泛关注。光大兴陇信托有限责任公司副总裁刘向东认为，"信用风险事件暴露，是使金融市场走向理性成熟的必由之路。因其有利于风险的识别和释放，使社会资源得到有效配置，从而有利于整个固定收益市场的长期健康发展"。她建议，市场各方都需适应信用违约的常态化，并做好事前防范措施，增强对证券化产品风险水平的识别能力。

警惕：信用风险呈现五大分化

今年以来，伴随中国宏观经济的下行压力，银行不良率有所上升。中国国际金融有限公司投资银行部副总经理秦波认为，在这样的环境下，资产证券化本身的价值会有一定的提升，因其具备一定的分散性；此外，在对资产的筛选和对风险的识别过程中，专业机构的作用会大幅提升。

中诚信国际评级有限责任公司（简称"中诚信国际评级"）董事长阎衍介绍，根据2015年上半年中诚信国际评级跟踪的数据，资产证券化产品信用风险总体表现较好，但在中国经济下行的过程中，信用风险呈现五个方面的分化。

其一，区域经济的信用风险分化，导致发行人基础资产的信用风险分化。

其二，行业风险分化趋势非常明显，一些区域性发起人的行业分布性相对比较集中，因此存在很大发行压力。

其三，个体层面的风险存在分化现象。评级机构的数据显示，2015年1~9月，评级机构整个的负面评级行动共有200多家（次），下调评级有86次，列入负面观察的名单有38家（次）。因此，信用风险在个体层面促成不断分化的现象，而从宏观的角度来看，总体风险也在上升。在此背景下，有两个方面特别值得关注。阎衍提醒，一方面，对于原始债务人评级较低的一些资产，尤其拥有抵质押的资产，当经济下行时，一些质押产品可能面临很大的市场估值压力。这个压力会传导到基础资产的现金流，尤其在现金流回收时间、回收地的假设和确定方面，会存在很大压力。"另一方面，市场还需要关注非标产品的现金流变化。"阎衍表示。由于非标资产对内部环境具有较强的依赖性，当内部环境发生变化时，非标资产的质量可能大幅度地下降，从而导致整个基础资产信用风险上升，并对整个现金流产生较大影响。

其四，发行资产集中度和关联风险的变化。从近期发行的证券化产品来看，基础资产往往集中在几个主要的发行人手中，而且发行人具有非常强的强相关性，这就导致基础资产分散度不够，信用风险的分散作用也体现不出来，进而导致基础资产产品风险的上升。

其五，伴随证券化产品发行的扩张，发行人会更加多元化。"随着农商行、城商行等区域性发行人的加入，这些发行人往往具有资产集中度较高、区域风险相对集中的压力，容易引起后续的资产风险上升。"阎衍说。

风险识别与信息披露

资产证券化产品的信用风险一般是由基础资产的质量和交易的信用增级设计决定的。从基础资产的角度，中国国际金融有限公司投资银行部副总经理秦波表示，投资人可从以下几个方面来分析资产证券化产品的风险水平。

首先，考查对公贷款的信用风险，需对具体贷款人的信用情况，包括业务情况和运行情况，作出具体分析和尽调。其次，对于ABS（资产支持证券）和消费类贷款的信用风险，需要考查借款人的资质，如其收入是否满足一定的条件或工作是否稳定等。资产证券化产品可分成优质贷款（Prime）、次级贷款（Subprime）两大类，这两类产品的历史违约率相差很多，因而定价也不同。在每个具体产品中，投资人和交易员会更多地关注一些关键数据，如贷款价值比（LTV）、最大债务收入（DTI）等。此外，抵押物、投资类型等的不同也会对信用风险造成很大差别。这些数据可以在证券化产品的信息披露中看到。

完善的信息披露机制是决定市场有效性的前提，也是推动证券化市场发展、控制系统性风险的必然选择。随着产品越来越市场化，信息披露将更多地成为市场的要求，投资人还需看到更多的信息。秦波介绍，比如，对于MBS（住房抵押贷款证券化），可根据资产池的关键字段做具体分析；对于CLO（贷款抵押债券），则需要分析借款人及借款人的业务、财务状况。

截至目前，对各种风险的提示及解释，相关的交易文件与方案均已有一些涉及。但第一创业摩根大通证券有限责任公司CEO任劲认为，在信用风险的识别与研判方面，仍有一些问题亟待解决，包括对信用风险的评判方法及信用风险评定过程中所适用数据的真实有效与透明等。对于这些问题的解决，任劲建议，首先，市场需建立起信用风险计量的统一方法，同时积极尝试开发其他测算方法进行佐证。其次，在信用风险计量的参数提取和引用上，证券化参与机构特别是承销机构与信用评级机构需要加强周期数据的积累与搜集，对计量模型的核心数据如违约率、回收率、相关性等，建立起更强的数据库支撑。"为保证这些数据的获得，国家的监管机构有必要多做一些基础性的支持工作。"

资产证券的信用评级为投资者提供了证券选择的依据，因而成为资产证券化的一个重要环节。国泰君安证券股份有限公司债务融资部助理董事吴迪珂将信用评级称作"资产证券化市场上一把公用的秤"，因其有助于降低交易成本，进而推动市场规模的壮大。

吴迪珂观察到，目前，评级公司评级符号对市场的威信正在逐步建立，但还比较脆弱，也很难极大地降低整个市场的交易和流通成本。因此，他建议进一步提高评级公司在整个金融市场至少是在债券市场的公信力。可以采取多方面的措施来实现，比如人民银行将中债资信评估有限责任公司（首家全国性信用再评级公司）引入资产证券化市场，即是出于这个目的。此外，吴迪珂希望评级行业的监管机构能够统一信息披露，比如搜集评级机构的工作底稿，甚至出台底稿备案查询等制度。

在资产证券化试点的十年里，国内评级机构整体的评级逻辑体系已经基本建立起来了。但长安国际信托股份有限公司债务资本市场部总经理张驰认为，在信用评级的核心方法上，还有进一步的披露空间：评级机构未来最核心的工作就是，要进一步加强评级方法和体系的公开透明。"比如可考虑逐步公开CLO（贷款抵押债券）评级蒙特卡洛模拟背后的违约率表，这是完善整个评级逻辑体系最重要的一步。"张驰说。

如果违约率表都公布了，评级逻辑也存在了，如何让投资人更好地使用它呢？张驰认为，评级机构应坚持自己的判断，给出属于自己的级别，将自己在项目里所采用的压力测试范围、设置以及一些模型参数公布出来，展示出自己的判断，剩下的交由投资人自己做决策。包括发行利率是否应该提高，是否可以提前还款，评级机构都可以说出自己的判断，而投资人也可以依照自己对市场环境的理解对上述参数进行调整给出自己对评级结果的接受程度。

为基础资产奠定法律之"根基"

法律是实现资产证券化信用风险分割和转移的基础。但我国目前的法律制度还存在不完善的地方,从而给资产证券化基础资产的合法性、合规性带来一定障碍。

北京奋迅律师事务所合伙人温建利介绍,比如,在资产支持专项计划里,对于基础资产的界定,只有简单的几条规定,如可特定化、权属明确、有稳定的可预测的现金流。但是在实践中,如果投资者不是法律专业人士,也无法判断这些到底是不是合格的基础资产,只能通过律师在专项计划设立前进行筛选。此外,温建利表示,还有融资租赁资产证券化的基础资产权属问题、保理资产证券化的基础资产特定化问题等,都需从法律关系上予以明确。

国泰君安证券股份有限公司债务融资部助理董事吴迪珂介绍,现在市场上有很多以收益权开展证券化的产品,但目前收益权在司法实践中经不起推敲,如果某个产品出现违约,到法院起诉原始权益人时,对方可以以当初做产品时收益权的合法性存疑为借口来进行抗辩。此外,一些项目中有境外的母体公司给境内子公司的资产证券化做担保,如果未来产品违约,需要追偿的时候,跨境诉讼也存在一定难度。因此,吴迪珂建议,我国应抓紧资产证券化领域乃至整个经济领域的立法、修法。环球律师事务所合伙人李文对此表示赞同,他建议邀请最高人民法院或民法典起草工作组参与市场的法律制度建设,为下一步的法律基础设施、技术基础设施建设打下扎实的基础。

第十三章 会计师、律师与资产证券化

一、会计师在资产证券化中的职责和工作重点

资产证券化是一个参与机构众多、涉及领域广泛、专业要求高的系统性工程，需要多方专业人士共同协作、引导和规范。在资产证券化业务中，会计师会在整个项目周期提供不同阶段的专业咨询和审计服务，协助发起机构实现最佳的结构性融资。

在发起准备期间，会计师在不违背独立性原则的基础上，参与产品结构设计，了解其法律影响，对潜在的会计、税务、资本结构和风险管理提供咨询建议，有时也会参与建立现金流量模型，基于假设条件，预测或分析基础资产和证券的现金流量特征，与项目组商议并执行项目尽职调查程序，协助发起机构和发行机构的信息披露。

在产品存续期间，会计师亦会负责产品后续审计、清算审计，有时也会受托针对信托公司或计划管理人出具的定期披露报告提供商定程序服务。

本节主要就会计师的工作职责和重点进行详细介绍，包括资产证券化业务的相关会计准则介绍、会计分析的难点和误解举例、税务服务、尽职调查和后续审计过程等方面。

1. 资产证券化会计分析难点在哪里

资产证券化业务较为复杂，如何能够合理恰当地核算，且在财务报告上较为公允地反映披露这项业务，一直是相关会计准则要求的重点。

金融危机中，金融工具的核算和计量引发了会计专家的讨论，比如非活跃市场下金融资产的公允价值计量、资产转让表外处理等方面。美国财务会计准则委员会和国际会计准则理事会重新审视了相关会计准则，发布了新的

会计准则，对特殊目的实体合并和资产转让等方面提出了新的会计核算要求和财务报告披露要求。资产证券化业务中的特殊目的实体将受到更加严格的会计准则的影响，更有可能被发起机构/原始权益人合并处理。我国于2005年开始信贷资产证券化的试点后，财政部也先后出台了一系列与国际财务报告准则趋同的企业会计准则，进一步探索和明确了资产证券化业务的会计处理。

实务操作中，资产转让、特殊目的实体合并、流动性安排、回收款转付、资产服务和处置、自持比例，以及其他涉及风险和报酬转移的不同条款安排，可能分别触发不同的会计准则规定，是各交易主体，特别是发起机构/原始权益人和发行机构，考虑的重点之一。本章将主要介绍《企业会计准则》和《国际财务报告准则》中关于资产证券化的会计准则内容，以供读者参考。

表13-1 资产证券化业务相关的企业会计准则和国际财务报告准则

《企业会计准则》（CAS）	《国际财务报告准则》（IFRS）或《国际会计准则》（IAS）	主要内容
CAS33-合并财务报表	IFRS10-合并财务报表	规范合并财务报表的编制和列报，包含对资产证券化的特殊目的实体的合并分析
CAS22-金融工具确认 CAS23-金融资产转移	IAS39-金融工具确认和计量	规范金融工具和金融资产转移的确认和计量，包括对金融资产转让的分析和后续计量
CAS37-金融工具列报	IAS32-金融工具列报 IFRS7-金融工具披露	规范金融工具的列报，包括对金融资产转移的披露要求
CAS41-在其他主体中权益的披露	IFRS12-涉入其他主体的披露	规范在其他主体中权益的披露，包括自身发起资产证券化和投资资产支持证券的披露

总体来说，判断金融资产是否可以终止确认最相关的准则就是《企业会计准则第33号——合并财务报告》《企业会计准则第23号——金融资产转移》和《国际财务报告准则第10号——合并财务报表》《国际会计准则第39号——金融工具确认和计量》中金融资产终止确认的章节了。对于非会计专业背景的读者来说，会计准则的规定相对晦涩，下图决策树可能对理解金融资产转移会有帮助。同时我们将比照决策树的分析顺序，用相对通俗易懂的语言为您逐步解读。需要说明的是，会计分析需要按照决策树的顺序进行，不能省略其中某个步骤或者跳过某个步骤。

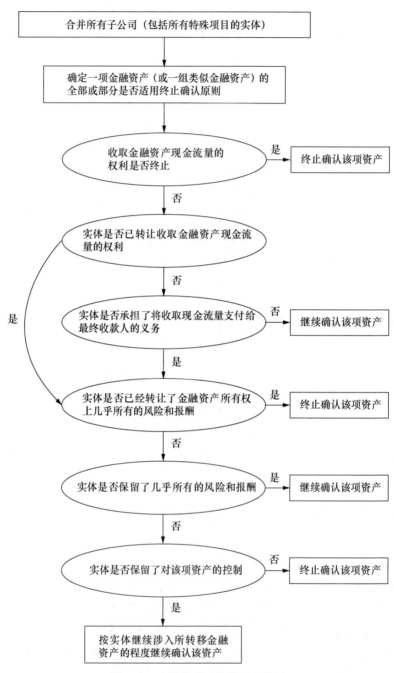

图 13-1 金融资产确认准则决策树

总的来说，财务报表上金融资产转移，类似于一个会计主体陈述"我转移了金融资产"这个会计事件，所以接下来会计准则就需要解决和规范以下几个问题。

- 我是谁，谁是作出这个陈述的会计主体？
- 资产是什么，会计分析上有什么样的要求吗？
- 会计上的转移是什么，和法律上的转移类似吗？
- 转移做到什么程度可以出表等问题。

所以金融资产转移的分析过程，我们简单概括为**"我转移资产"**，我是谁、资产是什么、转移或者过手以及转移的程度这四个步骤，也就是上面决策树的步骤。

第一个步骤：我是谁。

会计主体是会计学的基本概念。不同于法律主体，会计主体是指会计所核算和监督的特定单位或者组织，比如一个经济上独立核算的车间可以确认为一个会计主体，一个跨国集团也可以确认为一个合并层面的会计主体。

实务中，会计主体不同，可能导致同一个会计事件的会计处理大有不同。因此确定会计主体范围就是决策树中要解决的第一个问题。具体来说，我们需要判断作为证券化资产转移的会计主体是发起机构/原始权益人（以下简称"发起机构"），还是发起机构/原始权益人以及其控制的子公司和特殊目的实体（以下简称"发起集团"）。

第二个步骤：资产是什么。

我们在后面判断有没有转移以及风险与报酬转移程序之前，必须要搞清楚，到底我们转移的是什么资产。我们把这些资产组合一起考虑，还是把资产组合分开考虑，需要参考什么要求。

第三个步骤：转移或者过手。

不同于法律意见，会计准则遵循"实质重于形式"原则，其认可的转移并不限于所有权转移。就像上面决策树展示的，一种转移是"已转让收取资产现金流量的权利"，另一种是通过"过手测试"的转移。第二种转移的情况下，会计主体没有转让收取资产现金流量的权利，但同时承担了支付资产现金流量的义务。简单来说，会计主体类似于一个将资产回收款及时转付给下家的通道。

第四个步骤：转移的程度。

这一步骤也较为复杂，主要是分析会计主体保留或者转移基础资产的风险和报酬的程度，以及会计主体是否保留了资产的控制。会计分析走到这步可能得出三个结论，俗称：

- 继续确认，不出表；
- 终止确认，完全出表；及
- 继续涉入，部分出表。

这三个结论对应了三个绕口令一样的结论，分别是：

- 实质上保留了几乎所有的风险和报酬
- 实质上转移了几乎所有的风险和报酬，或者既没有保留也没有转让几乎所有的风险和报酬，且没有保留对资产的控制；及
- 既没有保留也没有转让几乎所有的风险和报酬，且保留了对资产的控制。

我们在下面的小节中，将分别举例实务中如何分析这四个步骤。

(1) 控制与合并，分析"我转移资产"的主语"我是谁"。

按照《企业会计准则第33号——合并财务报表》和《国际财务报告准则第10号——合并财务报告》规定，合并财务报表的合并范围应当以控制为基础予以确定。控制，是指投资方拥有对被投资方的权力，通过参与被投资方的相关活动而享有可变回报，并且有能力运用对被投资方的权力影响其回报金额。相关活动，是指对被投资方的回报产生重大影响的活动。被投资方的相关活动应当根据具体情况进行判断，通常包括商品或劳务的销售和购买、金融资产的管理、资产的购买和处置、研究与开发活动以及融资活动等。

在资产证券化中，控制可能体现在持有人大会的表决权和表决范围、对资产服务机构、资产服务顾问、受托机构/计划管理人的任免权和任免情景、对资产日常管理（催收、风险管理、报告、资产处置）等相关活动的决策权和决策范围等诸多方面。

有时候，发起机构依据交易文件，被受托机构/计划管理人反委托为资产服务机构，享有一定的权利，使其有能力主导前述特殊目的实体的相关活动。

发起机构作为拥有上述相关活动决策权的决策者，需要根据企业会计准则和国际财务报告准则的规定，判断其身份是会计上的主要责任人还是代理人（principal or agent），"在确定决策者是否为代理人时，应当综合考虑该决策者与被投资方以及其他投资方之间的关系。

第一，存在单独一方拥有实质性权利可以无条件罢免决策者的，该决策者为代理人；

第二，以外的情况下，应当综合考虑决策者对被投资方的决策权范围、其他方享有的实质性权利、决策者的薪酬水平、决策者因持有被投资方中的其他权益所承担可变回报的风险等相关因素进行判断"。

代理人仅代表主要责任人行使决策权，不控制被投资方，则不需对特殊目的实体进行合并。

> 会计准则参考
> 《企业会计准则》第33号第7、8、18、19条
> 《国际财务报告准则》第10号第6、7、8段，《应用指南》第60段

实例 1

项目相关活动和决策权

在某些信贷资产证券化项目中，信托计划设立后的相关活动主要是日常管理服务信托资产，例如包括催收资产、处置资产、转付回收款、风险管理、定期报告以及纳税等。信托公司作为受托机构，为资产支持证券持有人的最大利益处理信托事务。发起银行作为资产服务机构，根据交易文件的约定进行资产管理和报告，同时需要遵守信托公司提出的合理指示和命令。资产支持证券持有人大会对于约定的重要事项拥有最终的决策权，可能包括但不限于无条件变更受托机构、资产服务机构、资金保管机构；改变回收款分配顺序；修改交易文件条款、宣布信托终止或提前中止等。

在这个例子中，假设发起机构没有投资任何一档资产支持证券，资产支持证券持有人虽然形式上分散为不同机构投资者，但实质上是行为一致人，则资产支持证券持有人大会拥有最终的决策权，控制着持有人大会的表决，

对中介服务机构拥有实质性解任权,通过交易文件安排控制了特殊目的实体的相关活动,则资产支持证券持有人大会在实质上控制了特殊目的信托,需要合并该特殊目的信托。

实例 2

自 持 比 例

为了规避发起机构的道德风险,有意隐瞒其将风险较高的资产打包出售给证券投资人的情况,有些国家的金融监管机构对发起机构提出了自持证券、自留风险的要求,如美国《多德—弗兰克法案》和我国的《中国人民银行、中国银行业监督管理委员会公告 [2013] 第 21 号》。发起机构可能会按照监管要求 (1) 横向持有,如仅持有最低档次资产支持证券,且按照监管要求持有一定比例;(2) 竖向持有,如持有各档次证券,且以占各档次证券发行规模的相同比例持有;(3) L 型持有,即上述(1)和(2)两种方案的结合,如持有全部次级档和少部分优先档资产支持证券。除了各种风险自留的安排,发起机构可能同时作为贷款服务机构,获得固定或者浮动的资产服务报酬。

这些风险自留因素可能在"控制"定义中可变回报的分析,以及"主要责任人还是代理人"判断中决策者的薪酬水平、决策者因持有被投资方中的其他权益所承担可变回报的风险等方面进一步展开分析。

常见误解:合并和风险报酬转移测试

"只要我转移了基础资产的几乎所有的风险和报酬,我就能出表了。"

解读:否,金融资产转移的会计分析需要按照决策树的顺序逐步分析。

第一步分析我是谁。我是发起机构还是前面提到的发起集团,会直接影响后续分析步骤。比如某银行将全部次级档出售给其子公司,基础资产的风险仍然保留在银行合并层面,不能出表。

后续的转移分析也很重要,比如银行将全部优先档和次级档都出售给独立第三方,但如果其转付回收款的安排不满足过手测试的要求,也可能直接导致"继续确认"完全不出表的会计结论,这种情况甚至还没有分析到第四步骤风险和报酬转移,就没能出表了。

(2) 被证券化资产,分析"我转移资产"的宾语"资产是什么"。

资产证券化市场上有一个通俗的说法,"如果你有一个稳定的现金流,就将它证券化",这是从业务和产品设计的角度讨论的。而会计分析金融资产转移时,也同样需要明确被转移的资产这个客体究竟是什么。这个步骤的分析结果将直接影响到后续步骤分析,比如被转移资产是否满足转移或过手安排,被转移资产的风险和报酬转移程度等。实务中也会反复讨论,在不同情境下被转移资产是否其现金流明确、可辨认。

按照准则要求该金融资产的现金流量需要是明确、可辨认的,比如:

第一,将金融资产所产生现金流量中特定、可辨认部分转移,如企业将一组类似贷款的应收利息转移等。

第二,将金融资产所产生全部现金流量的一定比例转移,如企业将一组类似贷款的本金和应收利息合计的一定比例转移等。

第三,将金融资产所产生现金流量中特定、可辨认部分的一定比例转移,如企业将一组类似贷款的应收利息的一定比例转移等。

会计准则参考
企业会计准则第 23 号第 5、6 条
国际会计准则 39 号第 16 段

实例 1

最高额保证项下部分债权入池

最高额保证合同是银行和保证人协议在最高债权额限度内对一定期间内连续发生的借款合同订立的保证合同。在某些信贷资产证券化中,可能将同一最高额保证合同项下信贷资产入池,其对应的附属保证权益(最高额保证权益)也一并入池。设计结构和会计分析时,需要分析入池的基础资产具体是什么,即这一最高额保证项下的拟入池的信贷资产的现金流量是否明确、可辨认。这就可能需要依据实际情况具体分析了。

情景一:同一最高额保证合同项下的全部信贷资产入池,且最高额保证合同的债权确定期间已经结束。

律师可能参考我国《物权法》的第206条，认为保证权人的债权确定。发起机构可能认为前述安排基本满足金融资产的现金流量明确可辨认的要求，将拟入池信贷资产以及相关的附属保证合同整体认定为一组类似金融资产。

情景二：最高额保证合同约定的放款期限尚未届满，但是发起机构将其项下的部分贷款转让，同时向受托机构承诺，在放款期限内任何时点向借款人提供的贷款以最高额保证合同的剩余额度为限。当借款人违约时，已转让贷款和未转让贷款按照各自未偿本金余额的相对比例受偿保证权益。另外，

- 银行所转让的每项贷款，都具有单独的借款合同，可以单独转让；
- 银行签订的最高额保证合同约定保证人承担连带保证责任；
- 保证责任包括最高限额内的贷款本金，以及产生的利息、罚息、诉讼费用等；
- 银行不单独对最高额保证合同进行初始确认和计量。

在2006年至2007年国际会计准则理事会试图对"类似"（similar）的概念给予明确指引，但随后未果。各会计主体自身建立有关终止确认一组金融资产的会计政策，并一贯适用执行是很重要的。会计师可能从其会计实务出发，进一步讨论发起机构是否在资产负债表上单独确认和计量最高额保证合同，还是将其作为贷款合同的一部分等方面分析终止确认的原则是否适用于该组贷款的整体。

(3) 转移和过手测试，分析"我转移资产"的谓语"转移"。

第三步骤中，会计准则给出了两条路径通罗马。路径一是直接将收取金融资产现金流量的权利转移给独立第三方，回收款不再经过发起机构/发起集团；路径二是发起机构/发起集团将金融资产转移给另一方，但是回收款还要经过发起机构/发起集团转付至最终收款方，这时候就需要评估产品结构是否符合过手测试要求了。

需要说明的是，会计准则并没有明确"转移"的定义，是否必须是金融资产的所有权的转移（Legal Title），还是允许金融资产的收款权利（"Equitable" or Beneficial Title）的转移，这也一直是实务讨论的重点之一。

路径一：直接将收取金融资产现金流量的权利给第三方

针对路径一，举个例子，自信托生效日起，某银行将初始起算日存在的全部信贷资产、自初始起算日至信托生效日收到的所有回收款、受托机构因对信贷资产、回收款管理、运用、处分或者其他情形而取得的信托财产收益以及其他财产，均信托予信托公司，同时约定在信托生效日，某银行或者受托机构将某银行对信贷资产的债权转让事实通知给借款人、担保人（如有），该借款人、担保人（如有）随后将其应支付的款项直接支付至受托机构届时指定的账户。

路径二：过手测试

对于路径二，交易文件可能约定发起机构将金融资产转移给第三方，但是会计主体同时保留了收取合同现金流量的权利，也承担了转付这些现金流量的义务，简单说就是发起机构/发起集团只是回收款转付的简单通道。这时候会计师需要评估草拟的交易架构是否通过过手测试的要求，具体包括以下准则规定的三个条件：

• 从该金融资产收到对等的现金流量时，才有义务将其支付给最终收款方。如果发起机构/发起集团对最终收款方进行短期垫付款，但**有**权全额收回该垫付款并按照市场上同期银行贷款利率计收利息的，视同满足本条件；

• 根据合同约定，不能出售该金融资产或作为担保物，但可以将其作为对最终收款方支付现金流量的保证；

• 发起机构/发起集团有义务将收取的现金流量及时支付给最终收款方，其中发起机构/发起集团无权将该现金流量进行再投资，但按照合同约定在相邻两次支付间隔期内将所收到的现金流量进行现金或现金等价物投资的除外，且发起机构/发起集团按照合同约定进行再投资的，应当将投资收益按照合同约定支付给最终收款方。

这三个条件可以简单总结为以下三个原则：

• 不垫款原则，只有收到钱才需要支付钱，允许市场化短期融资安排；

• 不挪用原则，金融资产不能再出售或再担保；

• 不延误原则，收到钱及时支付出去，允许现金和现金等价物的合格投资安排。

大家可以注意到，过手测试巧妙地应用了第一步骤"我是谁"和第二步骤"资产是什么"的结论。

如果我是发起机构这个单独的会计主体，则评估相应资产的回收款经过发起机构至信托计划的安排是否符合过手测试；

如果我是发起集团这个合并的会计主体，即发起机构和子公司和信托计划这个合并的会计主体，则评估相应资产的回收款经过发起集团合并层面至证券投资人的安排是否符合过手测试。

在实务中，第一步骤和第二步骤的不同结论，会直接影响到转付款转移间隔时间和证券本息偿还的结构设计等。

另外需要说明的是，过手测试如果失败，会直接得出继续确认的会计结论，也就是完全不能出表的结果，比第四步骤的风险报酬转移测试的结果严格很多。

会计准则参考
《企业会计准则》第 23 号第 4 条
《国际会计准则》39 号第 19 段

实例 1

合 格 投 资

在信贷资产证券化中，资金保管机构可以对信托账户资金进行合格投资，合格投资一般是类似于现金或现金等价物的安排，比如与合格实体进行的金融机构同业存款以及与主体信用等级为 AAA 的金融机构进行的期限不超过 3 个月的银行间国债现券回购和银行间政策性金融债回购交易等。

这样的安排一方面是对信托账户内的信托资金进行保值增值，在下一步支付给投资者之前，进行流动性风险和信用风险较低的合格投资；另一方面，从过手测试的不延误原则来讲，将所收到的现金流量进行现金或现金等价物的再投资，且投资收益按照合同约定支付给最终收款方的话，不违反不延误原则。

实例 2

循环购买结构

若将原始期限较短的基础资产组成资产池,并以此现金流为基础,发行预计期限相对较长的资产支持证券时,常见证券化结构设计为循环购买,即原入池资产不断偿还,并且不断从发起机构/原始权益人处购买新资产入池。整个期间分为循环购买期和预定摊还期,在循环购买期内,投资者的本金一般不会受偿,而是用于循环购买符合合格标准的新资产。

对于这一安排,如果不能采用路径一而需要分析路径二的话,在发起机构单体范围内可能相对容易通过过手测试;但是若发起机构和信托计划在第一步骤需要合并的结论下,就很难通过过手测试了。因为发起集团合并层面没有及时地将回收款转付给证券投资人,而是用回收款再投资于新基础资产,新基础资产并不是现金或现金等价物,不符合不延误原则的无重大延误要求或者现金及现金等价物要求,所以不能通过过手测试。也就是说,在循环购买的情况下,需要恰当设计交易安排,避免控制特殊目的实体,如发起机构或原始权益人尽量放弃对特殊目的实体的控制或权力,将特殊目的实体的决策权等让渡给特殊目的实体的管理人,同时保留较少的可变回报,并确保金融资产或者金融资产现金流量权利的合法转移,有机会走到风险和报酬转移测试,可能达到终止确认的结论;或者考虑如何调整循环购买方案,如果安排信托计划先将回收款项及时汇给投资者,然后再按照投资者的指令作下一轮投资等结构是否符合过手要求等。

实例 3

提供流动性支持的流动性储备账户

为避免债务人未及时还款而导致优先档证券发生违约,发起机构可能在交易架构中安排了向信托计划提供流动性支持的流动性储备账户。假设该账户的必要资金余额不得高于优先档证券的下一期利息支付金额,其资金来源可能有三种情况：

- 发起机构提供流动性储备账户的必要资金；
- 信托资金提供流动性储备账户的必要资金；
- 外部第三方机构提供流动性储备账户的必要资金。

在分析这些条款安排时，我们需要考虑一系列的问题：

- 谁提供了流动性支持？这个机构是否因为提供流动性支持而承担了被转移金融资产的风险？承担了延迟付款的流动性风险，还是信用风险？
- 这些安排是否满足现金流量过手测试的要求？比如资金是否有权全额收回？在信托计划存续期间内的长期垫付，还是短期垫付？垫付期间如何计算利息？流动性储备账户资金收回时，其在现金流瀑布中的顺序是否处于优先位置还是劣后位置？资金若长时间留在信托计划中是否还可以证明发起机构/发起集团将收取的现金流量无重大延误地支付给最终投资人？

也就是说，在产品设计阶段，资金来源、流动性储备账户的资金流入的触发条件、流动性储备账户的资金流出的情景、其资金在发起机构/发起集团账户上的预期期限、其资金被偿还时的现金流分配顺序等条款都有可能影响第一步骤或者第三步骤的分析结果。这也印证了资产证券化业务是一项对综合性专业要求较高的业务，需要多方面的协调平衡。

常见误解　回收款转付安排

只要我在转付回收款时，按照合同约定定期转付，没有主观上的延误，就没有违反不延误原则。

解读：否，过手测试的第三条原则"不延误原则"是指发起机构/发起集团的及时转付的义务。实务中常见安排是每三个月转付回收款，会计业内认可其符合无重大延误的原则。但如果每六个月转付回收款，一般认为违反了无重大延误的原则。

(4) 风险和报酬的转移，分析"我转移资产"的"转移程度"。

在第四阶段，会计师需要根据前述第一步骤和第二步骤确定的"我"和"资产"的范围，分析会计主体在整个资产证券化交易结构当中获得的被转移资产转让后的风险和报酬和转移前的风险和报酬，考虑风险和报酬的转移程度，即：

第一，保留金融资产所有权上几乎所有的风险和报酬；或者

第二，转让金融资产所有权上几乎所有的风险和报酬；或者

第三，既没有保留也没有转让金融资产所有权上几乎所有的风险和报酬。

其中风险和报酬的定义是该金融资产未来现金流量净现值及时间分布的波动使其面临的风险，可以简单地理解，未来现金流量净现值的变动即为风险，未来现金流量的预期即为报酬。

按照风险和报酬的转移程度，即可得出以下金融资产转让的结论：

转移了几乎所有的风险和报酬（出表）	既未保留也未转移几乎所有的风险和报酬（继续涉入或出表）	保留了几乎所有的风险和报酬（不出表）

发起机构/发起集团保留的未来现金流量净现值变动的程度

需要说明的是，《企业会计准则》中没有给出"几乎所有"的量化定义，会计师通常与发起机构以及中介服务机构一起讨论后，基于会计实务进行专业判断。在判断过程中，会计师需要借助发起机构、券商、评级公司或者财务顾问的专业知识和历史数据，审阅其他中介机构提供的量化分析结果，包括基础资产的现金流量特征、未来不同情境及其发生的概率等计算不同情境下的现金流净现值与加权平均净现值相比较，计算其风险，如方差、标准差、风险价值，比较证券化之前和证券化之后的风险变化情况。以贷款的风险和报酬转移测试为例：

• 根据贷款违约率、违约损失率、提前偿还率和利率的不同组合设置不同的情景

• 预计上述情景可能出现的概率

• 测算不同情景下证券化之前和证券化之后的现金流

• 测算不同情景下现金流的净现值，以恰当的市场利率作为折现率计算现值

• 以概率为权重，计算加权平均净现值，得出证券化之前资产的公允价值和证券化之后的各档证券或现金流分配的现值

- 将不同情境下的现金流净现值与加权平均净现值相比较，观察其变化状况
- 比较证券化之前和证券化之后的变化情况

《企业会计准则》中举例，发起机构/发起集团出售了一项金融资产，并且按照交易文件需按照固定价格或销售价格加借款人回报将其购回，或者将贷款整体转移并对该贷款可能发生的信用损失进行全额补偿等，则认为会计主体承受的金融资产未来净现金流量现值变动的风险并未因转让而发生显著的变化，则保留了金融资产所有权上几乎所有的风险和报酬，不能出表，需要继续确认。如果前述例改为发起机构/发起集团出售金融资产后需要按照当时的公允价值将其购回，或者仅有一项采用回购日该金融资产公允价值的回购选择权，则认为如果会计主体承受的这种变化的风险与有关金融资产的未来净现金流量现值的全部变化相比不再重要，则主体已经转移了金融资产所有权上几乎所有的风险和报酬。

除了保留了或者转移了几乎所有的风险和报酬的情况外，《企业会计准则》在"既没有又没有转移金融资产几乎所有的风险和报酬"的情况下打开了一扇新窗户：对资产的控制。如果发起机构/发起集团：

- 放弃了对该金融资产控制的，应当终止确认该金融资产；
- 未放弃对该金融资产控制的，应当按照其继续涉入所转移金融资产的程度确认有关金融资产，并相应确认有关负债。继续涉入所转移金融资产的程度，是指该金融资产价值变动使会计主体面临的风险水平。

其中，会计师在进行对资产控制的会计分析时，应当注重转入方出售该金融资产的实际能力。转入方能够单独将转入的金融资产整体出售给与其不存在关联方关系的第三方，且没有额外条件对此项出售加以限制的，表明企业已放弃对该金融资产的控制。实务操作中，会计师会关注是否存在整体出售金融资产的潜在市场和潜在交易对手，金融资产处置或者出售是否有监管方面的限制要求，金融资产处置或出售时的流程和决策权安排是否依赖于转让方，资产违约时以转让方还是受让方的名义进行追偿、不同情境下的出售是否没有额外限制条件或隐含成本等。

对于非会计背景的读者，继续涉入可以简单地理解为部分出表，转让方

可能可以实现部分资产的终止确认。原因是会计主体在风险报酬转移测试中处于中间状态，既没有转移几乎所有的风险和报酬，而且会计主体也没有放弃对该金融资产的控制。也就是说会计主体还是在一定程度上承担了原金融资产的部分风险，所以按照准则需要确认继续涉入资产和继续涉入负债。《国际会计准则》和《企业会计准则》中关于继续涉入的会计指南或讲解资料有限，在美国通用会计准则中并无相关概念，因此继续涉入在实务处理中存在应用不一致的情况。

前述准则中举例，在采用保留次级权益或提供信用担保等进行信用增级的金融资产转移中，转出方只保留了所转移金融资产所有权上的部分（非几乎所有）风险和报酬且能控制所转移金融资产的，应当按照其继续涉入所转移金融资产的程度确认相关资产和负债。

会计准则参考
《企业会计准则》第 23 号第 8、10 条
《国际会计准则》39 号第 21 段、实施指南第 42 至 44 段

实例 1

清仓回购

当基础资产池余额随还本付息而降至初始余额的某一比例（如 10%）以下时，发起机构（兼资产服务机构）有权决定是否按照事先约定的价格或定价方式一次性回购剩余资产。同时，信托计划或资产支持证券持有人无权整体处置基础资产。清仓回购的行权价格可能：

- 按照市场价值；或
- 按照未偿还本金和应付未付利息的余额

在不考虑其他条款的影响下，发起机构有权通过清仓回购，而不是义务，按照公允的市场价值回购剩余资产，可能没有通过清仓回购而保留了相关的风险和收益。若行权价格为未偿本息，需要进一步分析，可能会出现发起机构保留了几乎所有的风险和报酬的结论。

需要说明的是，《商业银行资本管理办法（试行）》中附件 9 资产证券化中，也特意规定了清仓回购的条款设计对资本计量的影响。

实例 2

自 持 比 例

发起机构将一组贷款出售给资产证券化的信托计划,信托计划基于贷款发行了优先档证券和次级档证券。假设次级证券吸收了被转移贷款的全部风险和报酬,除以下情形外,发起人未以任何形式继续涉入被转移贷款的风险和报酬。

- 情形一:

发起机构自留100%次级证券。

- 情形二:

发起机构自留85%次级证券(其余15%发行给非关联第三方)。

- 情形三:

发起机构按比例自留各档次证券的5%,其中,将95%的次级证券发行给:

并表范围内的成员企业(例如,经营性子公司);

并表范围外的关联企业(例如,控股股东);

金融同业机构(例如,同业间互相持有和管理)。

在分析上述自持比例安排时,我们需要考虑以下几个问题:

- 谁承担了风险?发起机构还是发起集团?
- 承担了多少风险和报酬?
- 甚至抛开原有假设,再进一步分析,基础资产的主要风险是什么?信用风险或者早偿风险?通过什么结构将风险传递给谁?

也就是说,在发起机构考虑自持比例时,基础资产特征、非自持部分的销售对象、自持部分的比例等安排都有可能影响第一步骤或者第四步骤的分析结果。

常见误解 1 自持比例和风险报酬转移测试

我自持了所有次级档,全部次级档证券面值仅占整体资产支持证券面值的7%,说明我只保留了7%的风险和报酬,所以可以终止确认拟转让的所有金融资产。

解读：否，风险和报酬的转移测试是基于该金融资产未来现金流量净现值及时间分布的波动使其面临的风险进行的，而不是绝对金额。比如信贷资产作为基础资产，设计优先档和次级档证券，其中优先档证券评级为 AAA，假设早偿风险可以忽略不计，且次级档证券承担了基础资产的全部信用风险，则自持所有次级档意味着承担或者保留了基础资产的几乎所有的信用风险，需要继续确认该金融资产，不能出表。

在实务中，基础资产的风险主要是信用风险、早偿风险、利率风险等。在风险和报酬转移测试中，需要根据不同风险设置不同参数，并考虑发生概率，计算转移程度。风险的计量包括方差、标准差、风险价值等，但绝不是某项金融工具的金额。

常见误解 2　证券出表还是资产出表

我自持了所有次级档，所以优先档证券可以出表，次级档证券要继续确认。

解读：否，《企业会计准则第 23 号——金融资产转移》和《国际会计准则第 39 号——金融工具确认与计量》中关于金融资产转移或者金融资产终止确认的准则要求，都是围绕着已确认在表内的金融资产展开的，会计结论也是金融资产（基础资产）的出表、不出表、继续涉入结论，而不是分析基础资产转换后的各档资产支持证券的出表问题。

(5) 会计师的其他专业服务。

发起机构在设计和发起证券化业务时，关心证券化的评级分层和发行时间窗口对融资成本的影响、会计处理、税务成本等方面。金融机构作为发起机构时，也会关心证券化业务对监管指标的影响，如商业银行的资本充足率。

会计师作为专业服务人员，熟悉会计准则要求和资本计量要求，在证券化产品设计过程中，可以与金融机构、券商等证券化团队人员共同分析讨论，就不同产品结构和自持比例的情境下，资本计量中的风险加权资产和资本如何计量以及潜在影响提供专业见解。

2. 资产证券化税务服务的价值体现在什么地方

通常在资产证券化筹备期间，税务咨询专家将全程参与证券化交易架构的设计,提供中国税务影响分析,考虑税务对于证券化交易价格和定价策略的影响,协助发起机构了解交易的经济效益,并出具税务意见报告。

在某些时候,税务咨询专家还会协助发起机构就某些交易环节或架构的税务处理在与相关机构进行沟通,或者探讨税务优惠事项过程中,提供咨询及技术支持,协助审阅发起机构向相关机构报送的资产证券化交易涉税函件(如涉及)。

3. 会计师尽职调查的作用和程序是什么

(1) 会计师尽职调查的作用

开展尽职调查是资产证券化项目的基础性工作,也是会计师在资产证券化操作实务中不可缺少的部分。实务操作中,律师尽职调查程序侧重于参与各方的法律状况、基础资产与资产转让的合法合规等方面。会计师尽职调查的作用不同于律师的程序,主要体现在以下几个方面:

第一,协助检查资产的基本条款。

会计师侧重于核查基础资产的未来产生可预见稳定现金流的相关条款,如基础资产的本金、利率水平和调整安排、期限、本金摊还计划等。随后项目组各方可能基于会计师的尽职调查结果开展工作,例如评级机构计算出基础资产的预计现金流量并进行证券分层测试,券商按照监管要求统计拟披露信息等。

第二,协助检查资产是否符合合格标准的特定要求。

会计师的尽职调查程序也会基于基础资产的合格标准要求而设计的,进一步筛查或删除可能有风险或者不符合合格标准的基础资产,保护投资人相关利益。如信贷资产证券化项目中,会计师核查其是否符合入池资产要求中的"正常类"五级分类。

第三,协助复核发行说明书中的资产统计数据。

按照监管要求,在草拟的项目计划书和发行说明书中需要进行各种数据口径的披露,以方便投资人了解基础资产不同维度的分布统计结果。会计师的尽职调查服务可能也会包括这部分数据复核的服务,如基础资产的地区分布和利率结构分布等。

第四，有助于发现特殊条款，分析潜在会计影响。

会计师在进行尽职调查时，最重要的程序之一是审阅基础资产的合同。这一程序有助于会计师更加了解基础资产的条款安排，特别是特殊条款安排，并从会计的角度分析其对产品设计或者结构的影响。如信贷资产证券化项目中，部分对公贷款可能带有循环放贷的条款，从会计师的角度就会考虑在证券结构设计中如何确保其现金流符合明确可辨认的会计要求。

(2) 会计师尽职调查的程序

一般来说，会计师按照《中国注册会计师相关服务准则第4101号——对财务信息执行商定程序》的要求执行尽职调查工作，并报告执行程序的结果。这些程序是经资产证券化项目组，特别是经过发起机构同意的。会计师所执行的程序并不是审计或审阅，因此会计师不发表审计或审阅意见。同时也可以看出，会计师的尽职调查程序并不是一成不变的，而是基于具体项目情况分别与发起机构讨论确定的。

尽职调查的程序主要包括：

第一，与发起机构访谈，了解基础资产的情况和相关内部控制流程；

第二，与券商等项目组机构访谈，了解和收集所需要的基础资产的相关信息；

第三，草拟尽职调查资料清单，充分征求发起机构和其他项目组机构的意见；

第四，确定尽职调查程序后，收集尽职调查工作所需要的充分恰当的资料；如果基础资产金额较小笔数较多时，需要与各方确定抽样的资产样本；

第五，就尽职调查过程中发现的问题，及时与各方沟通交流，如发现不合格资产时及时提出补救措施等；

第六，出具尽职调查报告，即商定程序报告。

需要说明的是，会计师尽职调查的程序并不局限于基础资产的情况或者监管的一般要求，也可以设计一些程序，便于投资人更加了解资产和资产管理水平，例如按照《中国注册会计师相关服务准则第4101号——对财务信息执行商定程序》的要求，基于发起机构和项目的性质，考虑资产管理的内部控制相关的尽职调查程序等。

4. 跟踪审计和清算审计的意义是什么

在资产证券化项目中，通常安排受托机构或计划管理人编制特殊目的实体的年度财务报告，经过会计师审计后，由受托机构或计划管理人披露审计报告。为出具该年度审计报告，会计师有权查阅、审计资产服务机构、资金保管机构的相关账目、文件等与该特殊目的实体相关的资料。会计师将依据《中国注册会计师审计准则》以及该特殊目的实体适用的会计准则要求，设计并执行审计程序。

在资产证券化的特殊目的实体终止后，受托机构或计划管理人将组织清算，如及时制订清算方案、召开资产支持证券持有人大会，按照交易文件约定顺序进行分配等，同时受托机构或计划管理人应于清算完毕之日后约定时间内依法出具信托清算报告，该信托清算报告亦应经会计师的审计。

在某些资产证券化项目的交易文件中，可能还会安排外部会计师就资产服务机构出具的资产服务报告执行商定程序。根据会计师的合理要求，资产服务机构应在其职责范围内提供必要、合理的协助。

上述跟踪审计、清算审计，以及资产服务报告的商定程序服务，都是对特殊目的实体的日常运作进行审计等第三方监督，对特殊目的实体的会计报表反映的会计信息作出客观、公正的评价，形成审计报告和商定程序报告，以公允地反映资产、负债和盈亏情况，维护投资者权益服务。

二、律师在证券化中的职责与从业风险

与普通的政府债券、市政债券和企业信用债券等固定收益产品相比，资产支持证券可谓是一个相当复杂的金融产品。该产品复杂性的表现之一就是涉及大量需要解决的法律问题，如果相关法律问题得不到妥善的解决，投资人将可能面临重大损失的法律风险。从国际金融市场的经验来看，与会计师一样，律师也是资产证券化业务不可或缺的专业人士。本部分我们将简单分析一下律师在资产证券化业务中工作职责与从业风险，然后分别就当前信贷资产证券化和企业资产证券化业务中存在的一个突出的法律问题做一个扼

要的探讨。

1. 资产证券化业务中律师的工作职责

在市场经济环境下，任何在金融市场上面向投资者出售的金融产品都存在一个合法性的问题。因此，我国现行规范资产证券化业务的行政规章和规范性文件均将法律意见书作为资产支持证券核准、注册或备案的必备申报文件之一。在信贷资产证券化业务中，律师还需要出具法律尽职调查报告。可以说，我国资产证券化业务律师的法定职责就是出具法律意见书和法律尽职调查报告。

但是，实践中律师的职责并不仅限于法律意见书和法律尽职调查报告。对于资产证券化之类结构复杂的金融产品，参与律师的首要作用是协助论证资产证券化产品的交易结构和交易方案的法律可行性。其次，从目前我国的实践情况来看，律师还需要负责资产证券化业务主业交易文件的撰写，也有的律师被要求协助审阅或修改资产支持证券的申报文件和发行文件。再者，从国际经验来看，律师还可以协助撰写资产支持证券发行文件，特别是资产支持证券发行说明书（也可以称之为募集说明书）。当前，我国律师几乎没有涉及这个领域的工作。这一方面是因为市场习惯的影响，另一方面也是现阶段市场各个参与方基于其业务能力和风险认知能力的必然选择。

2. 资产支持证券的法律意见书

在资产证券化业务中，通常所说的法律意见书是在资产支持证券发行时发行人律师出具的法律意见书。当然，如前文所述，资产证券化业务相关监管机构均会在核准、注册或备案阶段要求律师出具法律意见书。在这一点上，资产支持证券的发行法律意见书与其他证券发行的法律意见书并没什么不同。只是，与欧美证券市场上的证券发行的管理意见相比较，我们的法律意见书过于重视发行人的过去。比如，在有关证券发行的法律意见书里花费大量文字去描述和分析发行人的历史沿革。

与传统证券发行法律意见书相比，我国资产支持证券发行法律意见书会要求对破产风险的隔离、基础资产法律特征及交易机构的法律风险等大量事项发表法律意见,特别是企业资产证券化的法律意见书。在这一点上,我国的资产支持证券发行法律意见书与美国证监会要求的资产支持证券发行法律意见书存在显著差异。当然,在其他类型证券的发行法律意见书方面,我国现行法律意见书的要求与美国市场是的法律意见书也是差异颇大。从一定程度上讲,我国证券市场上的法律意见书在形成阶段更多地受到我国香港地区证券市场和监管机构的影响,这种历史的惯性从普通的股票市场延及债券市场,并波及资产支持证券市场。不过,实事求是地讲,我国现行关于资产支持证券法律意见书内容的要求确实基本契合了我国现阶段法制和金融市场发展的实际状况。随着将来注册制的推行,如果能够吸收欧美市场的监管经验,对现行一些习惯做法作必要的修改和完善,必将更有利于发挥律师作为资本市场"吹哨人"的价值和功能。

3. 资产证券化业务的法律尽职调查

"没有调查,就没有发言权"。法律尽职调查是律师出具资产支持证券法律意见书的工作基础。如上所述,我国现行资产证券化法律制度要求律师在法律意见书里对大量事项发表法律意见。逻辑上,任何一项需要律师发表法律意见的事项均应当进行相应的尽职调查,并将尽职调查中收集的资料文件、访谈记录等作为律师工作底稿予以保存。凡在尽职调查中发现的法律问题,如果影响到法律意见的发表,必须审慎对待。在相关问题的当事机构没有按照律师要求予以解决之前,律师应当拒绝出具法律意见书。此外,对于参与资产支持证券申报文件和发行文件准备工作,特别是负责审阅资产支持证券发行说明书的律师,原则上凡是资产支持证券发行说明书涉及的法律事项均应当开展法律尽职调查,以确保资产支持证券发行说明书对此事项的描述或判断真实、准确、完整和及时,不存在重大遗漏,不存在虚假或误导性陈述。

就如何开展法律尽职调查的实际工作而言,"勤勉尽责"这一原则性规定是所有从业律师的紧箍咒。在当前相关监管机构尚未制定资产证券化法律尽职调查工作标准的情况下,为了做到"勤勉尽责",资产证券化业务律师应当尽可能参照相关监管机构颁布的资产证券化相关业务规则和其他证券法律业务的尽调工作要求来规范资产证券化的法律尽调工作。比如,中国人民银行授权中国银行间市场交易商协会的发布一系列信贷资产证券化信息披露标准，中国证监会颁布的《证券公司及基金管理公司子公司资产证券化业务尽职调查工作指引》。

不过，从市场实践情况来看，严格开展充分的法律尽职调查不仅费耗大量的人力，而且资产证券化的发起机构和发行机构未必欢迎那些兢兢业业、尽职尽责开展法律尽职调查的律师们。激烈市场竞争可能会迫使律师及其他参与机构降低尽职调查的工作标准，特别是在缺乏比较完备的法定的法律尽职调查工作标准的情况下。因此，为了不断提升法律尽职调查工作的实际效果，更好地维护投资人利益，相关监管机构有必要及时颁布更具执行性的法律尽职调查工作标准。

4. 资产证券化业务的律师从业风险

对于律师而言，为资产支持证券的发行出具法律意见书不仅是一项非常严肃的工作，也是一项具有相当程度执业风险的工作。虽然我国现行《证券法》还没有将资产支持证券列入其适用范围，但是无论是金融监管机构还是市场从业机构均已经将资产支持证券视为证券的范畴。

我国现行证券法律制度在很大程度上借鉴了美国的做法，特别是在中介机构的法律责任方面。我国《证券法》第173条规定："证券服务机构为证券的发行、上市、交易等证券业务活动制作、出具审计报告、资产评估报告、财务顾问报告、资信评级报告或者法律意见书等文件，应当勤勉尽责，对所依据的文件资料内容的真实性、准确性、完整性进行核查和验证。其制作、出具的文件有虚假记载、误导性陈述或者重大遗漏，给他人造成损失的，应当与发行人、上市公司承担连带赔偿责任，但是能够证明自己没有过错的除外。"如果资产证券化业务律师在就资产支持证券的发行出具法律意见书时，没有"勤勉尽责"地开展法律尽职调查，没对出具法律意见书所依据的资料进行核查和验证，完全有可能在法律意见书中出现虚假记载、重大遗漏或误导性陈述。比如，就企业资产证券化产品来说，如果律师对相关基础资产没有进行严谨的法律尽职调查，就可能会遗漏相关基础资产已经被质押或转让的重要事项。如果资产支持证券的投资人因此遭受损失，律师不仅将面临监管机构的惩处，还将面临投资者提出的巨额经济赔偿。

与英国、德国等国家的证券法律制度相比较，美国和中国证券法律制度对中介机构的惩处力度更为严格。从这个意义上讲，我国证券市场的从业机构应该具备更强的风险意识。但是，值得注意的一点是，如果不及时颁布并严格执行具备可行性的中介机构从业规则，却期望通过强化问责的方式（比如，要求中介机构承诺承担连带责任）来提升对中介机构的从业监管效果，短期内可能会一定的作用，长期则可能产生逆向淘汰的效果。也许，我国证券中介机构，包括资产证券化业务的从业机构，风险意识的养成还要很长的一段时间。

（作者：第一部分　马　忆　永安华明会计师事务所；第二部分　李　文　环球律师事务所）

实践前沿

资产证券化场外市场：跨越法律"障碍"*

文/屈　燕　蔡玉冬　罗小清　闵文文

在我国，由于资产证券化能够较好地将一般情况下流动性较差的资产在市场上变现和流通，因而颇受有关市场主体的青睐。但从市场规模来看，中国可证券化资产近百万亿，市场十分广阔，而截至目前，仅有很少部分资产被"证券化"成产品。

事实上，资产证券化作为成熟资本市场最重要的融资工具之一，在我国仍处于起步探索阶段，其发展既依赖于场外市场内机构投资者的发展，同时也对机构投资者的成长有更好的推动作用。但在目前情况下，国内开展真正意义上的资产证券化场外业务还存在包括法律在内的一系列障碍，会计、税收、法律、信用等任何一个环节解决不了，都会影响整体进程，也会影响最

---

* 本文原载《当代金融家》2016年第2—3期。

终成效。

因此,在畅想资产证券化美好未来的同时,如何更好地应对在资产证券化政策法规逐渐完善过程中带来的暂时困境,尤为重要。

一、为何要大力发展场外市场

从成熟资本市场的发展历史来看,场外市场是整个资本市场体系的重要组成部分,是交易债券和衍生品的最大市场。国际一流投行的一部分重要业务也都集中在柜台市场和私募产品领域,如高盛的柜台和私募业务收入占集团总收入高达60%;全球场外市场衍生品合约价值是场内市场规模的近8倍;美国标普500中90%以上大公司都通过与投行在柜台市场开展衍生品交易进行风险对冲。充分体现了场外市场交易灵活性中蕴含的巨大优势与便利。

总体来看,场外市场的作用突出表现在三个方面:一是为更多企业提供直接融资渠道,从而扩大资本市场的范围,促使资本市场更好地为实体经济服务;二是在挂牌和交易过程中帮助企业改进公司治理,提升企业素质;三是增强证券的流动性,并通过交易修正证券的估值。

此外,作为一种盘活存量资产的手段和工具,利用资产证券化促进中国经济结构调整和转型、拓宽债券市场的广度和深度具有极大的积极作用,可以与场内市场形成有益的补充。融孚律师事务所高级合伙人吕琰就表示,"场外市场的决策定位是对场内市场形成的补充,可以通过合作关系为场内市场的发展培育更多市场主体。如新成立的小贷公司、保理公司等,即可以先发行私募产品进行初期培育,待积累到一定资本量再进军公募市场。"

以美国为例,在其资产证券化历史进程中,场外市场发展至关重要。20世纪七八十年代是美国金融创新的活跃期,恰恰也是多层次资本市场、多类型机构投资者的快速发展期。完善的多层次资本市场体系使得不同规模、不同需求的企业都可以利用资本市场进行融资、交易,获得发展机会。特别是美国的OTC市场,成功地为几千家高科技企业上市融资并发展壮大,对美国经济能够保持稳定增长功不可没。

当前,我国资本市场正在经历同样的过程,机构投资者的数量、资产规模、专业程度等亦将伴随场外资本市场的发展而快速成长。因此,作为我国多层次资本市场体系中的重要组成部分,发展和推进场外市场也是完善资产证券化市场建设的必要环节。具体来说，目前国内资产证券化产品场外市场主要包括：机构间私募产品报价与服务系统、区域性金融交易所、证券公司柜台市场等。

其中，机构间私募产品报价系统于2015年8月颁布了《机构间私募产品报价与服务系统资产证券化业务指引》，对在报价系统发行、转让的资产支持证券作出业务规范。根据私募产品报价与服务系统网站显示，目前通过该系统发行的资产证券化产品有3只共14个品种，相比之下，该系统发行的私募公司债有15只，理财产品89只，券商收益凭证超过3000只。"而截至2015年11月底，我国资产证券化产品合计发行了370只约9108.85亿元，其中银行市场发行的信贷资产支持证券合计178只6900.28亿元，只数占比48.10%，发行金额占比75.75%。"国泰君安债务融资部董事丁表示。

区域性金融交易所方面，以重庆金交所为例，金交所自身承担资产证券化交易结构中特殊目的载体的功能，通过担保机构对证券增信、承销对证券化产品的包销，在其在线电子交易系统中发售受益权产品，目前已推出针对中小企业融资的小额贷款受益权、应收账款收益权等类型产品，其中小贷收益权产品在2011年便已推出市场，到2014年累计融资规模超过40亿元。其他区域性交易所，如天津金交所、大连金交所、杭州产权交易所等，也已陆续开展此类业务，资产证券化基础资产也从传统的小贷收益权、应收账款保理收益权扩大到学生贷款、汽车融资租赁资产等。

二、当前面临的法律"障碍"

虽然中国资产证券化市场起点很高，但走过的路还很短，与成熟资本市场相较，在资本理念、股权意识、投资文化等方面差异巨大，无论是在顶层设计还是市场参与主体的自身禀赋等方面还需要完善和提高。尤其是从目前情况来看，我国资产证券化场外市场还面临着业务规范刚刚起步、制度建设有所欠缺等"障碍"，为市场交易的长期健康发展埋下了风险隐患。

一是立法缺陷。目前法律掣肘阻碍了我国多层次资本市场的快速建设。2014年中国证监会发布的《证券公司和基金子公司资产证券化业务管理规定》对资产证券化产品交易场所进行了初步安排，2015年9月实施的《场外证券业务备案管理办法》进一步明确了场外证券业务是指在上海、深圳证券交易所、期货交易所和全国中小企业股份转让系统以外开展的证券业务。

然而，目前我国资产证券化场外市场证券交易却没有明确的上位法。2013年修订的《公司法》和2014年修订的《证券法》，都没有涉及场外证券市场的发行和交易，也没有就场外市场交易机构的地位、作用、法律责任、与场内市场的关系等给出法律定义，导致这类交易活动和交易机构发展失范。

"其实，从证券立法的角度，证券交易所和场外交易市场都是证券市场必不可少的组成部分，在发达国家市场，几乎都以立法形式将场外市场交易纳入了法律监管。"国投瑞银资产管理公司总经理王书鹏说。

融孚律师事务所高级合伙人吕琰对此表示认同，"如何对场外市场定性是当前急待解决的重要问题，最高院在法律上的直接界定，可以作为判断依据"。

二是监管缺位。在监管方面，目前作为我国场外市场重要力量的各区域股权交易市场都处于地方政府监管之下，没有形成全国统一的规范，也导致了区域性股权交易市场的盲目发展，市场主体良莠不齐，且普遍存在透明度不高、市场制度不健全等问题。多家地方政府支持设立的地方金交所/股交中心在信息披露制度、投资者适当性制度、交易制度方面，差异巨大；从业务范围看，有的以股权交易为主，有的覆盖股权、私募债、权益类资产、资产证券化交易；从投资者群体看，有的以各类机构投资者为主，有的则包括了大量民间资产管理公司等，造成市场流动性非常有限。

对此，营口银行副行长潘兆奇认为，"总体来看，如果场内和场外能够真正联动起来，中小银行特别是小银行投资资产证券化的积极性将会更大"。

在他看来，小银行对资产证券化特别是信贷资产证券化有强烈需求。首先，小银行资本的外延性、内生性特征，要求其使用资产证券化工具使存量信贷资产发生流通，以节省更多的经济资本。其次，小银行需要借助资产证券化进行风险的转移和分散。根据目前的监管政策，审批制度改成注册制度后，银行获得资产证券化发行资格的前提条件是原来已经发行过一单产品，没有发行过的机构还需先经过审核才能取得首单发行资格。此外，在监管成本和市场交易成本方面，小银行还面临着不良资产处置、政府平台资产处理等问题，也催生了小银行对资产证券化场外市场发展的需求。

"小银行作为资产证券化的投资者或者需求者,在投资资产证券化产品时主要考虑三点:安全性、流动性、效益性。在投资过程中,则需要专业机构做好市场评级、信息披露。此外,中小银行更关注的是标准化和非标准化。因为银行有很多资金是理财资金,理财资金严格限定了标准化和非标准化的占比。因此,希望监管层面尽快就场内与场外市场的交易制定流通规则。"潘兆奇说。

三、亟须补足制度"短板"

我国场外资产证券化市场的发展历程可以看出,场外交易市场经过十年来的摸索和尝试已经焕发出新的生命力,尤其是近两年来取得了快速发展。但截至目前,全国统一有序的市场结构仍未形成,场外市场在整个资产证券化市场中的基础性地位仍未确立,各项相关基本制度仍不健全,仍面临产品风险、市场风险和法律风险。因此,借鉴成熟市场资产证券化的经验教训,找到自身发展的"短板",对更好推动国内资产证券化市场发展具有十分重要的意义。

在资产证券化业务方面

浦发银行总行投资银行部总经理贾红睿认为当前面临如下法律"瓶颈":

一是资产转让中的种种问题(如抵押登记、告知债务人等)。国际上一般以"特别法"的形式确立特殊的转让规则,但是我国目前还没有对资产证券化交易中的债权转让作出特别规定,而主要依据《合同法》进行具体操作。

二是SPV设立。目前我国尚未出台专门针对资产证券化的专项法律,多种类SPV(信托计划、专项资产管理计划、险资计划)共存于市场,但是却没有相应的法律主体上的认可。这是法律制约资产证券化业务发展的重要方面,也是SPV避不开的问题。目前国内真正法律意义上能够做SPV的只有信托公司。

三是基础资产范围拓展。美国等市场通过立法方式确定对未来收益财产权利的认可。我国对未来收益财产权利的证券化暂时没有管理规范,应尽快完善相关法律体系,充分扩大基础资产范围。

四是税收抵扣。目前我国暂时没有税收减免等税收优惠政策。证券化过程中肯定有资产的转移,即把证券化的资产和原始的权益人隔离出来,专门针对新的投资人还本付息。但现在的税收制度对这种情况是不支持的。这就意味着基本上没有任何盈利空间。

五是"出表问题"。目前，我国的"出表"认定标准不统一，在实际操作中没统一的风险报酬转移测算方式；循环购买模式下，不同的会计师事务所对于"出表"的认定也有所差异。标准不一致可能导致能"出表"的不能出，即使"出表"，比例也有很大差异。而"出表"不统一会让企业对资产证券化业务的需求大打折扣。

在受托人与受托责任方面

清华大学管理学博士罗桂连指出，一是受托人能力普遍不足。相关的权利和责任难以落实到相关主体，与规范的资产证券化治理结构差异比较大。二是资产证券化业务的规模经济效应不明显，生产环节即产品制作环节的成本过高，导致投资者收益率降低。大量资产证券化产品收益率无法覆盖保险资金成本，与国际成熟市场差异较大。三是信贷资产证券化方面，原始权益人兼资产管理人是次级档的主要购买者，商业银行承担风险兜底的刚性兑付责任，相当于实质上仍是主体信用融资，而非资产支持产品。

之所以有以上问题，其中一个重要原因是缺乏合格的受托人群体。真正的信托关系是，受托人是代人理财的受信人，受信人要管好信托，最重要的是落实诚信责任（fiduciary duty），坚持受益人的利益最大化原则。资产证券化产品涉及的主体非常多，可以将之简化成一个标准化的信托结构，有委托人、受托人、受益人三方。委托人即购买产品的投资人，将钱以信托关系转给受托人。受托人及托管人是相互制约的关系，受托人负责信托的决策和管理权；托管人实现钱权分离，控制信托资产；信用评级机构、律师、会计师和受托人之间是委托关系，对受托人负责，受托人对相关中介机构履职瑕疵承担连带责任。

而对于受托人能力建设的重点，首先是全流程环节，包括项目储备、尽职调查、信用评级、项目评估、交易结构设计、决策审批、组织实施、产品销售以及后续管理全流程，如果缺乏相关环节的能力，可以请专业机构做某方面的工作。其次是专业团队，要建立具有项目开发、法律、会计、审计、资产评估、信用评级以及风险管理能力的团队。再次是公共基础设施建设。

比如，要有交易场所以及专门的机构进行产品登记和确权，要构建信息与技术公共平台等。最后是要明确SPV的法律地位，之后资产独立与破产隔离才有基础。目前国内合格的受托人只有信托公司，虽然还有很多其他主体完全有能力、甚至某些方面比信托公司能力更强，但是信托法对此不予支持，制约了资产证券化业务的发展。为此，亟需推动立法建设、培育受托人、完善市场机制，促进市场的健康发展。

在会计准则方面

普华永道合伙人（金融机构服务部）胡亮指出，第一，监管部门需就会计准则作出具体指引或案例分析。中国的会计准则2006年已经和国际财务报告准则并轨，早于市场化程度更高的其他国家和地区，如新加坡、日本以及我国台湾地区等。但由于中国资产证券化的会计准则定得非常快，会计师面对更多的不协调问题。因此，监管部门还需基于资产证券化的具体业务，对会计准则做一些具体的指引或案例分析，以帮助后来机构较快熟悉会计准则的实质性应用。

第二，需提升会计准则核算的一致性及会计信息的统一性。目前的会计准则只在上市公司及金融企业要求执行，对于场外大部分机构没有强制要求一定要采纳企业会计准则。这会导致资产证券化资产"入表"的计量与确认属性存在矛盾，如果企业会计准则没有被广泛使用，对市场的扩大也是不利的。因此，需要考虑怎样提升会计准则核算的一致性及会计信息的统一性。

第三，需提高服务商履职的信息披露要求。对比中国和美国对信息披露的要求可以发现，美国针对证券化信息披露的要求是基于美国1933年的《证券法》制定起来的，涵盖了资产证券化的发行、登记等一系列信息披露。对比美国信息披露要求和当前我国相关交易部门颁布的各种指引，差别不是非常大，但是美国的监管机构对服务商履职的信息披露要求非常高，值得中国学习。例如，美国每年要求服务商对履职作出声明，会计师需要对履职情况进行审计。

第四，中国资产证券化的税务法规需进一步完善。以针对银行信贷资产证券化的国家税务总局2006年5号文为例，有三方面内容需要进一步明确：一是2006年5号文只规范了资产证券化的税务处理，但对具体的操作问题没有针对性的解决方案,比如对于税务申报人、纳税地、发票开具等没有明确规定,造成原始权益人和信托公司多地交税、双重交税的情况。二是除印花税外,税务法规没有对资产证券化的特有情况作出规范,比如信托不能开增值税发票等,为一些机构做到风险隔离、真实"出表"带来了很大难度。三是2006年5号文只是针对银行的信贷资产证券化,而对于场外市场资产证券化纳税规定没有相关指引,只能参考五号文进行操作。

在评级发展方面

中诚信证券评估有限公司副总裁岳志岗指出,由于中国的资产证券化和美国不同,其评级方法和理论不能照搬美国。中国的资产证券化包括信贷资产证券化和企业资产证券化,但一直以来没有完整的历史数据库,因此会影响投资者和评级机构对于产品信用风险的判断。所以在评级过程中,评级机构关注的点会比较深入,虽然很难做到全面,但仍试图更深层次解决这些问题。

而一些没有增信的产品则对评级形成了较大挑战。包括融资租赁、小贷、保险、公共事业类的资产证券化,由于每类企业的运作有很大差异,因此都需要关注企业自身的业务发展、信用状况和风控表现。

四、未来场外市场的发展方向

目前我国场外资产证券化市场较为分散和割裂,全国统一的场外市场尚处于起步初期。由于长期监管割裂、缺失形成的无序状态,导致市场上的资金和资产不能得到有效匹配,进一步提示市场参与者完善场外市场制度建设的必要性和紧迫性。

此外,随着互联网技术的广泛应用,尽管缺乏统一的制度设计,场外市场在市场交易制度、市场准入、市场清算、投资者保护、信息披露等方面存在很大差异,其自身主体信用也参差不齐,但场外市场外延仍然不断扩大。

为了进一步促进场外市场的持续深入发展,下一步可以从"信息披露+标准化"入手,推动国内资产证券化业务走上标准化——规模化——流动性的道路。

一是促进证券化产品设计的标准化。如目前主流的采用过手型证券还本付息方式的CLO产品,与普通债券相比,其久期不确定;产品分层时信用切割、利率切割粗放，较难提供标准期限的产品。

二是做大标准化资产类型的证券化产品规模。目前，已经有越来越多的发起人在推进车贷、房贷、消费贷资产证券化，注册规模和发行规模持续增长。近期银行间市场版的公积金贷款证券化又是另外一个积极的尝试，可能会带来市场的新一轮增长。

三是提高二级市场流动性。流动性是市场的核心，有了流动性，证券化市场才有了真正的生机和活力。为了提高市场流动性，下一步应有序推进对估值体系的完善、做市商机制的探索、标准券质押回购的探索、保险机制的研究。

对此，德勤中国资产证券化主管合伙人陶坚认为，2008年美国出现次贷危机后，证券化行业引发了较多的负面评论。但客观来看，导致这次危机的主要原因是整体经济环境的恶化，而不仅仅是操作和道德风险问题，道德风险只是加速了危机的传导性。建立证券化长期健康稳定发展的基础，仍然是基础资产类别及其宏观管理。从这个角度来看，未来国内资产证券化业务有以下几个努力方向。

一是扩大资产证券化承载主体的范围。当前，国内资产证券化基础资产的品类丰富，交易市场也很多，但是承载资产证券化的主体却不够多，只有信托和专项计划。在此方面，由于没有其他负债来源，可以按照《公司法》要求进行破产保护，且可以聘用独立的外部秘书处以及董事进行管理，不受计划管理人和其他行业监管机构的约束，真正做到了"自动导航"的经营模式。

二是加强现金流管理的系统建设。国际上资产证券化的服务机构是高度集中的机构，通过几个大的中介机构重金投资系统建设做强证券化服务，由独立的第三方中介机构管理和监控这些现金流。但在国内，尽管信托公司、证券资产管理公司、基金子公司参与很多，却几乎没有为证券化的现金流的管理投入足够的系统平台和存续期管理系统，大多数机构还是依赖excel表格进行现金流测算，基础数据则只能依赖于服务商报告。因此，中国需要有竞争力的中介机构建立起这个机制，包括证券化市场外包服务商以及独立的保险商，也是未来几十年市场健康发展所需要的。此外，需制定存续期财务核算办法的标准，因为如果没有存续期财务报告的规范要求，即便有专项计划的信息披露，也不足以充分发挥二级市场的流动性。

三是重视证券化的品牌建设。证券化业务是一系列的产品，需要有品牌和信心，才能成为投资者愿意持续购买的产品。以银行为例，当前很多银行发第一单产品的名称就是某某银行2015年第一期，而国际上证券化领先的银行都有一系列自营的资产证券化产品或收购的资产证券化产品，如国内招商银行的资产证券化产品就全部拥有系列化的命名。

五、做好法律层面的制度准备

目前，我国资产证券化市场已推出的产品包括：以金融机构（主要是银行）的信贷资产为证券化基础资产，称为信贷资产证券化；以企业资产为证券化基础资产，称为企业资产证券化；由非金融企业向银行间市场发行的资产支持票据，是介于债券与资产证券化之间的类证券化产品，如项目收益债。除上述产品外，从2007年开始，监管部门及各个金融机构一直在筹备推进房地产信托投资基金产品（REITs）。另外，保险资管公司推出的项目资产支持计划作为可以用于资产证券化业务的新型SPV，该类产品也在逐步得到保险资金及其他投资机构的认可。

与此同时，我国市场上的资产支持证券却没有相应的法律地位，原因包括：我国资产支持证券没有纳入《证券法》调整范围；公开发行缺乏法律基础；未明确资产支持证券作为非公开发行证券的法律地位及监管安排。

因此，政策和法律定位是资产证券化市场面临的重要问题之一，市场期待并需要有一个统一的监管制度。东方证券资产管理公司副总经理周代希即建议，将资产支持证券整体纳入《证券法》调整范围，不仅可以为资产证券化业务运作提供法律依据，也有利于与现行证券监管制度框架的有效衔接，有利于推动各类资产证券化产品的立法与监管的统一，更可以为将来向公募发行拓展提供支持。

此外，周代希也认为，政策和法律环境不完善会对资产证券化业务造成很大影响。以交易所市场为例，自2014年业务实施以来，备案制和负面清单管理对整个业务发展造成了极大掣肘。"受监管影响，取消了开展资产证券化业务的行政许可，而将能否做此业务交由交易所和协会判断后，市场出现了诸多拓展，很多之前未能想到的不同资产组合的类型和有趣的结构模式纷纷涌现。"他说。

对此，国投瑞银资本管理有限公司总经理王书鹏亦指出，要完善资产证券化场外市场的制度建设，一是要在立法中明确场外市场的性质和监管内容，并对相关交易行为准则等加以约束，让场外市场交易做到有法可依，监管上也尽量减少空白地带。二是要发挥自律监管作用，由于场外市场的复杂性和分散性，更适合通过自律组织监管，自律组织对于不同层次不同类型的市场可制定不同的政策要求，如目前我国不同市场适用的资产管理人、原始权益人类型不同，即可根据其不同特点施加以不同的监管条款；同时完善信用体系建设，强化信息披露，特别强调对信息披露、交易行为的违法违规行为等做重点监管。三是要充分发挥市场机制，在自律监管的框架下，鼓励不同市场之间公平竞争。引入不同类型的市场参与主体，提倡产品创新。

同时，结合场外市场业务开展时的实际情况，王书鹏有以下两方面建议：一是加强各项基础制度建设，完善资产出售的会计准则、税务处理、法律上的破产隔离制度等。二是进一步打破监管藩篱，引入各类投资者，如保险资金，这将有利于扩大合格投资者群体，加强流通市场的活跃度，从而促进市场体量的增加和产品创新业务的开展。

后　　记

2014年12月，由《当代金融家》杂志社组织的资产证券化论坛拉开了序幕。从事资产证券化理论研究和实际操作的各方面专家围绕当前证券化的热点问题，每两个月召开一次会议，进行热烈的讨论。每次研讨会之后，《当代金融家》杂志论坛的工作人员都要将大家的观点归纳成文，刊登在下一期的杂志上。2015年10月下旬，《当代金融家》杂志和厦门国际金融技术有限公司合作，把资产证券化论坛发展成"中国资产证券化百人会论坛"，进一步扩大了论坛的规模和影响，资产证券化的许多前沿问题得到了更加广泛的研究和探讨。

应《当代金融家》杂志主编李哲平先生之邀，我担任了资产证券化论坛的学术顾问和"中国资产证券化百人会论坛"的学术委员会主任。在参与上述活动的过程中，我萌生了一个想法：把资产证券化热点问题研究的最新成果汇集成册，可以为更多业内人士的工作提供参考，也有利于向更多的人介绍我国资产证券化的最新进展。这个想法得到了《当代金融家》杂志总编李哲平先生的支持，他派闵文文和蔡玉冬两位同志专门协助我开展这一工作。我的这一想法也得到了北京大学出版社编辑李铎同志的大力支持，他提出了很多很好的建议。在他们的支持下，这项工作顺利地开展起来。

把两年来资产证券化论坛对证券化热点问题的研究成果汇编成册，可以有多种做法。最简单的，就是把历次讨论的内容作些梳理，按照讨论的时间先后排序，汇编成册即可。这样做，工作量不大，出书的时间也会快一些。但是其缺陷也很明显。首先条理性就比较差，很难按照这些热点问题的逻辑联系加以展开。另一种做法，是按照热点问题的逻辑关系，结合历次讨论的情况，既考虑体系的完整性，也考虑讨论的深入程度，这样可以提升讨论文集的学术层次。当然，这样做需要花费较多的时间和精力。经过与闵文文等同志商议，我们最终采取了后一种处理方法。现在全书十三章，它是按照资产证券化热点问题的逻辑排列的，每一章都有对某一证券化热点问题正面、系统的理论阐述，形成了一条相对清晰的主线条。在每一章后面，还附上了已在《当代金融家》杂志发表的观点综述文章，使得每一章的内容变得更为丰富，读者也可以了解在这些热点问题上的各种意见。

由于全书是按资产证券化热点问题的内在逻辑编排章节的，需要在总体上保持风格一致。通过统一的编写提纲，我们基本做到了这一点。但是，全书由多位作者参与撰写，每位作者对所写内容都有自己的观点，不能要求每位作者都按一种观点去写作，所以本书编辑过程中，各章的主要观点均未做改动，只是在文章结构和文字上有所调整或改动。由于本人水平有限，编纂过程中错误、缺点在所难免，敬请读者不吝指教。

感谢《当代金融家》杂志主编李哲平先生，感谢本书责任编辑李铎先生，感谢参加本书编写的各位作者和闵文文、蔡玉冬女士。

沈炳熙

2016 年 11 月 5 日